The shadow of the object

対象の影
対象関係論の最前線

クリストファー・ボラス 著　館 直彦 監訳

岡達治・後藤素規・斉藤紀子・宿谷仁美・補永栄子
藤本浩之・増尾徳行・村井雅美・茂木洋・横井公一 訳

岩崎学術出版社

The shadow of the object by Christopher Bollas
Copyright © Christopher Bollas, 1987
First published by Free Association Books Ltd, London, represented by
Cathy Miller Foreign Rights Agency, London, England.
Japanese language edition © Iwasaki Gakujyutsu Shuppansha 2009
Japanese translation rights arranged with
Free Association Books Ltd, London
C/o Cathy Miller Foreign Rights Agency, London, England
through Tuttle Mori Agency, Inc., Tokyo

私はこの本を父であるサッシャと母であるセレステにささげる

こうして対象の影は自我にうつり，その自我はその後特別な機関によって，あたかも一つの対象であるかのように，すなわち見捨てられた対象と判定される。このようにして対象喪失は自我の喪失へと変形され，自我と愛されていた人物との間の葛藤は自我の批評的な活動と同一化によって変化させられた自我との間の分裂へと変形するのである[i]。

ジークムント・フロイト

---

i　本書の表題ともなっているこの有名な一節は，『悲哀とメランコリー（1917）』からの引用である。ここでフロイトは，メランコリーに見られる自己愛対象選択を論じているのであるが，それ以上に，対象関係を論じた嚆矢として有名であり，しばしば引用されている。

謝　辞

　本書の幾章かの早期の版は，改定された形でここに再掲されているが，それは The International Journal of Psychoanalysis, The Annual of Psychoanalysis, The Nouvelle revue de Psychanalyse, Contemporary Psychoanalysis が快く許可してくれたおかげである。具体的には，『変形性対象』の章が，International Journal of Psychoanalysis. 60: 90-107 に，『対象としての自己』が，International Journal of Psychoanalysis. 63: 347-359 に，『気分と保存過程』が International Journal of Psychoanalysis. 65: 203-212 に，『逆転移の表出的な使用』が，Contemporary Psychoanalysis. 19: 1-34 に，『愛しつつ憎むこと』が The Annual of Psychoanalysis. 12-13: 221-237 に初掲された。

　第2章は二つのエッセイの一部分を合体したものである。『審美的瞬間と変形の探求』The Annual of Psychoanalysis. 6: 385-394 と，『対象の精神と神聖なものの顕現』The Nouvelle revue de Psychanalyse. 18: 253-262 である。第11章は，部分的に『分析家を支配するヒステリー者をめぐって』The Nouvelle revue de Psychanalyse. 24: 279-286 である。

　私はまた，Gerard Fromm & Bruce L. Smith 編『ウィニコット理論の臨床的応用（1987）』に掲載した論文『規範病』の転載を許可した International Universities Press にも謝意を表したい。

　私はこれらのエッセイの初期の版はすべて，ローマ大学の幼児精神神経研究所の学生とスタッフを対象として発表した。私はそこでの創造的な反応に感謝したい。私はまた，投稿を依頼してきた The Nouvelle revue de Psychanalyse 誌の編集長 J-B. Pontalis にも感謝したい。彼は，思考することと表現することが自由であるとの信念を強めてくれたが，そうした考えは精神分析の出版の世界では稀なことであると私は思う。

　私は Austen Riggs Center の医学部長である Daniel P. Schwartz 博士とマサチューセッツ大学人文芸術学部の学部長である Murray M. Schwartz が，この仕事を完成させるための時間と場所を提供してくれた

ことに謝意を表したい。私は秘書のBetty Homichにたいへん世話になったが，彼女はこの本の著者とこの本の原稿を，知的に，かつユーモアを交えて捌いてくれたのである。

　私は，この本を書くようにと私を促してくれたGregorio Kohonに最初に謝意を表したい。また，妻のSuzanneの支持と有益なコメントにも感謝したい。多くの人々が労をいとわず原稿を有り難くも読んでくれたが，とりわけLaurie Ryavec, Lawrence Hedges, Sara Beardworthと出版社のRobert Youngの名前を記して謝意を表したいと思う。

　私は，私を教育し，スーパーヴァイズし，分析してくれた精神分析に実に多くのものを負うているが，Paula Heimann, Marion Milner, Masud Khan, Adam Limentaniらの感性からは，私の精神分析家としてのあり方や，精神分析を考える上で根本的な影響を受けた。

目 次

謝　辞　iii
はじめに　1

第1部　対象の影
第1章　変形性対象　14
第2章　運命の手としての対象の精神　32
第3章　対象としての自己　43
第4章　他者の劇場にて：夢見ること　65
第5章　トリセクシュアル　82

第2部　気　分
第6章　気分と保存過程　100
第7章　愛しつつ憎むこと　117
第8章　規範病　135
第9章　抽出的取り入れ　157

第3部　逆転移
第10章　虚言者　170
第11章　精神分析家とヒステリー患者　187
第12章　逆転移の表出的な使用：自分自身から患者へ渡す覚書　199
第13章　自己分析と逆転移　234
第14章　依存へのありふれた退行　254

第4部　エピローグ
第15章　未思考の知: 早期の考察　274

参考文献　280
解　題　286
人名索引　291
事項索引　292

はじめに

　1950年代の初頭，英国精神分析協会の会員であるポーラ・ハイマン（Paula Heimann）は，後の精神分析の『英国学派』と呼ばれるようになる流れのなかで，精神分析の実践にとって決定的に重要なものとなる，あるひとつの単純な疑問を提示した（Kohon, 1986参照）。それまでのすべての精神分析家がそうしていたように，患者の自由連想（すなわち，とりとめのない話）に耳を傾けて，流れていく連想の私的な論理を辿っていた時に，彼女は「話しているのは誰なのか」と問いかけたのである。この瞬間までは，話し手は分析家と治療同盟を結んでいる患者であり，それゆえ，患者は心の内的状態を報告していたと言うことができるだろう。この前提が，分析の語りについての古典的な見解を構成していた。しかし，ハイマンは，セッションのどの瞬間をとっても，母親の声で，あるいは父親の気分で，あるいは人生を生きていたり引きこもっていたりする子どもの自己の断片化された声のようなもので，患者は語っているのかもしれないことを理解したのだった。

　「この人は誰に向かって話しているのだろうか」と，ハイマンは，さらに問いかけた。無意識は，精神分析家の中立性について特別な認識を持つことはないので，転移の果てしなく捉えがたい特質を考慮に入れるとき，ハイマンが認識したのは，ある一瞬に，被分析者は，母親に向かって語りかけていたり，父親の心のうちを先取りしていたり，あるいは子どもに向かって――乳幼児であったり，2歳で分離の過程のただ中であったり，エディプス期であったり，思春期であったりする子どもの自己に向かって――叱責したり，心をかき立てたり，あるいは宥めたりする，ということである。「患者は何について話しており，そしてなぜ今そのことを語るのか」と，彼女は付け加えて問いかけた。

　メラニー・クライン（Melanie Klein）の仕事に深く影響されていたハイマンやその他の英国学派の分析家たちは皆，患者の言述の中に含み込まれている対象関係を分析した。患者の語りは，ただ単に，自我の位置や解

釈の可能性を示唆する無意識の句読点から生じる不協和音や感情の記憶痕跡を聞き取るためにのみ聴かれるのではなかった。英国学派の分析家は，転移の生命の中に含み込まれている主体と他者との移り変わりもまた分析したのだった。

　1950年代の中頃，マーガレット・リトル（Margaret Little）は，ハイマンによってすでに提起されていた疑問を補足するような別の疑問を付け加えた。リトルは，各々の**分析家**は，自分はどのように感じているのか，なぜそのように感じているのか，そしてなぜ今なのかという問いを，いかなるときにも自身に問いかけるべきであると言った。転移のエナクトメント（再演）は今や逆転移と結びつけられ，「対象関係の語らい（discourse）」が発見されたのである。1950年代の終わりまでには，英国学派の分析家たちは，患者の転移と分析家の逆転移との間で織りなされる「絶え間ないやりとり」に深く注意を払うようになった。そして，投影同一化の理論がますます活用されるようになっていったのであるが，これは，患者の早期の生活の本質を被分析者とともに再体験することや，彼の内的対象の世界の内部に分析家を取り入れることを目的として，転移の中のひとつの対象として被分析者が分析家を使用する方法を吟味するためであった。こうした対象関係の語らいの展開を通して，今度は，被分析者が乳幼児や子どものコミュニケーションの受け取り手をそこに発見することによって，転移の中で被分析者が分析家を使用する度合いが深まることになった。すると今度は，被分析者が精神分析という錯覚の内部で，幼い子どもの体験へと退行することが許容されることになる。退行した患者の取り扱いをめぐる精神分析コミュニティの人々の理解にとって，マイケル・バリント（Michael Balint），ウィニコット（D. W. Winnicott），マリオン・ミルナー（Marion Milner），マシュード・カーン（Masud Khan）の貢献は重要なものであった。

　ハイマンやリトルが展開したこのような問いかけの上に，ビオン（Bion）による熟考を付け加えるべきであろう。ビオンは，**何が語っているのか**，あるいは漏れ出ているのか，**どのような形で**，そして**何に連結しているのか**，と考えた。このような位置取りは，人生の最初の1年に向けられたクライン派の関心の中で主に形づくられたものであるが，それは（子どもに語りかける母親，あるいは父親に語りかける子どもといったような）より対人関係的な対象関係に向けて，そしてまた時には間主観的な

場の中で，しかし多くの場合には純粋に精神内界の領域で，お互いに語りかける精神の諸要素へ向けて，英国学派の分析家たちの耳を傾けさせるのに役立った。たとえば，恐怖という要素が被分析者から分析家に手渡されるかもしれないが，その結果もし患者が罪悪感を抱いたとするならば，これら二つの要素の間には，ある種の連結が確立されるのである。このようなそしてまたその他の多くの語らいについての絶えることのない内省が必要なのであり，また時間もかかることなのである。

　自閉症の子どもたちや統合失調症の子どもたちとの臨床作業を始めてこのかた，語りの内容だけでなく，その人が対象関係を通して存在するあり方の表象を理解することに，私は興味を抱き続けてきた。自閉症の子どもたちは，自分がどのように感じているのか，あるいは自分の精神がどのように出来上がっているのかを，言葉で伝えることができない。その子はそれを示すことができるだけであるが，臨床家が自ら進んで，一つの対象として使用されることを望むならば，そして臨床家自身が自分の対象関係の記憶を介して自らの内的世界を経由することで導かれることを臨むなら，子どもはそれを十分に伝えることが出来るのである。臨床素材についての古典的見解，すなわち，患者の内的なとらわれについての解釈を形成する方向に分析家を導く語りの順序の論理に大きな強調を置く見解，私はその主張を維持することの必要性を退けようとするものではない。あるいは，ラカン派の重要な貢献や精神分析における**言葉**の重視を過小評価しようとするものでもない。しかし，古典的な見解もラカン派の見解も，転移の中での主体と他者との間の遊び(プレイ)や，言い表しようのない，世界の中で生きている精神のその部分の特性(キャラクター)を，十分に取り扱えているとは言えない。自閉症の子どもは一言の言葉も口にしないかもしれないが，叫び声や，何かに心を奪われた深い沈黙や，人々を擬態として使用することが，その子の言語なのである。その子は他者の内部に住み込み，他者に言語の（そして希望と欲望の）崩壊を体験することを強いるのである。

　大人の中にある言葉にならない要素に，どのように注意をむければよいかを，自閉症の子どもは教えてくれた。以下に続く各章はすべて，何らかの形で，対象との早期の体験についての人間主体の履歴に焦点を当てている。これが自我の上に落ちる対象の影であり，成人の中にもその存在の痕跡をいくぶんかは残しているのである。

　子どもがその関係を心的な表象や言語を通して処理することが出来ない

ままに，対象がその影を子どもの上に投げかけることがある。たとえば，親が子どもを投影同一化の容れ物として使用するときである。われわれは，われわれに影響を及ぼす対象の特性(キャラクター)の幾ばくかを知っていても，それについては未だに**考えたことがない**ということがありうる。臨床精神分析の仕事は，とりわけ転移と逆転移の中の対象関係の仕事は，存在することと関係することの早期の記憶が思考の中にあらわれていることに部分的に占められるだろう。精神分析のこの特徴についての探求，すなわち，知られてはいるが未だに考えられてはいないもの（それを私は未思考の知《unthought known》と名づける）を言語を通して再び生きることについて探求することが，この本の主題である。

　この本の第1部では，乳幼児の最初の対象との体験について検討する。その対象とはもちろん母親であるが，母親は固有の特質を持った個別の対象としてよりはむしろ，乳幼児のあり方やその変化と結びついた過程として知られている。そういうことから，私はこの早期の母親を「変形性対象（transformational object）」と名づけたが，成人における変形への模索とは，ある意味では，この早期の関係性の記憶を構成しているものである。人が何故かしらある対象に心惹かれるように感じるという審美的（aesthetic）体験といったものも，人生のこの時期の記憶のまたひとつの現れである。

　人生早期の年月についてのまた別の想起の仕方として，自分自身について考えたり自分自身に話しかけたりするわれわれ自身のイディオム（idiom）を介するものがある。私は，対象としての自己とわれわれの関係を探求し，母親による世話(ケア)のシステムが自己による世話(ケア)のシステムへと変換する点に特に焦点をあてた。対象としての自己との関係は，われわれの生きている生活の明らかに重要な特徴であるが，夢を見ている主体（夢の内部で経験している主体）が，夢の筋書において**対象**となっている夢のなかでほど明瞭にそれが顕れることはない。私は夢においてわれわれは主体でもあり客体でもあるということを考慮して，夢を見ている主体が無意識的な自我によってどのように扱われまた操作されるのか，すなわち，世話をする母親の論理の重大な特徴を表現している対象関係について検討したい。

　私はまた，トリセクシャル（三重性愛者）という，他者のために記憶す

ることを人生の仕事としている独特な個人についての概念を定式化したい。誰かに言い寄りそして愛する自分独自の特有な様式として体現された早期対象の世界の特質を，この人物は身にまとっているのである。

　この本の第2部でも，私は引き続き早期生活の記憶について検討するが，今度は乳幼児期よりもむしろ子どもの時期に焦点を当てている。たとえば，自分の理解を越える家族体験の「内側」にいる子どもたちは，その体験を主体を含み込む幻想として組織化することができないので，未知の状況によって決定された「自己状態」を蓄えることになる。こうして保存された自己状態は，しばしば気分の素材となるのであるが，そのいくらかは個人に蓄えられた変形を受けていない「存在状態」となり，おそらくいつの日にか理解されて，象徴的な派生物に変形されるか忘れ去られるかするのを待ち受けているであろう。「愛しつつ憎むこと（Loving hate）」の章で，私は引き続き個人が体験を保持することについて検討を行ったが，そこで私は，他者を憎むことによってのみ，ある種の人たちは対象との真の関係を発見することができるが，そのために彼らは対象を破壊するよりもむしろ保持することを必要としている事実があることを述べた。憎しみを通してある種の意味を見出そうとするこの特異な方法は，規範的な両親という正常であろうとする異常な欲求を持つ人たちのもとにある子どもたちと対比することができるだろう。「規範病（Normotic illness）」についての章で私は，対象世界の中で日用品のような対象となるために，主体が脱主体化を目指す病を，新たに強調することを論じた。そして部分的には，親が子どもの主体性を物質的な対象へと逸らせることによって，子どもは規範的になるが，これは親の側の病理の一形態であり，ある人が別の人の心の一部を盗み取るという「抽出的な取り入れ（extractive introjection）」と対比させることができるかもしれない。

　この本の第3部は，転移と逆転移を通して人々がどのようにこれらの早期体験を想起するかについて，一つの検証を行おうとするものである。英国精神分析協会の独立学派の枠組みのなかで，分析家がどのように仕事をするかを描き出すために，私は出来る限りの臨床素材を提供することにした。被分析者は自分の内的対象世界を分析家に体験させるように強いるというのが私の見解でもあり，多くの英国の分析家たちが共有する見解でも

ある。被分析者の内部にのみ留まっていた感情や思考や自己状態を，分析家の中に吹き込むことによって，それを行うのである。そしてそうすることによって，根源的に母親や父親の人格の一部分に基づいた内的対象をも，被分析者は再現するのかもしれない。そのような方法で分析家は被分析者の内的対象のひとつを体験することを強いられるのみならず，分析家は母親による養育のある特徴の対象としてより，またそういう瞬間には被分析者がかつて置かれた立場を分析家が，束の間占めることになるのである。

　このことは私にひとつの警告をもたらすことになる。私は被分析者の早期乳幼児期の記憶に焦点を当てている。そして私は，患者の現実の母親と無意識的幻想から構成された母親とをどのようにして区別するかという点については議論していないけれども，精神分析家は現実のものと幻想的なものの表象を区別する努力をすべきだと私は考えている。転移のなかで対象関係を通して暗示される母親も，語られる母親も，常に現実の母親と幻想的な母親との合成物であるのは当然のことだが，それだからといって，実際の母親の詳細を収集し，その痕跡を分析する努力を分析家は躊躇すべきではないだろう。「なるほど，しかしいったいどうやって**現実**に母親がどのようであったかを知ることができるのか？」という問いに答えることを要求されているわけではないと，私は考えている。というのは，二つの表象のシステム，二つの対象（あるいは2人の母親）の間には，避けることのできない，しかし本質的な葛藤が存在するからである。一方の内在化と表象のシステムは，実際の母親と父親の記録を留めるのに対し，他方の内在化と表象のシステムは，被分析者の投影を体現した力動的に無意識的な母親を反映するだろう。歴史的なものと幻想的なもの，現実のものと想像上のものとは，終わりのないそして避けることのできない弁証法の中にある。（幻想の歴史に対立するものとしての）現実の歴史について語る努力を放棄することは，この弁証法から引き下がることであり，それは私の見解では，不可避的に，人生の複雑さと豊かさとを減じることである。例にあげれば，患者の母親についての内的な心的表象のある部分は，この子どもの養育に反映された母親の人格の真の特質を多少とも正確に記録に留めている一方で，心的表象のまた別の部分は，その幼児の内的世界の投影同一化を含んでいるだろう。時には緻密な表象と投影同一化の容れ物の両者が並存することがある。また別のときには，被分析者は，実際の母親の心的表象を力動的に無意識的な理由から使用するであろうが，それは例え

ば，その人が被虐的に母親の加虐性に服従しているときに，分析家（そして世界）から代償的に精神的な賠償を求めるものであり，和解を引き出そうとしているわけである。

　私の関心は，早期環境の記憶を成人の中に同定することにあるので，現実の母親を強調することになりがちである。この点に関しては，これがただ単に母親のパーソナリティの特定の特徴を同定するという問題ではなく，むしろ母性的な養育過程を分析する問題であると私は確信している。通常はウィニコットが言うような『ほどよい母親』であるような女性も，子どもの出生に引き続いてその母親や，あるいは妹のひとりが亡くなるといったような人生の大打撃――不運な，しかし人生にはしばしば起こりうる運命の一撃――を被るかもしれないが，このことは，その女性のある子どもの養育をかき乱すのに十分なことであろう。その養育はしばらくの間は大変混乱するであろうが，しかしその女性はやがて回復してほどよい母親となるかもしれない。しかしながら，彼女の混乱した養育の影響は，その子どもの自我の構造の中に保持されて，何年も後に分析家との転移関係の中で「想起される」ことになるのかもしれない。

　実際の母親の親としての養育のあらわれをどのように分析するのかについては，私はここでは論じていない。別の仕事でそれを行えることを期待している。しかしながら，それは単に患者の母親が混乱していたことを患者に指し示し，母親の混乱がどのように患者に影響を及ぼしたかを述べるといったことで済む問題ではない。そのような説明は患者を助けることにならないであろう。なぜならば，われわれも知るように，それぞれの被分析者は，投影といった万能的な心的活動のための素材に，自らの現実の体験を**組織化する**からである。混乱した養育の対象であった患者は，その人自身が混乱しており，人を混乱させるような人物でありうる。そのことは患者自身の反映として，転移の中で取り上げられることが避けられない特徴なのである。分析家は，転移の中で被分析者の精神生活の本質に突き当たり，それを分析するまでは，患者を母親のことや早期生活のことへと押し戻すことで，転移の強度を加減すべきではないのである。

　以下に続く各章の中で，私は，**自我**，**主体**，そして**自己**という術語を，他の精神分析の理論家たちが使用するのとは少しばかり違った用い方をしている。それゆえ私はここで私の使用法の定義を述べることにするが，し

かしながらそうした術語やその定義は，きっちりと型にはまったものではないという事実を心に留めておきたい。

　私が**自我**というとき，われわれの心的構造の存在を反映する無意識的な組織化の過程に注意を向けている。フロイトが彼の心の局所論モデルと構造論モデルとを統合する努力を放棄したのは，部分的には，イドを単純に無意識と結びつけるわけにはいかず，自我も単純に前意識と関連させることは出来ないということに彼が気づいたためであるが，それというのも望まれない心的内容を抑圧する活動に携わっている心的な力は，抑圧される内容と同程度に，無意識的なものだからである。この二つの無意識をどのように説明することができるのだろうか。この観点からこの問題の歴史をフロイトの著作の中で辿っていくことは興味深いことであろうが，ここでの私の意図は，無意識的な自我は抑圧された無意識とは異なっていることを論じることにある。というのも前者は無意識的な形式を指しているのに対し，後者は無意識内容を指しているからである。無意識的な形式，すなわち自我のイディオムは，誕生以前からそこにある遺伝的に受け継がれた素因，すなわち新生児の「パーソナリティ」の違いを生じさせて独自のものにするひとつの設計図から発展したものである。この内的な中核と環境との間には，弁証法が存在する。ウィニコットが彼の本当の自己という概念をイドと結びつけ，偽りの自己という概念を自我と結びつけたのは，部分的には誤りであったと私は思うが，そのようなやり方で彼が追求しようとしたものは明白であり，その理論はときとしてラカンの仕事と驚くほど似通ったものを持っていた。しかし，本当の自己，すなわち遺伝的に受け継がれた素因はイドの側にあると述べることで，ウィニコットは，個々の乳幼児の構成力のあるイディオムとか，パーソナリティという要因を十分に説明しきれていないでいるのだが，私はそれはイドというよりもむしろ自我の過程であろうと思う。たとえば，私は，自我を本当の自己の一部分であると見なすが，それは全体として，イドも含んでいるに違いないと考えている。乳幼児の自我は，高度に複雑な組織のシステムを展開し確立するが，それらすべては，主体の「誕生」，すなわち自己の現前に先立つものなのである。

　自我は内的なものと外的なものの弁証法から展開する心的構造であるが，自我構造はその人の発達の歴史を構成する。自我の態度，感情，活動のすべては，それをそれとして認識することはできないにしても，対象関係の

痕跡を指し示している。

　主体が登場するのは，むしろもっと後になってである。われわれがわれわれの実存について，そして他者の存在について意味がある解釈ができるようになるまでには，われわれはすでに自我と環境との交渉を通して構成されてきているのである。幻想は誕生時から（そしておそらく**子宮内**から）存在するというクライン派の理論家たちに同意はするものの，そして精神（psyche）（ウィニコットが身体《soma》によって決定され，最終的には外的対象によって決定される内的世界の存在を記述するのに用いた術語）のようなものが人生の最初から存在するということはありうるにしても，内的幻想や精神が自我の構造を決定するとは私は考えていない。むしろ，ほぼ正反対であると，すなわち幻想は自我を反映していると私は考えている。

　自我は未思考の知を構成する要因である。われわれは，存在することと関係することについての複雑な法則，すなわち遺伝的に受け継いだものと後天的に獲得したものの弁証法を反映する諸過程を所有している。一次的に抑圧された無意識の中で，われわれはその法則を知ってはいるが，それまでのところ，そのごく一部しか思考していないのである。われわれの実存の非常に重要な部分は，この未思考の知によってあらかじめ決定されているのだが，精神分析は転移と逆転移の体験とその解釈を通して，この未思考の知を思考へと導くものである。

　患者が自分の内的世界を分析家に提示するのは，単に語りを通してだけではない。患者は，分析家を転移対象として**使用する**が，その使用法は分析家の逆転移を通してさらに明確に表現される。患者はわれわれを加工し，われわれを組織化し，やがては自分の個人言語を確立する。このような過程は無意識的自我の仕事であり，患者の自我の過程を直面化し（ときには促進し）分析することによってのみ，われわれは，深部構造として埋もれていたものを意識へともたらし，精神的に利用可能とすることができるのである。精神分析の行為とは，ある意味で，自我の心的派生物**である**。というのは，精神分析を通して，自我はその出会いがなされ，そして知られるからである。

　個人の**自己**とは，数多くの内的関係の歴史である。それぞれの幼児，子ども，若者，大人は（ライフサイクルを通して），内的現実と外的現実の相互的なやりとりのなかではっきりとした形をとってくる自己の――理論

的には無数に存在する——諸部分を体験する。ひとたびそのいずれか一つの部分が（思考や感情のなかで）客体化されたならば，それ以降それは存在するようになる。私は，自己という術語をあたかも単一体であるかのように使用しているけれども，自己と名づけられる一つに統合された心的現象などありはしない。われわれは皆錯覚の領域に生きているが，その領域の内部では，自己という概念は特別に有用な意味をもっていると言うことが適切であろう。人生のその時々を通して，われわれは，われわれの存在の複雑に異なった状態を客体化し，それを知り，それに「関係する」。情緒的な，そして心理的な現実は，われわれの歴史の一部分となる自己状態を伴っている。自己という概念は，そこから，あるいはそれを通して，われわれがわれわれの存在における特異で個別的な諸体験を知覚し，感じ取り，観察し，そして内省する位置づけ，あるいは見地のことを指すと言うべきであろう。ひとつの決定的に重要な見地は，われわれを体験する他者を通してもたらされるものである。

　われわれの存在を自己状態へと順次転換することを可能にする様々な客体化は多様な物の見方を経ることによって，長い時間をかけてこの関係についてのある種の感覚を確立する。それは時間を越えた連続性を持っており，それ自身の歴史を持っている。そしてわれわれはまた，その限界についても知っているのであるが，理論においては限界のない自己をわれわれは持っているとしても，現実の中で，われわれは自身の重要性の限界を発見するからこそ，その限界はなおいっそう意味深いのである。

　以下に続く各章は，臨床状況のなかで生じてきた問題意識や関心事から，いささか特異なやり方で展開してきたものである。私は，自分が考えていることの焦点となったアイデアを書き入れたノートをとっていた。たとえば，変形性対象の概念は，分析の空間と過程に内在する治療要素についての私の関心から生じたものであり，この考えは1973年から1977年の間に私のノートの中で発展してきたものである。

　私は精神分析を実践しているとき，1日10人の患者を週に5日間診ている。私の日々の精神状態は何がしか瞑想状態に似ている。セッションが終わったそのすぐ後で，セッションについて内省することは困難であることは分かっているが，記憶に残しておきたい重要な瞬間を書き留めるために短いノートを記録することはできる。仕事が終わった夕べに，車を運転

しているとき，音楽を聴いているとき，あるいはただ日常生活の心地よい雑事に関わっているとき，ある患者との作業に由来するある考えが心をよぎることがある。その時点で自分がはっきりと分かっていることを踏み越えて進むという無理をすることなく，私はそのアイデアをノートに書き残す。私がそうしたやり方を好むのは，そうすることでいわば，自分が言わんとすることを正確に知ることのない状態で，その考えについての想像を膨らますことが可能になるからである。私がしばしば発見したのは，自分が思っていることが正確にどのようなものであるかを知ることもなく，あるアイデアについて取り組んでいるときに，それについて考えさせようと仕向けているあるアイデアについて私は考えようとしているのだということである。私は，この書物がそのような私的で孤独な取り組みに忠実なものであり，それを映し出しているものであることを希望している。

第1部　対象の影

第1章　変形性対象

　人間はかなり未成熟な状態で生まれてくるために、乳幼児は母親に依存して生き延びるということを、われわれは知っている。補助自我 (Heimann, 1956) として、あるいは発達促進的な環境 (Winnicott, 1963) として奉仕することで、母親は赤ん坊の生活を維持し、彼女自身に特有の母親機能のイディオムを通して、存在すること (being) の審美性を乳幼児に伝え、それが乳幼児の自己のひとつの特徴となる。乳幼児を抱える、乳幼児のしぐさに応答する、対象を選び分ける、そして乳幼児の内的なニードを見て取るその母親のやり方が、乳幼児と母親のペアの文化に寄与することになる。母親と子どもによってだけしか展開することができない私的な語らいのなかでは、この関係の言語が、身振りの、凝視の、そして間主観的な発話のイディオムなのである。
　母親と子どもの関係についての著作のなかで、ウィニコットは、その関係の静けさとでも呼べるものを強調している。すなわち、母親は存在の連続性を提供し、彼女が作り上げた環境のなかにその乳幼児を「抱えて」、それが乳幼児の成長を促進するのである。しかし、この相互的に高め合う静けさを背景として、母親と子どもは絶えず間主観的な体験をやり取りしており、それは授乳すること、おしめを替えること、あやすこと、遊ぶことや眠ることといった精神身体的なニードに対する習慣的行為を通して纏め上げられる。このことは否定しがたいことであると私は思うのだが、乳幼児の「他の (other)」自己として、母親は赤ん坊の内的な及び外的な環境を変形しているのである。エディス・ジェイコブソン (Edith Jacobson) は次のように示唆している。

　　母親が乳幼児をうつぶせにするとき、ベビーベッドから外に出すとき、おむつを替えるとき、母親の腕の中でまた膝の上で起き上がらせるとき、揺するとき、撫でるとき、キスするとき、授乳するとき、微笑みかけるとき、話しかけて歌ってあげるとき、母親は子どもにあらゆる種類のリビドー的満足を与えているだけ

ではなく，それと同時に，子どもがお座りをし，立ち上がり，這い這いし，歩き出し，話し始め，そしてあれやこれやするのを，すなわち機能的な自我の活動が発達するのを，刺激しそして準備しているのである。(1965, p.37)

　ウィニコット（1963b）は，このような包括的な母親を「環境として」の母親と名づけた。というのは，乳幼児にとって，母親が環境の全体だからである。私がこれに付け加えたいと思うのは，**母親は対象としてよりもひとつの過程としてより意義深いのであり，そのように同定される**ということである。そしてその過程が，内的なそして外的な変形を積み重ねていくことに参画するのである。
　私は乳幼児の最初の対象との主観的な体験を変形性対象と呼称したいと思う。そしてこの章は，そのような早期の関係性が成人の生活に刻む痕跡について述べることになるだろう。変形性対象は自己体験を変化させる過程として，乳幼児によって体験的に同定される。これは共生的な関係から生じてくるような同一化であり，そこでは最初の対象は，対象表象として表されることによって「知られる」のではなく，繰り返し起こる存在の体験として，すなわち表象的に知ることよりももっと実存的なやり方で「知られる」のである。母親が，乳幼児が（本能的に，認知的に，情動的に，環境的に）存在することを統合する手助けをするその間に，（未統合から統合へと向かう）この過程の律動は，対象の対象としての特質というよりもむしろ，このような「対象」関係の性質を告げ知らせるのである。
　いまだ他者としては完全には認められないうちに，母親は変形の過程として体験される。そして早期の実在のこのような特徴は，対象希求のある種の形態として成人の生活の中にも生き延びる。そこでは対象は，変形を指し示すものとしてのその機能のために探し求められるのである。こうして，成人の生活の中で，その探求は対象を所有するためのものではなく，むしろ対象は自己を変化させる媒介として，それに服従する目的で追い求められ，そこでは嘆願者としての主体はいまや，自己の変容と同一視される環境身体的な（enviro-somatic）世話(ケア)の受け取り手であると感じられるのである。これは母親が心的に他者として表象される以前に始まる同一化であるために，欲望から生まれる対象関係ではなく，対象をその機能と知覚的に同一視することから生じてくる対象関係である。つまり，その対象は主体を環境身体的に変形するのである。このような早期の対象関係の

記憶は，自己を変形してくれるであろうと期待される対象（人，場所，出来事，イデオロギー）をそれぞれの人が探求する際に姿を表すのである。

このように，母親を変形として体験するという概念化はいくつかの観点から支持される。まず何よりも，母親は乳幼児の環境を乳幼児の欲求（need）に沿うように常に変化させることによって，変形性対象の機能を引き受ける。乳幼児が，共生的に知ることを通して，存在することを変形するものとして母親をみなすところでは，幻覚は作動しない。それは事実だからである。というのは，母親は実際に，乳幼児の世界を変形するからである。第二に，乳幼児自身の芽生え始めてくる自我の（運動の，知覚の，そして統合の）能力もまた，乳幼児の世界を変形する。言語の獲得はおそらくもっとも重要な変形であるが，しかし対象を取り扱ったり識別したりすることを学ぶこと，そして対象が存在しないときにそれを思いだすこともまた変形的な達成であり，それらは乳幼児の内的な世界の性質を変化させる自我の変化をもたらす。乳幼児がこのような自我の達成を対象の存在と同一視することは，驚くに当たらない。というのは，あまりに長く不在にしたり取り扱い方を誤ったりして，母親が発達促進的な環境の提供を維持し損ねた場合には，自我崩壊が引き起こされたり，精神的苦痛がもたらされたりするからである。

乳幼児が移行対象を創り出すとともに，変形性過程は（そもそもの起源である）母親－環境から，数え切れないほど多数の主観的対象に座を譲る。それゆえ移行段階は変形性の時期の後継者であり，乳幼児は過程を体験することから体験を表現することへと歩を進める。移行対象の到来とともに，乳幼児は自分自身の全能感の錯覚（環境－母親の喪失を自－他の創造という生成的で一時的な幻覚で埋め合わせること）と遊ぶことが可能になる。すなわち，乳幼児は対象を追い払い，しかし自分の無慈悲にもかかわらずその対象が生き延びるという考えを享受することができ，このような移行体験のなかで，隠喩という自由を見出すことができるのである。実際の過程であったものが象徴等価物へと置き換えられることが可能になり，もしも母親によってそれが支持されるならば，もともとの環境－母親の喪失の痛みは和らげられる。ある意味では，移行対象の使用は乳幼児の一番初めの創造的行為であり，それは自我の能力（つかむことといったような）の単なる発揮ではなく，そのような能力についての乳幼児の主観的な体験を指し示す出来事でもある。

成人の生活における変形性対象の探求

　自己の変容と同一視されるような対象の探求が幅広く包括的に成人の生活の中に見出されるという現象を，われわれはこれまで注目しそこなってきたのではないかと私は考えている。たとえば，多くの宗教的信仰でそうであるように，神が実際に環境全体を変形する潜在的能力をもつと主体が信じるとき，その主体は神話的な構造の内部で最早期の対象とのきずなの関係を維持しているのである。そのような知は共生的なままのもの（つまり，信仰の知恵を反映しているもの）であり，知ることのその他の形態とともに共存しているのである。俗世では，さまざまな対象（新しい仕事，別の土地への移住，休暇，関係の変化）に注ぎ込まれた希望が，いかほどに変形的な体験への懇願を表しており，また同時に変形の体験を指し示す対象との「関係性」を継続させているかをみることができる。われわれは広告の世界がこのような対象の痕跡によって生計を立てていることを知っている。宣伝される製品は通常，主体の外的な環境を変化させ，それゆえ内的な気分も変化させると約束するのである。

　そのような体験の探求は希望を生み出すかもしれないし，確信や展望の感覚さえも生み出すかもしれない。しかし，それは一見，現在を変形するために未来に何ものかを見出すということから，未来の時制に根ざしているように見えるけれども，前言語的な自我の記憶を繰り返し再現している対象希求なのである。次の章で述べるように，それは通常，審美的な瞬間の機会でもある。個人はある対象（絵画，詩，アリアや交響曲，あるいは自然の景観）と深い主観的な交流を感じ取り，対象との不可思議な融合を経験する。それは早期の精神生活の期間に満ち溢れていた自我状態を喚起させる出来事なのである。しかしながら，そのような機会は意義深いものであるのかもしれないけれども，それらが変形を達成することよりももっと注目すべきことは，そこには不可思議な特質があること，認知的には決して把握されないが実存的には知られている何かを思い起こさせる感覚，自己が確立されたそのうえで起こってくる思考や幻想というよりもむしろ個体発生的な過程の記憶があることである。そのような審美的な瞬間は，特定の出来事や関係性の記憶を提供しないが，その主体の変形性対象の思い出である精神身体的な融合の感覚を喚起するのである。対象――その対

象それ自体が個体発生的な過程についての自我の記憶であるのだが——によって変形されたいというこのような期待は，その対象に向けて主体に敬虔な態度をとらせるようになり，その結果，たとえ自己の変形が早期の生活の頃に到達したほどの規模で起こらないとしても，成人となった主体はそのような対象を聖なるものと定めるのである。

　ここでの私の強調点は肯定的な審美的体験にあるけれども，人は否定的な審美的体験を探し求めるかもしれないということを覚えておいてもよいだろう。というのはそのような機会は，その人の早期の自我の体験を「刻み付ける」ものであり，未思考の知の構造を記録するものだからである。たとえば，境界例患者のある者は外傷的な状況を繰り返すけれども，それはそのような状況を通して，その人の自分自身の実存的な起源を思い起こしているのである。

　成人の生活ではそれゆえ，変形性対象を探すことは，早期の対象との体験を回想することであり，積み上げられてきた自己を変形する体験と同一視されるような関係性を，（強烈な情動体験を通して）認知的にではなく実存的に思い起こすことなのである。対象関係としてのその強烈さは，それが欲望の対象であるという事実によるのではなく，その対象が存在に対するこうした強力な変容と同一視されていることによるのである。審美的な瞬間において，主体は，審美的な対象との自我の融合を通して，変形性対象に向けての主観的な態度の感覚を束の間再体験する。そのような体験は，再創造ではなく，再現された記憶であるのだけれども。

　変形性対象と象徴的に等価なものの探求，そしてそのように同定されたものとの体験は，成人の生活の中で持続する。われわれは神なるものへの信仰を発展させるのだが，皮肉なことにもその不在は，その存在と同様に，人間存在への試練として重要であると受け止められる。われわれは劇場へ行き，美術館へ行き，好みの風景を見に行き，審美的な体験を探求する。われわれは自己を，変形を促進するものとして思い描くかもしれない。そしてわれわれは，思い返すと不可能であるばかりではなく恥ずかしい思いをするような，環境を変える能力をわれわれ自身に付与するかもしれない。そのような白昼夢の中で，変形性対象としての自己は未来の時制のどこかにあり，そして未来について何度も繰り返し計画すること（何をしよう，どこへ行こう，などなど）は，しばしば変形性対象の到来を願った精神的な祈りにも似たものとなる。それは，人生の最早期に体験した対象関係が

この世において再来することを願うものである。

　ウィニコットが述べているように，このような関係性から脱錯覚することの失敗から，多様な精神病理が生まれるということは，驚くべきことではないだろう。ギャンブラーにとってのゲームは，その内的なそして外的な世界の全部を変容させることになる変形性対象である。犯罪者が完全犯罪を求めるのは，自己を（自我欠損を修復し，イド欲求で満たすことで）内的にも，（富と幸せをもたらすことで）外的にも変形させようとするためである。あるタイプの色情症は，他者を変形性対象として確立しようとする努力であるのかもしれない。

　完全犯罪の探求，あるいは完全な女性の探求は，ただ単に理想化された対象に向けての探求であるばかりではない。それはまた，主体の側の自我体験における欠乏のある種の認識でもある。その探求は，たとえそれが悪い自己体験を主体の認知的知識から分裂させるのに役立つとしても，それでもなお記号論的な行為なのであり，自我変形と結びついたある特有の対象関係を探求し，「基底欠損（basic fault）」（Balint, 1968）を修復しようとする，その人の行いを意味しているのである。

　ギャンブラーとなる人々は，母親（**その人たちがその人たちの母親として持ったもの**）が不足したものを満たしにはやってこないという確信を反映しているというのも，また本当かもしれない。ギャンブルをするという体験は審美的な瞬間であると見ることもでき，そこではその人の母親との関係の本質が表現されているのである。

臨床例

　変形性対象関係のもっともありふれた精神病理のひとつはスキゾイドの自己のなかに見出される。そのような患者は豊かな自我の能力（知性，才能，業績，成功）を持っているかもしれないが，臨床的にうつ病とまではいかないものの，一個の人間としては喜びを奪われていて悲しげである。

　ピーターは28歳の独身男性で，その悲しげな表情，だらしない見かけ，くすんだ服装は，彼に安堵をもたらさない皮肉なユーモアのセンスによっても，他人のために使われることはあっても決して自分自身のためには使われない知性や教育によっても，ほとんど救いようのない有様だった。彼は一般開業医から抑うつのために紹介されてきたが，彼にとってもっと問

題だったのは，情け容赦のない悲しみと人としての孤独とであった。彼はガールフレンドと別れた後でアパートに1人で住んでおり，昼間は雑多な半端仕事をあれこれとしていた。彼の日常は定められた活動であわただしく過ぎ去っていたけれども，彼はそれを攪乱した受身性とでもいったようなスタイルで，あたかも自分自身の仕事の手はずによって手荒に取り扱われているかのように，日々をやり過ごしていた。ひとたび家に帰れば，彼はアパート住まいの気安さにだらしなく崩れ落ち，テレビの前に座り込み，出来合いの食べ物の貧弱な食事をし，自慰をし，そして挙句の果てには，将来について強迫的に思いをめぐらせて，ここのところの「不運」を嘆くのであった。毎週，欠かさずに，彼は母親に会いに自宅に帰るのを習慣としていた。母親は彼についての話をするために生きているように彼には感じられ，それゆえ彼は母親を満足させるために，母親に会わなければならなかったのである。

　彼の人生の早期の年月を再構成すると，それは次のようなものになる。ピーターは戦時中に労働者階級の家庭に生まれた。父親が戦地に赴いている間に，家はおびただしい数の母方の親戚に占拠されていた。ピーターは一族の第1子であり，惜しみなく偶像化された。特に母親は，ピーターがいずれ偉大な功績を成し遂げて家族の悲惨さを救うであろうと，つねに親戚たちに話していた。来るべき黄金の日々を夢見ることに浸り続けていた母親の本当の抑うつは，母親がピーターの世話をするときの生気のないやり方に現れていた。母親は彼女の生命感のすべてを彼に注ぎ込んでいたが，それは現実の乳幼児にというよりも神話上の対象に対してであった。ピーターの分析が始まってまもなく私に明らかになったことは，彼は自分自身が母親と共有する神話の内部にもっぱらいるとわかっているということであった。なるほど，母親は現実の彼には実際には注意が向いていなくて，母親の夢の対象としての彼に専心しているのであった。母親の神話上の対象として，彼は自分の人生が宙ぶらりんであると感じており，そして事実，それが彼の生きてきたやり方なのであった。彼は自分自身を維持し，身体的欲求に気を配り，彼が母親の夢を成就するそのときのために備えているように見えた。しかしそれは母親の神話であるがために，彼には何かが起こるのを待っているほか何もなすすべがないのであった。彼は強迫的に自分自身から自分の本当の自己欲求を追い出して空っぽにして，母親の夢思考を受け入れるための空っぽの内的な空間を作り出そうとしているように

見えた。毎回の実家への訪問は，不思議にも母親が息子に物語という餌を与えるのにも似ていた。それゆえ，彼は母親の欲望を成就するために自分自身の個人的な欲望やニードを無にして，自分自身を人生から宙ぶらりんの状態の中に留め置いて，変形された現実へと彼を召喚する神話の訪れを待ち続けているのであった。

　彼が母親の神話の対象として決定的に重要な機能を持っていることを母親は彼に伝達していたために，ピーターは自分の内的な精神空間を自分自身のものとして体験できていなかった。内的な空間は他者のために存在しており，そのため内的な存在状態を報告するときにも，ピーターは離人症的な語り口を通して，この領域が「自分からの」ものではなく「母親のための」ものであるように報告した。ピーターには顕著な自己の感覚の欠乏があり，そこには「私（I）」という特質も，「自分（me）」という特質すらもなかった。その代わりに，彼の自己表象は実存的な水準においてむしろ「それ（it）」といった性質を帯びていた。「それ」として存在することは彼にとって，休眠して，停止して，不活発な状態であることを意味していた。ピーターの自由連想は「それ」である状態の報告，すなわち，離人化された対象としての彼の身体に起こる出来事についての反芻的な報告であった。母親の第一の関心事は，母親が彼に抱いた夢を成就するために，彼がよい健康状態を保つことであった。結果として彼は，身体的な問題にとらわれていたが，それをほとんど客観的といえるほど超然として報告するのであった。

　しだいに，私はこの（実存的な現実というよりもむしろ物語の中に存在する）神話的な構造が，ピーターの母親との最早期の関係の失われた文化の密かな語らいを偽装したものであることに気がついた。彼の自我状態は母親へ向けての発話であり，母親はそれを神話の語彙として使用してきたのであった。もしも彼が，自我欠損のための，そしてイド欲求の失敗のための犠牲者のように感じているとしたならば，それは彼が母親の遍歴の騎士であり，母親のために戦って，いまは未来の使命のための休息を必要としているからであった。もしも彼が，自分の個人的な関係によって消耗したと感じているならば，それは彼が祭り上げられた神であり，大衆とうまく混じり合うわけにはいかないと思われるからであった。そしてもしも彼が母親にため息まじりに話しかけたとしたならば，そのときの母親の反応は，ため息の原因を発見しようとするのではなく，彼に心配しないように

と言い，やがて彼はお金をもうけて，有名になり，テレビにも出て，家族にそれに値する富のすべてをもたらすだろうと告げるのであった。

　彼の実存的な絶望は，神話的な物語へと，すなわち，現実界がいつも想像界に根づかされることになる象徴的秩序へと，たえず投げ入れられるのであった。彼の内的な生活のほうに向けていくぶんかでも母親の実際の注意を引き出そうとした数少ない折には，母親は激しく怒りだして，彼の悲惨は家族の生活を脅かすことになる，というのは彼だけが家族を救い出せるのだからと，彼に告げるのであった。彼は黄金の幼虫，いまだ生まれざる英雄のままに留まる運命なのだが，もしも彼が個人的な欲求で神話の機能を打ち砕くことさえしなければ，やがては彼の想像をも越えるような富と名声がもたらされる世界へと産み出されるはずであった。

　転移のなかでは，彼は自分自身を世話(ケア)が必要である対象として語った。「胃がしくしくと痛むんです。」「首筋が凝っています。」「風邪を引いています。」「気分がよくないんです。」彼は私に，ため息の，うめきの言葉で語りかけ，そして心をかき乱す笑い声をあげた。それは，気持ちを波立たせる欲望を空っぽにして，私から鋭敏な注意を引き出そうとする，彼の欲求にかなうものだった。彼は両手をこすり合わせて，指を見つめて，それからまるで重い袋のように体を横たえるのであった。これは抵抗として働く強迫的な反芻ではなく，彼の母親との最早期の関係の文化から呼び起こされた密かな語らいであると私が実感し始めると，私が彼の私的な言語に注意を向けることに，彼は大きな安堵を見出していった。彼は転移の中で何か秘密を共有しようとしていると私は感じていたが，それは密かな発話であって，言語以前のものであり，その謎めいた性質によって覆い隠されていた。私はこの隔離された文化に，その言語でもって彼に語りかけることで，すなわち，彼のうめきや，ため息や，彼の身体についての論評などといったすべてに注意深く寄り添うことによってのみ，ただ「入り込む」ことができるだけであった。結局，私は，彼が望んでいることは私の声を聞くことであると学ぶこととなり，それはよい音への彼の欲求であることをだんだんと理解するようになった。私の解釈はその内容によってよりも，体験を構造化するその機能によって価値を認められた。彼はめったに解釈の内容を思い出すことはなかった。彼が真価を認めていたものは，私の声を通して彼にもたらされる安堵の感覚なのであった。

　分析の開始期に私が共有していたピーターの言語は，最小限にしか変形

的ではない母親との関係を反映していた。後にはピーターが，母親の変形性のイディオムのなかで私を単なる共犯者に仕立て上げようとしたが，私は達成可能な変形のほうを選んで，そのような（黄金の幼虫の神話のような）変形を拒絶した。このような変形性のイディオムを私が分析すると，関係性の新しい文化があらわれてきた。新しい関係性のイディオムが確立されるためには，分析によってその布置がまずは壊されなければならないのであった。

運命（fate）についてのピーターの感覚，すなわち彼が他者にとっての潜在的な変形性対象であり続けている感覚は，乳幼児が変形的な母親からの分離や脱錯覚を必要としているということを示唆しているだけではなく，その母親もまた乳幼児の現実的なニードによってもたらされる「期待はずれ」を被らなければならないことを示唆している。つまりそれが，乳幼児が母親の変形性対象であってほしいという母親の無意識的な願望を鎮めてくれるのである。ピーターの母親はつねに，彼を現実の人間として認識することを拒み，現実の人間として世話をすることを拒んだが，しかしそこには何か貪欲な母性的養育と呼んでいいような特質があったと認めてもいいだろう。彼女は，錬金術師が溶けた金属の浮き滓を護るように，彼を潜在的な宝物として所有したのである。彼の現実的なニードは満たされることなく，宿命（destiny）が彼女に救済者となる子どもをもたらしてくれるだろうという自分の感覚を，ピーターが実現してくれることを彼女は強要したのである。

討　論

自己愛性格者とスキゾイド性格者の両者における変形性対象の探求は，実際のところ，自我の修復に向けてのニードの内的な認識であり，そして，そのようなことから，健康へのいくぶん躁的な探求である。それと同時に，そのような人たちのイディオムは最小限にしか変形力のない母親を反映しており，それはその人たちが転移のなかで分析家を使用するしばしば貧弱なやり方のなかで明らかとなる要素である。患者による変形性のイディオムの転移と，**それに相対する**分析家による直面化については，逆転移についての章で議論することになるだろう。

確かなことは，そのような患者の特徴のひとつは，彼らが実際の他者と

の関係を（彼らの鈍感さやあるいは過剰な内気さのために）利用しにくいことであるが，しかしそのような特徴は精神発達の停止を反映しているのだとしても，基本的な自我の修復と同一視される退行的な対象関係に到達することへの請願として，疾病の領域を主張する患者のニードを示していると私は思っている。分析の中では，このことは，結果として患者がほとんどまったく，現実の人物としての分析家と関係を持つことができないことや，しかしその一方で同時に，変形性対象としての分析家とは強烈な関係を維持することに現れてくるかもしれない。患者は何を確立しようと試みているのだろうか。

他の著者たちが指摘しているように（たとえば Smith, 1977），そのような患者は分析家との特別な環境を捜し求めており，そのような環境の下では，分析家の解釈は，当初はその内容はあまり重要ではなく，むしろ母親的な存在とか共感的な応答として体験されているもののほうがもっと意味深いのである。実際，いわゆる表出における分析的中立性は，ヒステリー的あるいは強迫的な患者が批判されていると感じる恐れを表面上やわらげてくれて，被分析者の連想の自由を促進するものであるけれども，しかし自己愛的あるいはスキゾイド的な患者たちにとっては，実際のところはまた違ったふうに作用しているのである。つまり，そのような患者たちは，それに心を奪われてしまって，分析家の声という歌が絶え間なく続く限りは，解釈の実際の内容は忘れてしまっているように見えるかもしれないのである。さて，われわれは，このことを分析可能性という道の途上にある障害物とみなすかもしれない。あるいはまた，われわれは，（抱える環境が提供する）分析空間が，そのような患者が治癒するのに必要な道筋の一部であるかもしれない深い退行状態の喚起につながる過程を患者の中に促進していると認識するのかもしれない。実際のところは，そのような患者との私の体験では，このような形態の対象関係への退行は，分析の最初のセッションからしばしば起こるのであり，それは分析室という生態環境（分析家，分析家の解釈，カウチなど）がある種の退避場所となるからなのである。

私の見るところでは，そのような患者は基底欠損のレベルにまで退行するが，しかしそのそれぞれの退行は，その人の中にある病気の領域を示しているのであり，それゆえに回復の必要条件も示唆しているのである。必要とされているものは連続して起こる自我の変形のまず一番目の体験であ

り，それは分析家や分析過程に求められる。そのような機会には，患者は解釈を，主にそれが自分の内的な気分や感情や思考に調和する力を持つかどうかで体験し，そしてそのような調和関係の瞬間には，患者は変形性対象関係を「再体験」する機会を得るのである。患者は分析家の基本的な非侵襲性（とりわけ分析家が迎合を要求しないこと）の価値を認めるが，それはそのような態度が連想の自由へと導くからではなく，むしろそれが良くなるために必要とされている種類の関係性のように感じ取られるためである。ここでの逆説は，患者はニードへと退行し，奇跡のような変形を探し求める一方で，傾聴したり，明確化したり，解釈したりといった分析家の**通常の**作業が，精神生活を変形させる違ったイディオムを生み出すことになる点である。

このような分析家の使用を抵抗とみなす臨床家もいるだろう。しかしそうであるならば，われわれが関係をもつことで作り上げている否定しがたい独特の雰囲気を，われわれは見過ごしていることになるだろうと私は思う。治療を提供するというまさにそのことが，多くの患者の中に，第12章，13章，14章で後に探究するような，退行的な切望を引き起こす。患者をカウチに横たえることはさらに，不安な期待や依存の感覚を引き起こす。被分析者の要求に合わせようとする分析家の信頼性や非侵襲性や共感的な思考の使用はしばしば，実際の母親の世話よりも母親的なのである。そしてそのような瞬間に，乳幼児が母親をそのような過程と同一視するのとさして違わないやり方で，患者は分析家を変形性対象と同一視するのである。実際に，乳幼児が母親を自我の変形と同一視するのは知覚的な同一視であり，欲望ではないのであるが，そのように，患者の同一視は，われわれが変形力をもっていて欲しいという患者の欲望を反映しているのではなく，分析家を変形性対象としてみる患者の断固とした知覚的な同一視を反映しているように思える。自己愛的な，境界例的な，スキゾイド的な性格の治療においては，分析のこのような段階は必要とされるものであるし，避けがたいものでもある。

治療のこの段階は臨床家にとってたいへん困難な時でもある。というのは，ある意味では，そこでは患者の分析は起こらないし，解釈的なことを述べたとしてもあらゆる領域に及ぶ拒絶によって迎えられるからである。それは無視されたり，礼儀正しく軽蔑されたり，激怒されたりすることさえある。そのような患者のある者は，礼儀正しく頷き，あなたの言わんと

しているところは実によくわかると言い，私の意見がいかほどに正確であるかに実に印象づけられたと言うが，しかし変わることなくいつも，次のように言って終わるのである。「しかしもちろん，あなたが言ったことは技術的にのみ正しいことをあなたはわかっているでしょう。そんなものは人生体験のうえで私の役には立たない。それに，そのようなものとしてそれは正しいとしても，そんなことを言われても私に何ができるとあなたが思っているのか私にはわからない。」患者は，私が彼をどのように世話すればいいのかを知っていると確信しており，そしてたとえ1日のうちのたった1時間であっても，私に彼を慰撫して欲しいと思っているのである。本来の分析は，私との心静かな体験への知的な侵入とみなされており，彼にとって私は，彼の情報を貯蔵し，彼の欲求を処理してメモリーバンクに留めるある種の高度なコンピューターなのである。彼は，私が突然，彼のための適切な解決法を思いつき，彼の人生を即座に救ってくれるようになるセッションが最終的にやってくるのを，ただ待っているのであった。私は彼の分析のこのような部分を，最早期の対象との経験の「再上演（re-enactment）」であるような種類の退行であるとみなすようになり，そして私は，分析空間という文化が実際にそのような想起を促進することを否認するのは，分析家としておろかなことであると考えるようになった。仮にそのような退行が自己の分析にとっての抵抗であるとしても，それは分析的探究が時期尚早であり，それゆえまだそこに至っていないために患者は抵抗しなければならないという意味においてのみ，抵抗なのである。転移ということで言えば，それは人としての分析家に向けられているのと同じくらい，分析空間や分析過程に向けられているのであるが，患者は変形性対象と関係しているのである。つまり，分析家は，環境としての母親として，すなわち言語以前の記憶として体験されているのであるが，その記憶は，体験として回想される語りへと認識されることはできずに，ただその関係が受け止められることを要求されている語りとしてのみ認識されているのである。それは，非侵襲性であり，「抱えること」であり，「提供」であり，またある種の共生的にあるいはテレパシー的に知ることへの強要であり，そしてまた思考から思考を，あるいは感情から思考を促進することなのである。それゆえに，このようなセッションにおいては，語らいの主要な形式は，患者が変形的な出来事としてそれを体験するような明確化となる。内省的な思考が必要となるような解釈や自己を分析することとな

る解釈は，しばしば患者の精神的な能力には時期尚早な要求と感じ取られ，そのような人たちは痛烈な激怒で反応したり，突然の不毛感や絶望感を表現したりするかもしれない。

　おそらく，精神分析理論はヒステリー患者との作業（彼らは分析空間を誘惑として理解する）や強迫的な患者との作業（彼らは分析空間をまた別の私的な儀式として喜んで採用する）のなかから発展したので，われわれは，分析空間への退行的な反応を作業同盟や分析過程への抵抗とみなしがちな傾向がある。しかし，ヒステリー患者の転移の性愛化や強迫症者の分析過程の儀式化（自由解離《free dissociation》と言うべきか）は，分析空間や分析過程が退行をまさに「誘うこと」に対する防衛として見ることができるかもしれない。それゆえ，そのような患者の分析においては，精神的な素材が容易にもたらされて，かなりの量の分析のための材料が出てくることに比較的満足してしまうかもしれないが，しかし治療はしばしば目に見える性格変化もないままに際限なく続けられるか，あるいは蒼古的または原始的な素材が突然に侵入してきたりすることになるのである。そのような場合には，分析状況を退行への誘いとして体験することに患者が失敗しているということが抵抗であることに，分析家は気づいていないのであると私は信じている。なるほど分析過程は，自由連想や患者の防衛の解釈といったお決まりの手順に重きを置いているけれども，それは往々にして，患者に「提供されている」対象関係そのものの否認をもたらす結果につながることがある。もしも分析家が，実際に退行的な空間（それは患者が自身の幼児的な生活を転移のなかで生き直すことを奨励するような空間である）を患者に提供していることを認めることができなければ，またもしも分析家が，そのような誘いを前にしながらも「作業」が遂行されなければならないと固執するならば，そのような分析の中では，患者と分析家がある種の相互的な解離の状態のなかで事を進めてどこにも行き着かないという結果（強迫的な共謀）に陥ったり，あるいは患者の側からの突然の爆発（しばしば「行動化」と名づけられる）が引き起こされたりすることになるのは驚くべきことではない。

　私が見てきたように，そのとき分析家は変形性対象の記憶痕跡を喚起する機能を果たしているのであるが，それは分析の状況が，患者がこのような早期の対象関係を退行的に想起することを促すからであり，またそれに対するさまざまな抵抗を，例をあげれば，性愛化や強迫的な儀式化による

否認などを引き起こすからでもある。たしかに、この観点から見た転移は、何よりもまずこのような最初の対象関係への転移反応であり、そして患者がどれほどそれについての自分自身の体験を思い出すことができるかを、われわれが見ていくのに役立つものであろう。そこには、分析家がそのような誘惑の約束を守って、魔術的に変形的なやり方で機能してくれるはずだという断固とした要求への、深い退行もあるかもしれない。あるいは患者は十分に健康で、退行的な想起への洞察もあるため、自己のより蒼古的な側面と接触を保ちつつ、分析のその後の作業を遂行していくかもしれない。私が信じていることは、実のところ、多くの場合、分析家は何をすればよいのか知っているという患者の受身性や無言の表現や期待は、ある特定の意識的あるいは前意識的な考えへの抵抗なのではなくて、むしろ乳幼児が母親といる早期の前言語的な世界の想起なのであるということである。精神分析家が、自身の沈黙や共感的な思考や、また教訓的な指示の全面的欠如でもって、この前言語的な世界の構成を共有しているということを認識しないならば、それは患者に対して不公正なことであり、患者は戸惑ったり、いらだったりする十分な理由があるだろう。

転移はこの最初の変形性対象関係のパラダイムに支えられている。フロイトが分析空間と分析過程を設定したときに、彼はそのことを暗黙のうちに認識していたのである。フロイトの理論のなかには母子関係にかかわるものは比較的少ないけれども、彼はそれについての自身の認識を分析的な設定（analytic set up）を創造することで示していたと言うことができるかもしれない。精神分析の過程は、この最初の関係の記憶で構成されているのであり、精神分析家の実践は逆転移のひとつの形態である。というのは、分析家は再演（enactment）することによって変形性対象関係を思い起こすからである。フロイトが自分自身を分析しきれなかった部分、すなわち、自分自身の母親との関係を、彼は精神分析の空間と過程を創り上げることを通して表現したのである。精神分析家として、われわれはこの早期のパラダイムを再演しているに過ぎないということを理解することができないかぎりは、われわれは、逆転移においてフロイトの盲目を行動化し続けることになるのである。

変形への探求、変形性対象の探求は、おそらくもっともよく見られる蒼古的な対象関係であろう。そして私が強調したいのは、このような探求は、**対象それ自体**への欲望から、あるいはもっぱら渇望や切望から、起こって

くるのではないということである。それが起こってくるのは，その人が確かにその対象が変形をもたらしてくれると確信することからであり，このような確信は，その対象が早期の自我変形の記憶を蘇生してくれる能力をもつと考えられていることに基づいているのである。このように論じることで私が主張しているのは，乳幼児の母親の体験は認知的な記憶としては入手しがたいけれども，しかし変形性対象の探求，そして環境的な変形のもたらし手として指名することは，ひとつの自我の記憶なのであるということである。

　奇妙にも，それはただ単に自我の対象にしか過ぎないのであり，また実のところ，その人の自分自身の欲望についての主観的な体験からすれば，それはまったくの驚きであったり，取るに足らないことであるかもしれない。ギャンブラーはギャンブルをするように突き動かされている。しかし主観的には，彼はギャンブルをしないことを望んでいるかもしれないし，ギャンブルをしてしまう自分の衝動を憎んでさえいるかもしれない。メルヴィル（Melville）の『**モービー・ディック《Moby Dick》**』で，エイハブは，彼自身の内的な衝動の源からは阻害されているように感じている一方で，白鯨を追い続けようとする衝動を感じている。彼は言う。

　　これは何なのだ。この名づけようもない，解き明かしようもない，この世のものとも思えぬ，これは何だ。いかさまな，隠れた主が，王が，そして残酷で，無慈悲な皇帝が，俺に命令を下すのだ。そのときあらゆる自然な愛や切望にも反して，俺は進み，掻き分け，いかなるときも押しかけていく。無謀にも，今にも俺にそうさせてしまう，まったく俺自身のもの，俺のままの気持ち。あえて俺がそうするよりも，あえて俺にそうさせるのか？　エイハブよ，それはエイハブか？　それは俺か，神か，それとも，この腕を上げるものは誰なのか？（1851, p. 444-5）

　白鯨の探求には何か非人間的なもの，無情なものがある。そして実のところ変形力があるとみなされるあらゆる対象の探求においてもそうである。ひとたび早期の自我記憶が現在ある対象と同一視されたならば，その対象との主体の関係は熱狂的なものとなりうるし，そして私が思うに，多くの過激な政治運動は，基底欠損の全領域，すなわち個人的な，家族的な，経済的な，社会的なそして道徳的な全領域からすべての人を救出することになる，完全な環境的変形をその革新的なイデオロギーがもたらすであろう

という集合的な確信を表しているのであろう。もう一度言うならば，観察する者を驚かせるほどの変化を対象（この場合は革命的なイデオロギー）がもたらすことになるのは，革命家の変化への欲望でもなく，過激論者の変化への切望からでもなく，その対象がそうしてくれるであろうというその人の確信からなのである。

結 論

ある特定の対象を熱狂的に希求する（スキゾイド的なまた自己愛的な）ある種の患者との作業のなかで，そして文化のある種の特徴をわれわれが分析するなかで，対象との最早期の体験の成人における痕跡を抽出することができると私は思う。それは，主体の内的そして外的な世界を変形する対象との体験である。私はこの最初の対象を変形性対象と呼んだ。というのは，私はそれを過程としての対象とみなしたいし，そうすることによって，最初の対象を乳幼児のそれとの体験に結びつけたいからである。母親が乳幼児によって全体対象として人格化される以前に，母親は変形の領域あるいは源泉としてすでに機能しているのであり，乳幼児自身の生まれたばかりの主体性はほとんど全幅に自我の統合（認知的な，リビドー的な，感情的な）の体験なのだから，最初の対象は自我状態の変化として同定されるのである。乳幼児が成長し，独立独歩の状態の程度が増すにつれて，母親との関係は，自己を変化させる他者としての母親との関係から，自分自身の生活や自分自身のニードをもった人としての母親との関係へと変化していく。ウィニコットが言うように，母親は，乳幼児の世界の唯一の保護者としての母親という体験から乳幼児を脱錯覚させていくのであるが，それは乳幼児がだんだんと自分自身のニードや要求に対処できるようになるにしたがって起こってくる過程なのである。他者によって変形されたという自我の体験は記憶として留まっており，それは審美的な体験のなかで再上演されたり，幅広い範囲の文化的に夢見られる変形性対象（新しい車，家，仕事，休暇といったもの）においては，内的そして外的な環境を完全に変化させることを期待させるものとして求められたり，そしてまたこの記憶のさまざまな精神病理学的な顕れとしては，たとえばギャンブラーにおけるその対象との関係や，過激論者のそのイデオロギー的な対象との関係などに認められたりするのである。

審美的な瞬間において，人が対象と深く主観的な関係を取り結ぶとき，文化は芸術の中に，変形の探求のさまざまな形での象徴的等価物を具体化する。対象との深い主観的体験を追求するなかで，芸術家は，自我の変形の記憶という体験の機会をわれわれに思い起こさせるし，そしてまたそれを提供もする。ある意味では，審美的な瞬間の体験は，社会的なものでもなく，道徳的なものでもない。それは興味深いことに，非人間的なものであり，無慈悲なものでさえある。というのは，対象は，体験のもたらし手としてのみ，捜し求められるからである。

次の章で私が主張するように，審美的な空間は，このような変形性対象関係の探求を創造的に実演することを許容する。そしてある種の文化的な対象は，いまや深く根源的な瞬間となった自我体験の，その記憶を与えてくれると言ってよいかもしれない。社会は，母親が乳幼児の欲求に応えるようには主体の必要性に応えてはくれないかもしれないが，しかしわれわれは芸術のなかに，そのような時折の回想のための場所を持っているのである。そしてそれは，自己変形の過程の強烈な記憶なのである。

すべての被分析者は分析空間を変形性対象の世話のもとでの退行への誘いとして体験するだろうけれども，そしてまた，患者がある程度の期間にわたって依存への退行の体験をするように許容することが分析者にとって非常に重要なことであるかもしれないけれども（下記参照，第14章），しかし多くの患者は，私がこの本の最後の部分で取り上げるように，分析家を病理的な変形性の関係へと引きずり込むだろう。たとえば，ある種の被分析者たちは，被分析者を**誤解する**ように分析家を仕向けるために混乱を創り上げる。これは否定的な変形であり，病理的な母子関係を転移していることの現れであるかもしれない。もちろん，このことは最終的に分析されなければならないのだが，しかしここにおいて，分析家の熱心な解釈の「作業」においてさえも，患者は無意識的には，分析家を生成的な変形性対象として体験していると私は考えている。

変形は満足を意味してはいない。成長が満足によって促進されるのはほんの部分的にだけであるし，母親の変形性の機能のひとつは，乳幼児を欲求不満にさせることなのである。それと同様に，審美的な瞬間は，いつでも美しくすばらしい機会であるわけではない。多くの場合にはそれは醜く恐ろしいが，しかしそれでも，そこで実存的な記憶が漏れ伝わるがために，それは深く心動かされるものなのである。

第2章　運命の手[訳注1]としての対象の精神

　われわれはどのようにして信じるのだろうか。通常の認識は，感じられたものや，認識されたものは，われわれが捉えるためにそこにあるという確信に基づいているのではないか。もしもある哲学が，外的な対象が「そこにあること」は証明可能だという仮説に疑問を呈したとしても，あるいは，もしも心理学があらゆる知覚は統覚作用だと警告するとしても，それはやはりわれわれ個人の，そしてまた集団の判断の健全さが，われわれの議論する世界は体験されるためにそこにあるという，ある種の詩的な自由さ，あるいは必然的な錯覚に基づいているということである。この必然的な錯覚はわれわれの存在を保証するものである。そして認識が証明可能だという信念がなければ，われわれは不安のみならず，相互の狂気の確信をも共有することになるであろう。また，話し言葉の正確さに関する普通の会話において意見の相違が生じても，あるいは，自分たちが読むテキストの意味をあれこれ詮索するといった文芸批評の周囲から隔絶された世界に従事していたとしても，われわれは相互の知覚を「修正」することもできないであろう。われわれが異口同音に認めていること，すなわち世界はわれわれすべてによって共有されているということは，われわれが世界を記述するのに用いる用語はそれを表現するに適しているという別の詩的な自由さと調和している。「X＝1とする」と書く数学者は象徴することの恣意的な本質を認めているのである。言語は錯覚を介して機能する。

　この章では私は共有された信念についてではなく，むしろ，対象の精神，すなわち表現を拒む微かな認識との出会いによってあやされて内在するようになる絶対的な確かさへと向かう体験によって揺さぶられるあの瞬間について書きたいと思っている。

　たぶんこの体験の形態の最も明白な例は，無神論者が神聖な対象に帰依するときのあの瞬間に起こる。キリスト教への回心において，人はたいて

訳注1）運命の手 the hand of fate には「めぐり合わせ」といった意味もある。

い神聖な存在によって自己が突然くるまれたと感じる。このことに引き続いて対象に抱かれたと感じ，周囲の光にある種の重大な変化（ありきたりのものから神聖なものへ）を感じ取ったり，主体に教会の鐘を思い出させるポリフォニックな銅鑼の響きが伴ったりするのである。

　審美的瞬間とは，調和と孤独の中で対象の精神によって主体が抱えられたと感じるまさに時間の休止である。「体験を認知的な，あるいは倫理的なものというよりも，審美的なものとして特徴付けるものは，それを超えて更なる知識，あるいは実践的な努力に向かうことを抑制する能力，私たちをその中で罠にかける能力，それ自身の十全さであろう。」とマーレイ・クリーガー（Murray Krieger）[訳注2]は書いている。いずれにしてもこの瞬間は，キリスト教徒の改宗体験，自分の見る風景との詩人の夢想，交響曲を聞く人の恍惚，読者が自分の詩に呪文をかけられる，といった場合に起こるのであるが，そういった体験は時間を主体と対象とが親密な出会いを成し遂げたかに見える空間へと結晶化させるのである。

　このような瞬間は引き続いて解釈学的な解明へと投げ込まれるとしても，それらの瞬間は基本的に言葉のない出来事であり，審美的な対象に抱かれているという主体の感情や，根本的に表象的でない知識の濃密さは注目に値する。ひとたび体験されるや，これらの瞬間は主体に深い感謝の気持ちをもたらすので，そういった人たちは審美的な対象と再び出会うことを生涯かけて捜し求めることへと導かれるかもしれない。キリスト教者なら教会に行き，そこで自らの経験の痕跡を見出すことを願うかも知れず，ナチュラリストなら自らに突然の畏怖の瞬間をもたらすたいへん稀な鳥を今一度見ようと捜し求めるかも知れず，ロマン主義詩人なら自己と対象が相互に高めあい，互いに有益だと感じられる宙に浮いた瞬間にちょうど出くわす場を期待して自らの風景の内を歩くのである。

運命の手

　なぜ審美的な瞬間はわれわれの内に，われわれは神聖な対象と交流を持ち続けてきたという確信を引き起こすのか。この確信のよりどころとするものは何か。それは幾分か，われわれはこの神秘的な瞬間を部分的に対象

訳注2）1923—2000　米国の文芸評論家。詩の独自性について論じたことで有名。

によりもたらされた出来事として体験するからである。さらに，われわれはいつ審美的体験をするのかを予測することはできない。それはほとんど不可避的に驚きである。対象（イコン，詩，音楽，景色など）との融合，対象の魂によって引き起こされる感情といった体験によって補完されるこの驚きは，その様な機会はきっとわれわれのために選ばれたものに違いないという深い確信をもたらす。こうした対象は「運命の手」なのである。そして，われわれは対象に誘導されて，表象的なあるいは抽象的な思考を介して対象化されたというよりも，自己の全体的な深いかかわりあいに根ざした，心によるのではなく存在することの体験による抱擁の内に突然とらえられるのである。

　審美的な瞬間とは，「夢見心地の目的のない注意」（Krieger, 1976, p.11より引用）の経験であり，自己と他者を調和と孤独の中に補える呪文である。時は止まったかのようである。審美的瞬間が主体と対象との間に深い関係を構成するとき，それは対象に適合した生成的な錯覚を人にもたらす。

　既視感（déjà vu）という形態は，実存的な記憶であり，不気味な感覚を介して伝えられる非表象的な回想である。その様な瞬間は親密で神聖で崇敬の念に満ちたものと感じられるが，しかし，それは基本的には認知の一貫性の外部にある。それらは心というよりも存在することの体験を介して銘記される。なぜなら，それらは他者との交流という体験が言葉の存在する以前の人生の本質である場，その様なわれわれの部分を表現するからである。後に説明するが，審美的な体験は未思考の知の一部を構成している。審美的体験は，伝達するという事が主体と対象との深い関係という錯覚を介して最初に起こった，その時の実存的な回想である。対話の一つの形態としての共に居るということ（being-with）は，思考を介して存在を成長させる能力に先んじて，赤ん坊の存在を適切に処理することを可能にさせるのである。

人間の最初の審美的体験

　母親の世話(ケア)をすることのイディオムと，この扱いを乳幼児が経験することは，一番早期のものとは言わないまでも，人間の審美的体験の最早期のものの一つである。自己の本質が環境によって形成され，変形されていくことは最も深遠な機会である。詩，楽曲，絵画，あるいはそのことに関し

ては，いかなる対象であるにせよ，それに包まれているという不可解な喜びは，子どもの内的な世界が一部母親によって形態を付与されるあの瞬間にかかっている。なぜなら子どもは母親の助けなくては，それらの形を与えたり，それらを相互に結びつけることができないからである。

　子どもは，彼が受け継いだ素質の設計図を付与された，彼自身の内的な「形態」を持っており，彼自身の認知能力（自我の潜在能力）が，現実の主観的体験を偏らせる。しかし，前の部分で述べたように，これら内的な変形能力は母親と結びつく。この最初の人間の審美的体験は個人の性格の発達に形を与え（これは心の表象というよりも，存在のあり方を介する自己の言語表出である），そして人を対象との主観的な関係にすえる，来るべき全ての審美的な体験の原因となるであろう。第1章で示したように，個々の審美的体験とは変形能力であり，それゆえクリーガーが言うところの「審美的対象」を探し求めることは，変形性対象を探索することなのである。変形性対象は，懇願する主体に，断片化した自己が処理の様式を介して統合される体験を約束するように思える。

　子ども時代の主観的な体験の誰の記述を読むかによって，われわれはその人の潜在能力（認識（力），運動性，適応のための防衛，自我能力の発達），あるいは能力の欠如（生まれついての剥奪や，それに引き続いての精神的葛藤により生じたもの），またはその双方に焦点を当てることになる。存在のこの時点において，ピアジェが論ずるごとく，子どもは間違いなく内的な構造化傾向をもつ。しかし，発達促進的な母親なしではウイニコットが強調するように，子どもの未成熟な自我能力は障害され，修復不能となるだろう。これは客観的事実である。

　しかしながら乳幼児は自分の自我能力にも，また，母親の世話の何たるかにも客観的に気づいていない。もしも乳幼児が苦しんでいたら，不快の解決は母親の突然の出現によってもたらされる。空腹の痛み，空虚な瞬間は，母親のミルクによって満ち足りた体験へと変形される。これが最初の変形である。空虚さ，苦悶，そして激怒は満ち足りた満足**となる**のである。この体験の美は，母親が乳幼児の要求に出合い，そして彼の内的，外的現実を変形する特別の手立てにある。変形させられるという乳幼児の主観的体験と並行して，母親の審美性によって変形させられているという現実がある。彼はミルク，（満たされるという）新しい体験，そして取り扱われることの審美性を取り入れるのだと私は信じる。赤ん坊は母親がコミュニ

ケーションの内容だけでなく、その形態も取り入れる。人生の始まりにおいて、乳幼児をあやすことはコミュニケーションの原初的様式であり、それゆえ母親の形態（審美性）を取り入れることは、彼女の言語によるメッセージの内在化に先立つ。実際、メッセージの内容とその発信形式とが矛盾しているというベイトソン（Bateson）の考えるダブルバインド（二重拘束）は、発語としての形態とメッセージとしての内容との間にある葛藤を定式化したものである。乳幼児は二つの相矛盾した体験の間に捉えられてしまう。

　母親は、乳幼児と共に居るときの彼女の存在のスタイル――授乳し、おしめを代え、あやし、小声でつぶやき、抱え、そして遊ぶこと――で自分の審美性を伝える。そして、彼女による乳幼児の存在の変形の現象学を構成するのは、乳幼児と共に居る彼女のあり方全体なのである。「ほどよい母親」と共に居ることで、内的そして外的現実の生成的な変形の伝承が成し遂げられ、存在することの継続性が維持されるのである。

　内的あるいは外的侵襲から乳幼児を守る母親の世話（ケア）のシステムを含む、「発達促進環境」において、この体験が起こるとウィニコットは書いている。本来赤ん坊は侵襲から保護されているのだが、そういった侵襲は、未熟な思考や警戒によって存在することを妨害したり消したりする早熟な精神過程が世話（ケア）されることに取って代わる方向へと彼を導いてしまうものだったのである。文芸評論家のマーレイ・クリーガー（1976）は、審美的体験について書いた際に同様の過程について述べている。「それから私は、体験というものが審美的な様式で機能する程度にまで、それを確立しようと試みたのだが、自分たちがそれの中に閉じ込められ、その表層と深層との間で自由に、しかしながら制御された方法で遊んでいることを見出した」（p.23）。ウイニコットの「発達促進環境」のように、クリーガーの「審美的様式（mode）」も、自己を思考の方向へと刺激しない、夢想や交流といった体験の内に自己を抱えるのである。「そういった対象は主たる客体として、われわれをその内に閉じ込め続けようとは、すなわち、われわれが認知的あるいは実際的な事柄の世界へと逃避することを妨げようとはしないのだろうか」（p.12）、とクリーガーは記すのである。

　私はクリーガーと同意見である。しかしまた、ひとつ当然の質問をすることも許されるだろう。この体験の起源は何か？　審美的体験は大人に教わる何かではない。それは母性の審美性によって扱われることによって、

思考することが生き残るうえで不可欠であるとさせた体験の実存的な回想なのである。

　やがて，通常の状況下では母親の審美性は言語の構造に屈服し，そしてこの時点において，存在することは話されることが可能となる。母親が言葉を形成する体験を促進することは，幼児による文法構造の理解と共に，幼児の符号化された発語に対する最も重要な変形である。言葉を理解するまでは，乳幼児にとって意味とは，主に母親の心身に帰属している。言葉でもって乳幼児は新しい変形性対象を見つけたのであり，それが，深い謎めいた私的領域から人間村落の文化へと変形を促進するのである。

　変形性対象が母親から彼女の言葉遣い（母語）へと移行するや，母親に向かう自己という人間の最初の審美性は人間の第二の審美性へと移行する。それは自己を語るための言葉の発見であり，ラカン派が論ずるところの言葉による自己の発見であろう。人間の最初の審美性を構成したのが乳幼児の存在を変形する母親の様式であったように，言葉に表すことは，自己の気分を扱い，変形し，その個人のパーソナルな審美性を表現する語を増やして行くと私は信じる。

　このようにして，世話による母親の審美性が言葉遣いを介して，すなわち，喃語，オウム返し，歌うこと，お話しすること，言葉に表すことから言語へと移行するように，人間の最初の審美性はイディオムという形式の審美性へと移行するのである。

　この著しい変遷の一部として，われわれはいくつかの方法で母性の審美性の構造を身につける。ハインツ・リヒテンシュタイン（Heinz Lichtenstein）による「同一性の主題」（1961）の概念に埋め込まれているのは主題性だけではなく審美性である。われわれの内的世界は母親の無意識的願望によって，他者と共に居るための将来の方法全てに影響を及ぼすことになる，母親と共に居るという原初の主題へと変形される。初期の論文（Bollas, 1974）で，個人の性格とは，その人の過去に関する主観的回想であり，自分自身や他者と共に存在するためのその人独自の方法を介して記録されたものであると私は論じた。私は，性格とは存在することの審美性であることを付加したい。というのは，われわれはわれわれの存在の構造，すなわち母親の審美性という現象学的な現実を内在化してきたからである。われわれは母親の語らいの主題だけでなく，イディオムを形成し変形するといったプロセスも内在化してきた。われわれが望み，絶望し，

手を伸ばし，遊び，あるいは激怒し，愛し，傷つき，そして求めたときはいつも，そこで出会うのは常に母親であり，世話をするという彼女のイディオム(ケア)によって扱われたのである。彼女の審美性に対するわれわれの実存的な批判がどのようなであれ，例えそれがわれわれ自身の存在への生成的な統合であろうと，われわれの本当の自己が解離し分裂することによって迎合することであろうと，あるいは審美性を防衛的に扱うこと（否認，分裂，抑圧）であろうと，われわれは彼女のイディオムに出合うのである。確かに，彼女がわれわれを扱った方法（受容的で促進的であっても，拒否的でかたくなものであっても，また，双方が入り混じっていたとしても）は，第3章で詳しく述べるように，われわれがいかに自己を扱うかに影響するであろう。ある意味で，われわれは言語の規則を把握する前にわれわれの存在することの文法を学ぶのである。

「ほどよい」条件下であれば，変形性対象としての母親は，環境を人間のニードに一致させるために操作する。しかし，これはフラストレーションを起こす審美性の内在化を除外するものではない。この体験が自我の構造の中に内在化されるに従い，自己は環境との相対的な調和へと行き着くため，あるいは調和の中に外傷的な割れ目を再び作り出すために，変形性対象を求める。ある1人の人間が訝しげな表情の友人になぜ自分が落ち込んで見えるのかを表現したいと思ったとする。「何かに怒っているのか」と友人は訊ねる。「いや，私は怒っていない。私は受け取った手紙にうんざりしているだけです」と彼は答える。「怒り」という言葉は，その気分を適切に言葉へと変形していないのである。その言葉は外的な表現と内的な印象とを生成的に調和するものではないだろう。しかし「うんざりする」という言葉はこれをもたらし，主体は救われたと感じ，理解されたと感じるだろう。これは間違いなくほどよい変形性過程の体験に基づくニードを反映するものであるが，一方，別の状況下では別の人間は救われたと体験するために，誤解されることを求めるかもしれないということをわれわれは知っているのである。

もしも言語の獲得時点で間違いが起これば，言葉は子どもの内的世界の意味のない表現になるかもしれない。それらは無用のものと感じられ，あるいは，仮に家庭の規則が自分の気分を言い表す言葉を禁じるものであったなら，それらは危険なものと感じられるかもしれない。乳幼児の内的な気分を言語に変形することの失敗は，スキゾイド性格の態勢を促進するか

もしれない。その場合には言語は感情から解離し，内的世界の気分は，ほとんど例外なく存在することの主観的なやり方として記録される。そして迎合的な，あるいは抽象的な思考表現は言語へと配置される一方で，本当の自己の状態は，自己の内に保持された性格の「言語」を介して現わされる。そのようにして主体の内的，あるいは私的な自己は，実行者としての自己から常に解離されるのである。そういった個人にとって審美的な瞬間は，主体に内的混乱をもたらす恐るべき当惑させるような外的対象と出会うときに生じるが，恐ろしいが馴染みのある不思議な感情を彼にもたらすものである。そこではこの審美的な対象は明確なものへと分解されることを要求するのだが，もしも主体がそれを声に出そうとすると，自己を徹底的に破壊するぞと脅すといった体験を彼にもたらす。

文学に見られる例

審美的体験の描写の一例は，ハーマン・メルヴィルの小説「モービー・ディック」に見られる。それはイシュマエルが潮吹き亭で鯨の乱雑な絵に目を奪われた時のことである。イシュマエルに審美的瞬間が訪れたのは，空中に飛び跳ねた巨体が船の上でまさに串刺しになろうとしている恐ろしい絵に彼が虜になったときである。彼は自分の体験を言葉にしようと努力するにもかかわらず，自分の見ているものを明確にすることができない。それは虜になるという体験が認知的な理解力の枠外にあるためである。彼はこの体験を「鯨」という言葉に変形することでやっと絵から離れることができて，解放されるのである。イシュマエルは審美的瞬間を体験することができたからこそ——彼は，絵に，教訓に，鯨の本に，鯨そのものに，他者（たとえばクィークェグ）の特有の存在に捉えられるのであり——彼を神秘的な深い魔力の下に捕え，そこにすえつける対象である変形する他者とともに審美的瞬間に住まうことになった。それゆえ，イシュマエルは具象的な変形性対象（モービー・ディック）を大海に求めるエイハブの創造的代理を反映している。なぜならば，彼はメルヴィルの位置を占拠しているからで，その位置とは，自分自身のための審美的瞬間を造り，今後（テキストあるいは絵として）新たな現実となる精神史的体験の象徴等価物を見出すために，独特の場を占める芸術家のものである。

多分ここで，イギリスの生徒たちに読まれている最もポピュラーな物語

をやや詳しく引用することで，審美的瞬間に関する空想を例示することは間違いではないだろう。それは『たのしい川辺（The Wind in the Willows）』[訳注3]である。子ども向けの物語とは一種過渡的な作り話なのだが，その内容は子どもが思いのままに信じている世界から湧き上がってきたもので，のどかな語りと，おとぎ話のプロットの中にこのマジックが捕らえられているのである。子どもの作り話には，恐ろしさ，畏れ，魅惑，サスペンスの瞬間が満ち満ちている。自己と環境は，何か個体発生的変容についての子どもの感覚が，子どもが読む物語の中にひしひしと感じられるかのように，相互に変形しあう。しばしば，『たのしい川辺』にあるごとく，物語は旅についてであり，子ども自身の心身の変形の認識に忠実なピカレスク風の冒険譚である。

　『たのしい川辺』は発見の物語である。1匹の素朴で怖がりの小さなモグラが，世界を見つけに川を下って旅をしようと言い張る冒険好きというよりはむしろ無鉄砲なミズネズミと友達になる。ある日の夜明け前，2匹は静かに下流へと漕ぎ出すのである。突然ミズネズミは，なにやらこの世のものとは思えない音と感じられるものに驚く。「なんと美しく，不思議で，新しい。でもすぐに止んでしまったので聞かなかったと思いたいくらいだ。だってそれは僕のうちに心が痛む憧れを呼び覚ましてしまったから。あの音をもう一度聞けたらそしてずっと聞き続けることさえできたら何もかもが価値がないと思えるんだ。」と彼は言う。モグラには何も聞こえなかったが，彼は新たな可能性に敬意をもって気を配った。彼は友人のミズネズミに何が起こったのかと訊ねるが，ミズネズミは夢心地にはまっている。「ミズネズミは確かに聞いたのだとしても，何も答えなかった。心を奪われ，夢中になり，震え，彼は自分の無力な魂を釘付けにし，揺さぶり，愛撫するこの新たな神々しいものに全身全霊で取り付かれていたのである。あたかも，しっかりと支えられて抱きしめられている力のない，しかし幸せな子どものように。」この体験――審美的瞬間――新しさと不思議さを感じるが，しかし「あこがれ」を引き起こすものである。そしてこの衝撃は，かつてのいかなる心的体験とも認知的には関連せず，しかし情緒的には過去を即座に呼び覚ます。すると著者は，自分の登場人物たちを精神的に位置付ける全知の確認者の位置において，ミズネズミは「夢中に」なっ

　訳注3）『たのしい川辺　The Wind in the Willows』: Kenneth Grahame (1908) による童話で英国ではとても Popular なもの。

ており，「しっかりとした支えに抱きしめられている力はないが，しかし幸せな子ども」のように心が占められていると言うのである。子どもの読者がこのタイプの体験をいかに確認するかを著者は知っている。著者は乳幼児が母親にかかえられているイメージを呼び起こし，幼児と世話をするもの(ケア)との間にある空間に，審美的瞬間を位置づけるのである。

場の精神

　わたしの考えでは，審美的瞬間とは，ある対象との突然の不思議な交流によってしばしば生じる早期の自我状態が喚起され生き返ることである。その瞬間とは，環境に選ばれたという強い錯覚の下で，ある深く敬虔な体験に主体が捉えられた時である。この抱えられる体験は抱える環境の心身による記憶をもたらす。それは母親の前言語的，本質的に前表象的記録である。ミズネズミとモグラで言うならば，体験はいかなる個別の対象とも厳密に関連づけられるのではなく，その代わりに，出来事をひき起こす対象は，恐ろしくかつ神聖なものであるべきという概念と共に置かれるのである。『たのしい川辺』の読者は，実際のところミズネズミとモグラが体験したのは陽の出である事を見出す。しかし，彼らには太陽を見ることはできない。彼らに体験できるのは自分たち周囲への影響だけである。対象は主体にその影を投げつけるのである。それは，幼児が母親を自分の内的・外的環境を変形する過程として体験するのとはほとんど同じなのだが，そういった変形が部分的には母親からもたらされることを幼児は知らないのである。対象を体験することは対象を知ることに先立つ。幼児は引き伸ばされた不思議さの感覚を持っている。場の精神が造ったものを同定することはできないが，彼はそれと住まうからである。
　精神的な経験を，**母親**の個別的な行いに格下げすることが，幾分不思議な体験の統合性に対する侮辱という印象を与えるか，お分かりいただけるだろう。神が母性に先行するように，われわれの最早期の体験は，れっきとした対象としての母親をわれわれが知ることに先んじるのである。

症例の提示

　精神療法を受けている若い男性ジョナサン（この患者に関する詳細は第

4章参照）は，母親が支配的な裕福な家庭に生まれた。その母親は野心家で自分の新しい赤ん坊の養育のために社交生活を放棄することを拒んだ。彼女は乳母を雇い，その赤ん坊は人生の最初の5年間，次から次へと，母親から乳母へと，そして乳母から母親へと手渡された。彼は温かさ，匂い，柔らかい衣服，そして落ち付きを感じさせる母親を大変気に入っていたが，その一方で彼には乳母の記憶はない。「まったく空っぽです。僕は何も覚えていません」と彼は言う。さて，初めて人間の審美性について口に出すという審美的な体験であると私の信じるものを彼は経験したのである。彼は市中をさまよっていて，何度も1人の若い男性に会うことになるのだが，それはいつもバスか車の中で，反対方向に行こうとしている彼（現前の瞬間）を見て，彼こそが自分を「変形」できる人物だという感情が突然引き起こされたのである。彼はそういった瞬間を，自分の人生における最も神々しい瞬間だと考える。なぜなら，その後に絶望と空白の感覚が続くとしても，そういった瞬間は「きわめて美しいハーモニー」の「卓越した」感覚に満たされるからである。この変形性対象はあらわれては消える。それは誕生を約束するが，もたらされるのは，不在と空白なのである。ジョナサンが精神分析の中で発見したように，この変形性対象と彼の審美的体験の本質を探索することは，彼が体験する母性の美（主体の存在することに呼び出された過去）の実存的な記憶に属する。自分の母親と居るときは彼は喜びの気持ちに満たされたのだが，乳母のもとに置き去りにされると彼は空白となり見捨てられたと感じたのである。

　変形性対象を探し求めるということは，過去の中に存在する未来の何かを記憶の中に際限なく探し求めるということである。主体は変形性対象を求め，自己の変容を約束する審美的な枠内で共生的な調和の中に当てはめられることを熱望しているのであるが，もしも対象と関係することの様々なタイプを探求するならば，そのことをわれわれは発見するであろうと私は信じている。

第3章　対象としての自己

　ウィニコットの精神分析的感性の特徴の一つとして，患者の中に，母親の抱える環境の中で生きている乳幼児を探し出し，転移を通してどのように患者がこの経験にまつわる理解を伝えてくるのかを問うことがある。ウィニコットは，ボーダーラインやスキゾイドや自己愛人格障害の患者とともに生きながら，患者が無意識に再構成した子どもの頃の環境に自分が巻き込まれていることを知り，分析的解釈を時期尚早に使用することで生じる侵襲を起こすことなしに転移を発展させるために，自分自身を患者の自我欠損や性格の偏りに順応させるというのが彼の技法の特徴であると私は理解している。この早期乳幼児期の環境を経験する中から，分析家は，今度は転移を通して再創造されたものとして過去を解釈することができるのである。

　人々は，自我構造の中に母親や父親の対象であるという記憶を抱いているし，対象関係の過程で，母親，父親，乳幼児としての自己の要素の間で生きた経験という歴史的舞台でさまざまな立場を再－現（re-present）する。表象の一つのイディオムは，その人の対象としての自己との関係であり，まさにその仕事に関わってきた最初の他者との同一化を通して個人が自己を客観化し，想像し，分析し，そして管理する対象関係である。

　私は，対象としての自己との関係という概念は，患者との臨床の中で相当に役立つと考えているし，精神分析的理論の中に（特にMilner, 1969; Modell, 1969; Schafer, 1968; Kohut, 1977; Khan, 1979; Winnicott, 1965）この考えは存在するけれども，適切に概念化されていないために，私たちが患者たちに対して解釈を定式化する時に本来あるべき目立った特徴としては現れていないと考えている。

　ウィニコット（1965）は，母親のいない赤ん坊などというものはいないと言った。彼はまた，赤ん坊や母親の部分をもたない大人などというものはいないと考えていたし，私が強調しておきたいのは，対象としての自己との関係において，母親や父親が子どもにするように自分自身のある部分

を管理しながら，自己管理しないで存在する大人や，あるいは自己対象化の中で表象しない大人はいないのである。

内主観的空間と対象としての自己との関係

　声を出さない会話を自分自身とすることは私たちの精神生活のありきたりな特徴である。たとえばこの章のプランを練っていたときに，私は「ウィニコットとカーンを含めなければならない。なぜならあなたの考えの多くが彼らの仕事からきているからね」と言って，自分自身を客体化して第二人称代名詞で考えていた。第二代名詞の同一化がなかったとしても，それは暗黙の了解であり，たとえば私が「より複雑な臨床例にいく前に，この現象についての通常の例を提示するのを忘れないように」と考えた場合に，「あなた」というのは暗に意味されている。思考するためのこの絶え間ない自己の客体化はありふれたものである。それはまた対象関係のひとつの形であり，フロイトは，私たちを対象として語りかけてくる精神のある部分を明らかにするために超自我の理論を発展させた時，賢明にもそう理解していた。当然のこととして，この内主観的（intrasubjective）関係はその人の精神状態によって変化する。私が自分のノートにある話題について書いているときは，講義の為に書いている時より，もっとリラックスして，空想的な考えに寛容だろう。精神分析のほとんどは，対象としての自己に対する内主観的関係の性質についてである。そして，それらの関係は，本能の力と超自我の活動によって偏らされているし，統合的な自我活動を反映しているのである。

　対象としての自己に対する内主観的関係は，思考と行動の変数を広げることができるようにするための単なる認知的分割（cognitive division）ではない。また，本能や欲望や恥や制止や調停的活動の作用を単に精神内的に客体化するということでもない。それは複雑な対象関係であり，人が自分自身の内的な，そして外的な対象としての自己をどのように抱え，どのように関わっているのかを私たちは分析することができる。

　論文を発表するために最近ローマに旅した際，私は違った種類の出来事で自分自身をやりくりしなくてはいけないような事態に何度か見舞われた。飛行機から降りてタクシーに向いながら，ホテルに時間通りに着くことができないのではないかと心配だった。私は飛行機に乗っている大部分の時

間,第一人称で考えていた。「これをして,あれを準備して,これを見て,誰それを訪れて」。しかしタクシーがゆっくり進むので,不安は増していき少し自分を抱えなければならなかった。私は心の中で言い聞かせていた。「なんてこった。タクシーが遅すぎて遅れてしまう（不安は増強している）。いいか。お前ができることなんて何もないんだ。だから心配するのはよせ（少し修正できた）。でも,みんな待っているだろう（不安が再出現する）。じたばたするのはよせ（ちょっとした精神病質の不適切な使い方）。とにかくお前は何もできないんだし,ここで友人たちを狼狽させるのは,お前がそんな状態で到着することだ。だからなるがままにまかせろ」。この精神的作業は,抱えることの一例であり,私たちが人生において行う自己管理の全様相の一つの特徴である。この簡単な一連の自己客体化や不安の表現や再保証の結果,私はホテルまでタクシーに乗っていることを楽しむことができ,精神的にほどよい状態で講義に臨むことができた。

　ローマに着いた次の日,屋外のカフェに座っていると,1人の美しい女性が通り,私は声を出さずに反応した。「見てみろよ。あの娘！」と確かにさまざまに受け取ることができるやり方で対象としての自己に話していた。

　この内主観的関係の現象についてさらに考えを深めていくことは興味深いことだと思う。例えば,私たちの患者が,内主観的空間でどのように内的対象としての自己を取り扱っているのか。情緒を表現し,内的葛藤に耐え,本能の要求と超自我の制止の間を調停し,そして精神の各領域の間の葛藤をほどよく解決させていくための能力の本質とは何か。自己管理の対象となるのは意識的,無意識的にどのような体験なのだろうか。

　マイケルという患者は恋愛関係が終わってしまったことで治療にやってきた。しかし,この若い男性のより注目すべき特徴の一つは,自分の願望を実感することが事実上不可能であることだった。たとえば,金曜日の午後に,その夜映画を見に行くと自分で考えたのに,その願望は,私たちのほとんどがするような典型的な通常の活動（映画ガイドを買う,見る映画を選ぶ,映画館にどうやって行くか計画する）に決してならないのだった。必然的に彼は若干の欲求不満を感じはしたが,繰り返される絶望感にこの自己管理の失敗を結びつけることはなかった。土曜日の朝,マイケルは寂しい気分になり散歩に行くことを考え,コートを着て玄関から出掛けたが,実際にしたことはニューススタンドに立ち寄って,新聞を買い,そして家

に帰って散漫な状態で新聞に目を通すことだった。この男性の絶望状況の一つの側面は，自分自身の願望を受容する内在化された空間や，願望や実際的なことや，制止の間に起こるどんな葛藤をも仲介する別の空間や，願望を部分的に満足させられるように促進し，やりくりするような精神空間も持っていないことであった。

　エイドリエンというもう1人の患者は勤勉な専門職の女性で，仕事が終わると，風変わりな白昼夢の世界に入ってしまう。彼女は別の星に住む永続的で興味深い想像上の人物達の，決して終わりのない'小説'を持っていた。彼女は陰謀に巻き込まれ，危険から間一髪で脱出する主人公の人生を想像し毎晩何時間も過ごす。そしてエイドリエンが他の登場人物たちと複雑な関係を発展させると，彼らの多くは，何カ月も続く別の空想の筋書の対象となるのだった。エイドリエンは仕事のある日はとても有能だったが，そういう日でも内主観的関係を結んでおり，気が動転している時に自分のことをしばしば'彼女'と呼ぶのだった。'彼女'が何か間違ったことをした。あるいは'彼女'が非難された，と。自分自身を'彼女'と呼びかける時，些細な間違いに対して本当に頻繁に彼女を罰していた母親の声の響きに同一化している感覚が沸き起こっていた。

　各人が，内主観的空間の中で対象としての自己とどのようなつながりを持っているかを尋ねることの必要性を強調することに私は特に関心がある。誰が話しているのか。自己のどの部分が話していて，自己のどの部分に話しかけられているのか。この対象関係の本質は何か。それはほどよい対象関係（good-enough object relation）なのか。本能は表象することを許されているのか。どのようにか。要求としてか。あるいは，本能欲求は願望に練り上げられていて，主体の欲求の範囲内になっているのか。欲求は首尾一貫して表出されていて，自己の他の部分と同調しているのか，あるいは性が迫害的なやり方で，おそらくは内主観的対象関係の崩壊から成る邪悪な構造を通して伝わっているのか。欲求の中身はここでは私の関心事では余りなくて，むしろ内的対象関係の環境の中での内容の取り扱われ方の宿命に関心がある。内主観的関係の能力をもつ人はそれぞれに，自分自身の自己管理の対象である。自己がどのように自分自身の管理の対象として扱われるかは，精査する価値があるだろう。

対象としての自己を管理すること

　まったく普通のやり方で，私たちはいつも自己を管理している。それらは，たとえば，休暇の過ごし方から衣類の選択まで。あるいは，ニードを認知し促進することからそのニードを部分的に満足させるために私たち自身の個人的現実を管理することまで。さらには，休日を認識し計画することから，経済状況や家族の現実を認識して直面するという全く別の能力まで及んでいる。
　空間や時間の中に自分を位置づける仕方は，両親との関係においてそもそもどのように私たちが空間的，時間的に位置づけられているかを部分的に反映しているのだろう。たとえば患者は，初めての場所で居場所を見つけなければならない時に最初に感じる不安をぎこちない足取りと社会的な不安感で表現するかもしれない。歩き方や話し方がとても不揃いでためらいがちだったために，それが分析の非常に重要な点になったある患者を私は思い浮かべることができる。そして対象としての自己をこの患者が取り扱う方法が，親が幼児期に患者を取り扱う中で普通の空間的・時間的対応が欠如していたことをどの程度反映しているかを見るためにこの人格病理の発達を理解することが有用であった。私がこの患者といた時，対象としての自己に対する母性的ケアシステム（maternal care system）に関しての患者の転移を目撃していたというのが私の見方である。
　対象としての自己との関係は複雑な対象関係であり，また無意識の空想を表現するものでもあるが，私がこの章で強調したいことは，母性的ケアシステムが部分的に転移された関係の側面である。それぞれの人間の空間的・時間的イディオム（spatial-temporal idiom）は無意識的空想の統合的な仕事を反映し，それはまた対象が配置される中で自分の居場所をどう乳幼児期早期に体験していたかという自我の記録も反映する。この身体の記憶は，私たちの最早期の存在の記憶を示唆する。それは，いまだかつて考えられたことのない形の知であり，未思考の知の部分を構成する。
　また別の患者マークは，とても仰々しい人で，必然的に自分の知性をひけらかす為に利害関係のある人の招待を絶対に断ることができない。結果として，彼は常に無理をすることになる。しかしながら，そういった負担は無意識に動機づけられていて，そうすることで，自分自身の知性や創造

性を自分で認めるということから防衛するという役割を担っているのであった。その代わりに、マークが演じたのはとても疲れ切った人物であり、どんな時でも自分のふるまいに過度に批判的であり、唯一彼が賞賛するのは、また別の疲弊するパフォーマンスのために舞台に永久的にかり出され続ける演者としてのイディオムであった。もしこれらの出来事を実際に計画していたのがマークだとしたら、こうなるのはどうしてなのか。私の理解では、彼は自分で、過酷な要求を突きつけているように見える促進的環境（無理な仕事の段取り）を作り出している。「明日、君はこれをしなければならない。明後日、君はあれをしなければならない。来週、君は北へ行かなければならない、などなど」。対象としての自己とのそのような関係の力動は、もちろん複雑であり、かなりの数の内的関係がかかわっている。彼の場合、もし自分が能力をもっていることを知られたら、他人は間違って彼のことを独立した人生を生きることを望んでいると誤解しないか怖れていたのだが、実際には彼は無意識に、彼にニードを満たすことを強要する対象と共生的につながりがあることを好んでいるのである。そのようなわけなので、対象としての自己とのこの関係は、彼の母親自身が彼を自己愛的に扱ったことを再現するものであったが、それはいろいろな点で、彼にとってとても満足のいくものであったし、人生において対象としての自己を取り扱う彼自身の方法を歪めるものでもあったのである。

対象としての自己との関係のための設定としての夢

これは次章で詳しく述べたいが、夢の空間は、内主観的発声を伴わない空間とは異なる。なぜなら、前者は幻覚的な出来事であり、後者は関係の中で精神状態を意識的に客観化した状態であるからである。夢では、自己の一部分が、夢の中で体験をする主体が全体自己であるという錯覚を通して表象されている。一方、自己の他の部分は、夢の出来事や夢の筋書の他の要素を通して表象されている。私が問題にしたいのは、"体験している主体は夢の筋書によって対象としてどのように取り扱われるのか" ということである。言い換えれば、患者の夢生活の性質に私たちが慣れてくるにつれて、夢見る人はどのように幻覚の筋書の中で体験する主体として管理されるのであろうか。この疑問を問う時、潜在的な真の意味を隠している顕在内容としての夢内容という古典的な概念から私は離れている。夢体験

第3章 対象としての自己　49

は独自に対象関係を構築するものであるし，夢の出来事に対する，夢見る人としての主体の経験という意味においても吟味することができる。

　夢の中に願望をほとんど描きこまないで夢見る人びともいて，その場合夢見る主体は，夢体験の中で演じることだけが務めとなるのかもしれない。別の夢見る人は，自分自身を過大評価していて，夢の中の自己は，興奮を継続させるもののオルガスム的体験を弱めるたくさんの性的対象につきまとわれている。自己が自分の夢の筋書に対しての異常な程の混乱に絶え間ない不安を抱えているという，とてもバラバラでつながりのない外面上の論理に基づいた筋書を夢見る人もいる。たとえば，ライバルの出現とか愛する対象に拒絶されたといった動揺するような出来事によって結局中断されて終わることになる部分的に満たされた願望の初期体験という筋書もあるだろう。しかし，悪夢をとても頻繁に見るので眠ることや夢見ること自体を怖がるようになる人もいるが，それは彼らにとっては夢の筋書の体験が，いつも自己に対する潜在的な恐怖を含んでいるからである。夢の筋書の体験がどのようなものであっても，**夢空間を特別な種類の無意識的な抱える環境として考えること**は，その空間の中で夢見る人が，無意識に組織化され解釈された自己部分からの願望や罪悪感や歴史的記録の表現の対象であるかもしれないことから，その人の対象としての自己に対する関係を精神分析するうえで必要なことである。それゆえ，夢を体験している夢見る自己について患者と一緒に考える時，夢の中での感情の現実性や夢の出来事の「中」にいる時の思考について考えることは有用である。

　白昼夢は，完全に夢見ることと内主観的に話すこととの間のどこかに位置し，筋書の中で自己を客観化する部分を主体が位置づける機会でもある。これらの意識的空想の中で，人は自分自身の対象としての自己をどのように取り扱うのかとわれわれはもう一度問うのである。体験のどの範囲が提供されたのか。対象関係としての自己の本質は何であるか。

間主観性と対象としての自己との関係

　対象としての自己との関係を表現するものとして友だちや伴侶や仲間との環境を私たちそれぞれが選択していると主張することは正確ではないかもしれないが，一方でたしかに私たちの外界は対象関係としての自己の無意識的要素を喚起すると言えるし[原注1]，それ故，現実の体験は，環境状況

によって顕在化された無意識的連想によって影響されていると言える。さしあたり過度に単純化してみると、もしトムがどちらかというと受け身的で依存的な男だったら、ハリーを友だちに選ぶだろう。それはハリーが積極的で押しの強い男だからであり、ハリーとの関係によって引き出されたトムの自己の分裂排除された部分を対象化する人であるからである。トムがハリーとどのように関係するかは彼自身の生来と状況からくる真実による。しかしそれはまた、トムが分裂排除しハリーの中に発見する自己の部分にトムがどのように関わるかにもよるだろう。もしメアリーがジムと結婚し、ジムの中に自己溺愛の為の彼女のニードを投影しているとしたら、そして彼女がジムを理想だと主張し、ジムもまた彼女を溺愛する人であるなら、彼はメアリーの極端な不快を満たすか引き受けなければならない役割に投影同一化している。この関係では、メアリーが本当にジムと関係しているのかどうか、あるいは自分自身の自己の分裂排除された断片としてのジムと関係しているのかが問題になってくる。この場合、その関係は対象としての自己との無意識的関係をただただ実現しているだけである。

　人びとの相互交流は、対象としての自己との関係について暗示された、あるいは暗黙の想定を表すものである。個々の人間は、友人やパートナーや同僚を選択することによって自分自身の「文化」を形成する。この対象関係の場の全体性は、抱える環境の一つのあるタイプを構成し、また対象としての自己に対するその人の関係についての重要な想定を、自己管理のより実存的なレベルで示すのである。

　マーティンは、自分が嫉妬深すぎて孤立しすぎていると感じて治療にやってきた。彼が仕事の為に家を出て公共交通機関に乗る時はいつも微かに離人感を感じていることがわかった。彼は家からバス停までの道で誰かに見られていないか心配し、かりにバスが遅れたら怒り出すのだった。バスから地下鉄に歩きながら、特に前から歩いてくる人を強く意識して、不安と怒りの混ざった感情をもつのだった。電車が遅れて到着したときはいつも彼は異常に怒っていたが、電車が到着すると、いつも同じ車両に座り、他者と関わる可能性から自分を守るために新聞を広げていた。バスや地下

原注1) はじめにで述べたように、私は、自己という言葉は、個人の人生に繰り返しあらわれ、時間を超えて現存の感覚を提供する一連の間主観的関係を意味すると考えている。したがって、「対象関係としての自己」という表現は、曖昧であるがゆえに適切なのである。というのは、この表現は、対象としての自己への特別な関係にも、対象関係としての自己にも、必然的に双方に当てはまるからである。

鉄や電車の時刻を知らせる彼の時計，全てパターンに従って起こる一連の時間経過についての彼の知識や，彼の場所（バス停，電車のプラットホーム，車両など）の利用法が，彼を守り，極端に保護的な家庭環境から仕事に移行することを楽にしていた。結果的に，彼はそういった特定の対象を，備給された再保証に転化していた。自分の時計，決まった番号のバス，電車車両や職場への経路について彼は際だった愛情をもって語ったが，途中で偶然に出会った人々に対しては必ず腹立ちやうっとうしさを感じていた。マーティンは，自分の不安を何とかする為のある種スキゾイド的な抱える空間を作り出すことに成功していた。彼は，自分の抱える環境との関係が対象としての自己との関係を生み出しているという事実を部分的に意識していただけでなく，外的対象世界をこのように配置することによって管理されている自己の意識的感覚を徐々によりはっきりと表現するようになった。通勤で一緒になる人々にとって不器用で受け入れがたい人間として自己を考える一方で，彼はその代わりに，ダイヤとかバスとか地下鉄とか電車とか道中の異なる場所とかとつながりを持ち，この関係の中で彼は交通システムの愉快な調整者として自己を想像していた。すべてうまくいくと彼は交通システムと調律があった幸せな旅行者であった。もし何かひっかかりがあれば，システムの内部の彼はシステムに精通しているが腹を立てた批判者になってしまった。事実彼は，理論上予測可能で，そうである限りにおいて，適合して心地よく感じることができた非人間的環境（non-human environment）に対してどこか共生的関係を構築していて，全体の現象は，人間的環境によって引き起こされる苦痛にもかかわらず，それゆえに，対象としての自己が慰められる関係になっていた。

対象としての自己との関係の展開

それぞれの赤ん坊は人生の最初の数カ月から，母親によって存在することと関わることのための複雑な法則を伝えられる。人生最初の年に母親と父親は，対象として子どもを取り扱う中で存在することや関係することを子どもに「教える」のである。赤ん坊と外的対象との間にはほとんど心理的な意味での区別がないので，乳幼児の内的本能過程と赤ん坊の内的欲求を両親が環境として取り扱うこととの間にもほとんど区別がない。その状況では本能過程と親過程が共に展開する余地がある。なぜならどんな重要

な本能的規範も経験上，親による世話についての三段論法，すなわち弁証法の中での内的，外的特徴が徐々に自我構造を偏らせていくことに結びついているからである。それぞれの赤ん坊が内的構造化の傾向（早期自我機能の一つ）をもっているとしたら，その時赤ん坊は，本能欲動や欲求を取り扱うことを（もう一つの自我機能）母親や父親から伝達された体験的様式を通してわがものとするだろう。

　ある意味で，自我構造は深層記憶の一つの形態である。というのは，その構造は赤ん坊と母親の間での経験からもたらされたものだからである。その構造化過程の一つの重大な特徴は，赤ん坊の遺伝特質による生来的要素に加えて，自分の対象として母親が赤ん坊を取り扱うことを乳幼児が内在化することである。赤ん坊の遺伝的素因からくるそれぞれの枠組みに対して，母親がそれをカバーする枠組みがある。赤ん坊，そして後の子どもは，自分自身の本能と自我の関心と母親がそれらを取り扱うやり方の弁証法的にうまく合成した構成物である過程を構造として内在化する。

　自我構造とはある関係の痕跡である。

　対象としての自己に対して私たちそれぞれがもつ複雑な関係は，私たちが親による知覚や受容，疎通や伝授，対象表象の対象である人生の最初の時間に始まる。実際には，それは**子宮の中**から始まると言えるだろう。自我とリビドー発達のあらゆる段階で，乳幼児は，自分が親の共感や取り扱いや慣習の対象である関係の中にいる。それゆえ，それぞれの乳幼児は，自分が他者の対象であるそれらの過程を自我に内在化し，長期間そうし続けていくのである。対象としての自己であることを取り扱うということは，親の対象としてわれわれが経験した歴史を部分的に受け継ぎ，表現することである。そのために，それぞれの大人の中で，自己知覚，自己受容，自己の取り扱いや自己拒絶のある種の形が，対象としての自己を取り扱う活動の中でいまだ携わっている内在化された親の過程を表現しているということができる。

　私たちが内在化することになる，他者の対象となる経験を通して，存在することは2人である（two-ness）という感覚を確立する。この主体─対象規範が私たちの遺伝特質，あるいは本当の自己を，他者として注意を向けさせていく。私たちは，本当の自己を客観化し管理するために母親が私たちの自己を想像し取り扱う際の構造を用いている。

　ウィニコットが偽りの自己と本当の自己との間の関係について書く際，

対象としての自己との関係についての現象学の要素を示している。偽りの自己は，存在について母親が想定していることをどのように交流するかということから派生する。一方，本当の自己は，この世話の対象であるが，乳児の本能的性質と自我の性質の歴史的核心である。

　ある程度，それぞれの主体（個人の中の経験的で，内省的気づきの領域）は，自分自身の無意識的自我過程の対象である。母親は複雑な世話の過程として「知られている」変形性対象であるので，乳幼児が発達するにつれて，自我は，母親の補助的な自我に世話（ケア）の過程を受け継ぐことで変形性機能を受け入れる。歴史的主体は法則が確立した**後で**その場に現れるのであり，人間の葛藤の一つの特徴は，歴史的主体と自我のプロセスとの間の絶え間ない苦闘と相互作用である。他の何よりも夢においてこの事実がはっきりと示される。夢体験で，経験している主体は，その日の体験を処理する自我に，また，その日の出来事によって喚起された本能的で歴史的連想に「直面」させられている。なぜならば，そのような夢はみな，存在の二つの領域，つまり，観察されたものの知覚と統合を含む生きた体験の意識的協調と，人生に対する私たちの無意識的読み方との間のすぐれた会合場所だからである。夢見る主体が夢の出来事のまっただ中にいるとき，その人は，人間の存在の奇異に遭遇しているのである。主体は，自分の精神構造を構成している存在することと関係することの過程に直面していて，主体的感覚に，例えば，うろたえ，怒り，混乱し，あるいは満足するかもしれない。乳児の本当の自己との弁証法と，母親と父親の存在や世話による繊細な三段論法から派生した知識は後に知られはするが考えられないものの一部を構成する。この未思考の知は，抽象的表象によって決定されるのではない。それは，乳幼児の主体と彼の対象世界との間の，時に静かな，大抵は強烈な葛藤の中での数え切れない出会いを通して確立される。これらの出会いを通して，乳幼児のニードや願望は親システムと協議を行い，妥協が出現するのである。自我構造は，これらの出会いから生み出される基本的な法則を記録し，その知識は未思考の知の一部分となるのである。

臨床例

　マリアンは25歳の芸術史家で，私としばらく心理療法をした後，精神分析を受けることになった。彼女は裕福な両親の間の一人っ子で，両親に

は前の結婚でできた複数の子ども達がいた。最初の5年間の間に7人もの乳母に育てられた彼女は，自分の母親のことを，とても傲慢な女性で，能力と安定を連想させる社会的地位を偽って使って人格の錯乱状態を隠していると述べている。マリアンは，母親が彼女の行動にとても批判的であったのを思い出し，ほんの子どもにすぎなかったのに，若く聡明な淑女であることを望む母親に従う努力をしていたのを思い出した。父親はどこかよそよそしい男性で，家族に何か尊大な話しぶりをする時には生き生きしていた。あいにく彼の雄弁さは場違いであった。というのは，誰も彼の言うことを聞いていなかったからだが，この説教が受けとめられていないことを彼はほとんど気にもしなかった。彼の尊大さにもかかわらず，マリアンはどちらかと言えば父親が好きで，父親をまねようとしていたことを思い出すことができる。マリアンは分析の中で自分の人生を物語ることが非常に困難であることを思い出した。マリアンは何年もの間，全員で何かしら緩いコミュニティの一部を構成していて，しかも彼らの大部分は異国にいる大勢の友人たちに感情や思考の断片を預けていた。典型的な例としては，マリアンはある国の友だちを訪問するのだが，そこで他の友だちのことを少し意地悪く話すのだった。そこで自分は歓迎されていないのではないかと感じると，彼女は別の友だちの所に行き，自分自身や他の友だちについての何か「不幸なこと」を打ち明けるのだった。異なる人びとの中に自己を預けてしまう結果の一つとして，この分裂を通してマリアンは，自己を未統合に保っていた。しかしこの分裂は外在化され，彼女によって生きられていた。なぜなら，ある特定の思考や感情について知っているのは誰かという観点から，自分自身や他者について自分は異なる感情や思考をもっていると彼女は認識していたからである。それゆえ，彼女は自己の中に分裂を保っていたが，対象の中にも分裂を維持していて，それぞれの対象は，多様な思考や感情の限定されたコンテイナーとして機能していた。違う国に住む友人のところに軽躁的になって飛行機で訪れることから，その友人から拒絶される前に移動しなければならないと感じた時に起こる抑うつ的感情まで，マリアンの気分が振幅することは避けられなかった。このパターンの唯一の例外は夫との関係で，夫は彼女の復讐心や意地悪さを許容し，それをある種の遊びに変えていた。夫が生き残っていることに感謝し，彼女は彼に深い愛着をもつようになっていた。

述べられた生活史の素材から，私は大まかな状況を理解する幾つかの事

実を知った。乳母を解雇する時，母親は明白で十分な理由なしにそうした。あるとき，自分が単に乳母を辞めさせたい気分だからそうしたのであった。母親は娘には束の間興味を示したが，母としての欲求や愛情こまやかな世話はほとんど反映されず，どちらかと言えば，娘の社会的能力や知的能力を観察するといった風であった。母親は娘のやんちゃには全く耐性がなく，マリアンが行儀が悪い時はいつでも横柄に部屋から歩いて出て行ってしまった。

分析の中で，べつべつの抱える人々の中に自分の感情や思考を預け入れる際に，マリアンが自分の乳幼児的環境の幾つかの側面を再現していることがはっきりしてきた。自己の様々な部分は，それぞれ異なる抱える環境に包含されていたが，それは子どもの時に，追い払われた乳母たちの集団に抱えられたのと同じ状況であった。安定した母性的な過程が欠けているということは，ただただ，通常の分裂を広げることを助長し，そうした不安定さによる欲求不満は破壊的本能を増強して分裂過程に確実に急迫感を与えた。マリアンはその当時，「私が訪ねるということは，とても危険すぎて言うことはできないわ。そんなことをしたら惨めに拒絶されるかもしれないから。私は人から人に移っていって，人々の集団からもっと自分が支配できる整理された対象をつくればいいのよ」と自分自身に言っていたようであった。つまり，ある意味で，当時マリアンは未統合によって引き起こされる方向が定まらない混乱状態に対する受身的な恐怖を反転することによって，拒絶される恐怖や漠然とした抑うつ状態から自分自身を防衛していたのであり，コンテイナーたちを訪問することで積極的に分裂を保ち，いわば分裂を養っていたのである。

彼女の外在化にはもう一つ特徴があった。彼女は破壊的なちょっとしたうわさ話をしたり，積極的に違う男たちを誘惑したりして友人たちをじらす才能があった。この欲望をそそるやり方は，よく友人たち，特に彼女が重要視している男たちによって偽りの賞賛を得ていた。これはしばしば男を性的に刺激することになり，彼女は短い情事をもつのだったが，彼女はそのことを何らかの方法で別の人々に知らせるのだった。この場合，彼女は偽物の出会いで一杯にすることによって，あたりに広がる空虚感に対して自己を防衛していたといえるだろう。彼女は，男を勃起させておいて別れることで，想像した通りに男の自己愛につけいって，男のナルシスティックな自己心酔と彼女が無意識に体験したものに対して誇大的侮辱を加えた。

彼女はまた，潜在する抑うつに対する薬物として興奮を使っていた。

　興奮を利用することで，早期乳幼児期にたまにあった母親の訪問を現在の関係でもう一度その興奮を体験するために転換しているのだと理解していた。その興奮には，母親の訪問が予測不能であるために，引き起こされた不安と激怒が融合していた。このように自己の断片化は，早期乳幼児期環境の要素を表現していたのであり，外的対象への分裂の性愛化は，母親がスポンサーとなって赤ん坊の中に生まれたもの（不安，欲求不満，興奮や激怒）によって知ることができた母親の不十分な存在を幾らか性愛化していたことを示していた。

　自己の異なる部分を維持するための多数のコンテイナーを世界中に保つことによって，マリアンは，母親の作った世界で自分が管理されたように自分を取り扱う環境を作り出していた。彼女の本当の自己は，破壊的に自己を抹消することから彼女を支えてくれ養ってくれる他者といてはならなかったのである。要するに「他者についての感情や思考は全てその関係に持ち込んではならない」とマリアンは自分自身に言いきかせていた。ある一つのコンテイナーの面前で，偽りであると感じることによって，彼女は乳幼児期に母親が彼女を取り扱ったように自己に関わっていた。「感じていることを言ってはだめ。出来事の偽りの表象に同意しているかのように見せなければならない」。男友だちをじらすことによって，そしてうわさ話で女友だちをだますことによって，彼女は経験的な，そして無意識的なレベルで，母親の現前の痕跡である興奮という薬を自分の人生に注射していた。その上これらの興奮は必然的に彼女に絶望感をもたらした。なぜなら，どんなに勝ち誇った気分に到達したとしても，それは一瞬にして終わってしまったからである。男たちは本来の彼女の元に戻っていき，女たちは道義的な躊躇いに戻るのだった。

　父親と彼女の関係は，ある種愚鈍に自己を取り扱う行いによって，対象関係としての彼女の自己の中に存在していた。マリアンは尊大な語らいの最中にあっても自分自身を神聖なものとして保とうと無駄な努力をしていたが，黙って静かにするようにと，自己に向かって叫ぶことによって，自己肥大の呪文をいつも破っていた。私はこれを，その彼女の父親との関係の再現であると理解していた。自己愛的自己心酔を彼女は部分的に妬んでいたが，それは彼と彼自身の語らいの反映の間に立ちはだかり，彼に舌を出してみせることで，破壊したいと望んでいたものだった。

第 3 章　対象としての自己　57

　マリアンの自己嫌悪はもう一つ目的があった。彼女の在り方に私が言及する瞬間は，思うほどに迫害的ではなかった。彼女はまず理想化した様子で，それからほとんど満足げに侮辱するのであったが，両方の情動についての対象としての自己を用いることで，あたかも二つの分裂部分を一緒にもちこもうとしているようだった。そのような瞬間には，彼女はこのようにして激しく愛し憎むことで移行対象を取り扱う乳幼児のようでないこともないと私は思う。マリアンの例では，彼女は自分自身にとっての移行対象となっていた。そして満足する側面があることは，迫害的になっていたかもしれない考えや感情を我慢することを可能にしていた。このように，この形態の自己管理の対象として，彼女は，ある種の移行対象として彼女自身の無意識的備給を通して共存を許された自分自身の自我分裂の受け手となっていた。分析のこの特徴によって，一見陰性治療反応と見えるものが，彼女が病気を保つ必要性があるような場合には，実は，情動を協調させながら，自分自身の移行対象として自己を使うことを彼女があきらめたくなかったからである，ということを理解することができたのである。

　先に登場したエイドリエンは（p.46 を参照）分析を 2 年間受けていた。彼女は 20 歳代半ばで，美貌で聡明でずばぬけた才能をもっているにもかかわらず，近寄りがたさを保っていた。最初のうち彼女の分析は，仕事を続けていくことは恐らくできないだろうし，きっと辞表を提出しなければならないだろうと主張する，哀調をおびたセッションであった。彼女は，表面上仕事を休む必要があり長い回復期間を必要とするある種の病気にかかっていた。分析では少なからぬ進展があったにも関わらず，エイドリエン自身が対象としての自己に対してもっている無言で秘密主義の関係，新しい経験を受容するための，また自身の内からくる願望をかなえるための内的空間がほとんどない，とても濃密で夢中になる関係に私はいつも気づいていた。ある意味で，分析空間への入り方を通して彼女の対象としての自己との関係を知ることができるだろう。エイドリエンは，いつもいくつかの大きな買い物袋と洋服を何点か持ってきて，それらを部屋のあちこちに置き，かくして，自分の周りに目に見える対象で，私が考えるところ，ある種の殻を作っていた。このような快適な親しさや所有欲と一緒にカウチに横たわるので，カウチはもはやカウチとは言えず，それがぴったりと適合した場合，むしろ彼女にとってカウチは身体上の実感をもつものとなっ

た。自分自身について話すとき，彼女はとても風変わりな話し方をするので，長い間私は，この奇妙な特色を明らかにしようと苦心していた。私は，未だその理由が理解できないで激しく苛立っていた。彼女の話し方は要求がましいものでなく，礼儀正しくさえあったからである。やがて私は，彼女がいつも自分を所有している対象であるかのように私に対して話しかけていると感じていることを理解した。そうは言っても，私は彼女が，相手が自分の心の中で何が起こっているかわかっていると決めこむタイプの患者だというのではない。むしろ，私は，表面的には独立した対象であったが，いわばネコに餌をやっている心配性の老婆という対象であった。私のことを自分がよく知っている対象であるかのように彼女は話しかけてくるので，私は，苛立ちや若干閉所恐怖を感じるという逆転移反応に気づいていた。

　幸いにも，私は自分自身の逆転移と折り合いをつける助力をいくつかもっていた。エイドリエンは，両親についての詳細を話してくれていたが，私は，彼女の自分自身との関係は，部分的に彼女の母親が母親の対象としての彼女にもっていた関係の継続であると確信している。要するに，子ども時代はずっと，母親はエイドリエンの世話に没頭し，絶えず彼女のことで大騒ぎし，他の子ども達と遊びに家の外に出る必要がない理由を何かしらいつも見つけ出し，彼女の身体的訴えに永遠に気を配っていた。そして母親は何らかの重要な知的達成を通して，ある日自分に気づく非凡な人物となる将来の，エイドリエンの忠実な擁護者であった。エイドリエンは父親にほとんど会うことがなかった。それは，母親が子どもは（エイドリエンが10歳になるまで），毎晩7時には，それは父親は仕事から家に帰る10分程前のことだったが，ベッドに入っているべきだと主張したからであった。父親は毎朝6時30分には家を出ていたので，彼女が父親に会えるのは週末だけだった。その時でさえ母親は，父親がエイドリエンを散歩に連れて行くにも教会に行くにも何時に帰ってくるのかを厳しく尋ねた。母親と過ごした時間のほとんどは，秘密主義的な母親との「人生」についての終わりのない話で一杯だった。母親は，近所の人達やそのこども達，その人達の妻や夫の過去について，あるいは世界の仕組みについてしゃべった。当然のこととして，これらのほとんどは，彼女の小さな子どもにとっては興味津々のことだった。

　エイドリエンが母子関係に退行するために葛藤を身体化しているのは明

らかだった。そこでは彼女は自分に薬や慰めの言葉をいつも与え続ける自分の母親部分の対象であった。私は，やがてエイドリエンの自己との関係がとても包括的なために転移の中で強度の抵抗を作り上げていることも実感するようになっていた。分析での洞察に満ちた瞬間はいつも，必ず子どもとしての彼女に語りかける「母親」を通して処理されたが，彼女が文字通り自分自身と会話する中で「彼の言うことを聞くんじゃない。お前を動揺させようとしているだけだから」と自己の母親の部分が言い，彼女の小さな女の子の部分は涙ぐんで傷つき，私にとても怒るのだった。

　仕事でちょっとでも不安や抑うつを感じた時はいつでも，エイドリエンは上述の関係の中に引きこもった。彼女の母親の部分が「いいこと，お前はXからこんな扱いを受けることはないんだよ。気分がすぐれないから家に帰ると言いなさい。それから家に帰ったら，ホットチョコレートを飲んで，ベッドに入って居心地良くしてなさい」と言うのだった。彼女はこの声に対して，理解されたように感じてしばしば即座に退行した。同僚に対する激しい困惑と混乱に，涙ながらに職場を去り，自殺しそうな疲弊で嗚咽しながら，小さなか細い声で，もうやっていけないと私に時々電話してくることもあった。

　転移において根気強く彼女と作業することによって，また逆転移を利用することによって，私は彼女を手助けできたのだったが，母性的ケアシステムに世話を受ける対象としての自分自身についての彼女の転移に関する理解が分析の進展を促したのだと確信している。それどころか，私が，ひとたび彼女のその部分と結託して，対象としての彼女の自己に対するこの転移によって息苦しく感じるようになると，彼女は，逆転移と呼ぶのが正当だと私が考えるものを体験し始めた。つまり，彼女は自己を自分自身で取り扱うやり方に苛立ちを感じ始め，ぶつかるようになったが，その情緒的状態が，彼女の本当の自己の感情やニードを確立するうえで決定的になったのだった。

　ハロルドは，とても才能に恵まれた30代半ばの男性で，同僚や友だちにはかなり精力的で創造的だという印象をもたれている。実際には，彼は何かに反応するためには刺激が必要なので，本当に創造的に生きることは不可能であった。彼は精力的に能率良くすることによってしか，問題に対応できなかったのである。人格の分析から明らかになったことは，この母

親を摂取した赤ん坊対象である彼が，反応しなければならない問題を呼び起こすことによって，母親による外傷的な侵入的な在り方を利用し続けていることが明らかになった。結果として，非常に能率の良い，偽りの自己組織ができたのである。母親からの外傷的影響は，母からの侵襲によって永遠に傷つけられる対象としての自己として，転移の中で持続している。この転移に対して起ころうとしている逆転移を，私は本当の自己が存在する証とみているのだが，それは彼がどもりながら言うときや，突然の抑うつ状態や発作的に苦悶で動揺する状態の時に現れるのである。

スチュワートは40代半ばのうつ病の男性である。彼の性格の印象的な特徴の一つは，洞察に満ちて自己を抱えることと，内的現実とほとんど関連しない，あてにならない，高度に抽象的な意見が交互に現れることである。これらのわかりにくい抽象作用は，知性によってまわりくどくこね回され，彼を自己知から遠ざける要因となったと私は信じている。もちろん，私たちは，この防衛を否認や情緒の隔離や知性化などとして概念化できるだろうが，分析の中で私が発見したことは，自己を抱えていることと，自己と関係することから不在であることの間を彼が交互に行き来するやり方は，彼の母親が人生の早期に，彼に関心を向けることと無関心になることを交互にしていたことの部分的な反映であるとわかったことである。彼は，その母性的ケアシステムを対象としての自己に転移し，母性的ケアシステムを転移することに対する特別な反応として，自己と接触を失うことで頻繁に起こる欲求不満と憤怒を逆転移の中に起こしているのである。

考察と結論

人は，両親が子どもにした世話を，それぞれ対象としての自己を自身で取り扱う方法に転移している，というのが私の見解である。対象としての自己に対するそういった転移の中で，受け継いだもの（本当の自己）と，自我を構成することで表される環境的なものの相互作用を人は表現するのである。対象としての自己との関係で，人は自分の存在の中で母親が促していた要素を再現する。自我の構造とは深層の本質的な記憶の形であり，その人の個体発生の記憶であり，そして患者が全体対象として（1人の個人として）知る母親とはほとんど関係がないかもしれないが，ある点で，

母親が1人の赤ん坊をどのように世話したかを私たちに教えてくれる。母親の実際の存在や，彼女の深遠な知識や，変形性対象としての彼女の活動によって，赤ん坊は自我を構成する精神構造を統合していく。そして，自我のこの語法に，自己と対象を取り扱う法則が蓄積されていくのである。その構造が首尾一貫している時は，たとえほんのわずかであるとしても，赤ん坊は空想や思考や対象関係を通して自分の存在の知を表現し始めるだろう。この未思考の知は，人の存在の核を構成し，乳児や子どもの空想生活の基礎として機能するだろう。

そういうわけで人間の人格というのは，その最も深い点で，主体がもっている自我の語法による個人言語なのである。それは，その人が他者を自分の対象として用いるやり方（通常の転移）や，彼が対象としての自己にどのように関係し取り扱うか（対象としての自己転移や逆転移）において観察することができるだろう。この対象としての他者や自己を用いるやり方は，明らかに一つの過程であり，それゆえ，私たちは，性格は一つの過程，主体の最初の対象との歴史的な経験を表現している過程であるとも言うことができる。赤ん坊はある対象を内在化するのではなく，その対象に由来する過程を内在化するのである。母親と父親が世話する過程は，存在することと関係することに関する両親の複雑な意識的，無意識的な規則を示すのであり，促進的環境を構成し，乳幼児が投影や摂取（取り入れ）する空間のための基盤となるのである。

精神分析的過程は，独特の治療手続きである。なぜなら人が対象としての自己に対して転移を現すことや，逆転移的表現である存在することや関係することの特徴を明確にすることを可能にするからである。精神分析的状況の核心は，人が語ったり，熟考したりする対象としての自己に対する物語的関係である。それぞれの被分析者は，自分の人生を物語り，夢や家族関係の中での対象としての，過去や歴史を持つ発展的対象としての，小さい，大きい社会集団の参加者としての，そして，精神分析的関係の中で体験している存在としての自分自身について分析家に語る。患者が自分の語りの中で明らかにする視点は，対象としての自己についての転移とそれに喚起された逆転移の決定的な局面を確立する。夢に関わっている自己を描写する時に，患者は，自己が衝撃や嫌悪感を抱いた気持ちを表現するかもしれないし，同僚との関係を詳細に報告する時に，自分の行動について落胆や絶望とともに内省しなければならないかもしれない。こうした瞬間

に，彼は対象としての自己を客体化し，それと関わっている。彼が示す非難や熱意には，自分自身の語りへの反応である他の反応が続くことが多い。その反応は対象としての自己との関係で起こる転移要素を含むものであり，彼の反応は逆転移の性質を帯びているだろう。

精神分析状況では，患者は分析の対象でもある。分析家は対象としての自己に対する新しい関係を患者に手ほどきしていることを私たちは知っている。その関係は，対象としての自己関係の無意識的特徴を用いるもので，分析家への通常の転移の文脈で行われる。分析的設定の中での転移経験の語らいを，患者が生き抜いた時，そしてその語らいにおいて，転移は分析家の逆転移の中で，ある他者が暗示され自己や他者の要素が喚起される防衛や患者の対象世界を意味するものであるが，患者は徐々に自己のプライベートな言語を発見していく。人は，最初の対象が誰であるか，この対象は関係することに対してどんな想定をしているか，自己や他者について対象が想定することは何であるかを対象を用いる個人言語を通して知っていく。患者は，この対象に自分は何を言っているのか，この関係においてひとりの人間としてどのように自分を部分的に組織化していったのかを知っている。分析家が患者に，患者の転移によって含意される他者として，また，逆転移によって分析家の中で寄せ集められてきた他者として，分析家が誰になるのかについて言及する時，患者は自分がどのように他者を変形させようと促し強要するのかに気づくようになる。患者がこの対象としての他者や自己の変形の過程に気づくようになり，分析家がなるように強いられている対象のために分析家が話すようになるにつれ，患者は徐々に，他者との経験を通しての自己についての話を聞くようになる。この過程には，他者としての分析家と，逆説的に，自己に対する他者としての，自分自身の転移対象としての患者が含まれる。この瞬間まで，その人物は死んだ言語を話していたのであり，その意味は自己には未知で，彼の友人たちはしばしば体験することはできたが，その意味は知ることのできないものであった。この語らいの語法は，自我の構造として記憶に葬られていたのであるが，分析家が分析空間を用いて，患者の語らい，すなわち子どもと母親と父親の間で行われていた相互作用から派生する法則を構成する言語を再発見するのを待っている。第10章から14章で明らかにできればよいと思っているが，多くの転移や逆転移は，乳児の存在することと母親－父親の存在することの様相を再現するものである。この死んだ言語を再発見

することによって，患者は今や分析家が従事していた位置を占めることができる。被分析者は，今度は自分自身の語らいを受け取ることができるのである。この失われた語らいが復活する時には，最初は分析家が聞き，その後，患者がそこにいて自己と他者からの知らせを聞くことになるのである。

　性格の語らいは，表象がなぞめいていて，それを受容することが混乱を助長するような外界の対象世界に注ぎ込まれるというものではもはやない。その構文上の凝縮力は，もはや対象から分離されたとしても引き裂かれることはない。語らいは今や内的他者に向けて発せられるが，その他者は，分析家の機能や精神身体的痕跡への同一化を通して患者の中に構成されたものである。分析家による理解力のある解釈的な世話と協力することで，患者は，非常に現実的な方法で，世話する対象としての自己を抱えるより生成的方法を見つける為の機会をもつことができる。その抱えることが起こる空間では，内主観的集合があり，そこでは性格の初期の言葉が受容され解釈されている。そこで患者は，もっとも過酷な病気でさえ愛情細やかな世話と心遣いで抱えられ得る住みかを見つけるのである。性格の語らいを受容する空間を創造することと，育む対象としての自己を抱えることの機能的達成は，人間主体に対して，おそらく臨床精神分析ができる二つの最も重要な貢献である。未思考の知の一部は，乳幼児が母性的過程と出会うことによって定められるが，この知は，主体と対象が出会う機会でもあり，対象としての自分を用いる患者が抱く期待の論理に言及するよう分析家が特に訓練されている場でもある転移の中で，思考そのものに成ることができる。

　それぞれの患者の症候学は，そもそも本当の主観性の可能性を排除するものであった。境界例は，妄想的な宇宙で彼の心を奪う外的対象に閉じこめられている暴力的に分裂した自己表象を生き抜いている。ヒステリーの患者は，外在化された芝居じみたことで自己を演じているのだが，願望は満足から引き離され，彼女の本当の生きている対象は，到達できない理想化された対象のための通貨や支払いといったものにおとしめられている。スキゾイドの患者は，情緒的な本当の自己を遠ざけ，絶えず警戒を怠らない自我の早熟を通して偽りの自己の語らいに自分自身を閉じこめて久しい。彼の生きている世界では全て心の中で処理されてしまうために，そこでは驚くべき万能感と完全な隔離を楽しむことになる。自己愛の患者は，偶像

化した自己や理想化された対象表象をもの悲しく祝う中で生きていて，もしその世界が生きた経験にならなければ激怒するのであるが，そうすることで，自分の人生を苦痛と絶望の記録としてしまう対象と関わることに対してとても無感覚になる。もし私たちの患者をしっかりと観察するなら，それぞれが自分自身の存在の感覚をもっているのだが，彼らの頑固な病理である防衛の力によって，自己との関係を否認して生きているということを私たちは皆認めることになるだろう。

　精神分析の隔離された空間の中で，分析家は転移－逆転移解釈を通して，（最初の対象に対する）失われてしまった関係への防衛に集中することになる。その瞬間，あるいはそういった瞬間の積み重ねの中で，分析家は，私が信じるところの，真の，あるいは本当の主観性を患者に回復させるのである。それは，自分自身や対象の体験に裏打ちされた起源の営みである直感力のある知を私たちに可能にする自己に対する理解である。

第4章　他者の劇場にて：夢見ること

　フロイトにとって，夢とは無意識によって表現されたベールを象徴的に配置したものであり，精神分析の課題は，象形文字的な（iconographic）表現を言葉に翻訳することによって夢の語らいを読みとることであった。ポンタリス（Pontalis）（1974）とカーン（1976）が指摘したように，（無意識という）何か別のものにいたる道筋としただけの古典的な夢の概念は，残念なことに生き生きした体験としての夢を幾分無視する形に終わった。
　私は夢を，独特の審美性に基づいて組み立てられたフィクションとみなしている。それは，主体[原注2]が自らの思考の中に変形されること，特に自己が自我[原注3]によって形成される欲望や恐怖（dread）についての寓話の中に置かれること，である。この観点からすると，夢の中では自己の一部は記憶や欲望についての無意識の自我の表現の対象であるため，夢体験は対象関係の風刺的な形態となる。このことから，内主観的出会いを演出することが夢体験の一つの大きな成果であり，自我の審美的機能に部分的に根ざした対象関係の一つであると言える。最後に，夢の中での個人の体験は，単に本能的な表象に基づいているだけでなく，自我記憶と私が考えるもの，すなわち，自我が夢の中でこういった記憶を再-現（re-present）する際に，きわめて個性的（idiomatic）で創造的な機能を果たすという視点にも基づいている，と私は考えている。
　夢の中での主体の体験は，通常芝居の監督としてではなく，幻想的な劇の中の一つの対象として現れるので，夢の舞台設定は私たちに対象関係の風刺的な形態を提供し，自我の対象としての主体をもたらす。主体はある

[原注2] 主体という概念の私の用法は，ラカンのそれとは異なっている。主体という用語によって私が意味しているのは，自己を映し出す意識の到来であり，先行するできごとはたくさんあるとはいえ，形式上は子どもが一人称代名詞を使う時に始まるプロセスのことである。主体についてのこの概念はラカンの自我理論とどこか類似してはいる。

[原注3] 自我によって私が意味するのは，乳幼児の遺伝的素質や，子どもの生得的な性格と両親による養育システムの論理とのあいだの弁証法から発達する心的構造によって決定される，無意識が組織化されるプロセスのことである。自我は，主体に比べて，かなり早期に到来する。

程度，ニードや記憶，欲望，日常体験についての自我の表象的形成の対象である。このことから，主体は自我が記憶や欲望の演劇へと変形させたものの対象であるので，自我は，夢という反復回帰性（recurrent）の演劇の中で，自己を演じるキャラクターのスポンサーとなっていると言えるだろう。

　夢作業の審美的な成果の一つは，夢の舞台設定，すなわち，夢見る人を夢体験に導く形象（imagery）で構成された環境の確立である。私たちがこの夢の環境を眺めるのには二つの方法が必要とされる。私たちは，形象を言葉に翻訳したり，ドラマチックな体験を中核的主題に翻訳したりすることができる。それはフロイトが徹底的に概説を試みたことである。また私たちは，対象関係の一形態として，夢の舞台設定が主体をどう運用するかという意味合いに焦点をあてることもできるだろう。後者によって，夢見る人が自我によってどのように取り扱われているかという，私たちが夢の主題内容について投じた質問を補完しうる形で，構造的・審美的・吟味を探求することが示されるのである。これは，詩において主題的な性質と審美的な性質を区別しうることと軌を一にしている。詩には主題を構築するための独特な方法があり，詩的素材がどのように取り扱われるかはその詩が示す主題同様に重要なものとなる。同様に，夢は意味を構築するための特別な技法である。というのは，夢は私たちに語りかけるだけではなく，私たちを取り扱いもするからである。

　フロイトによれば，夢へと駆り立てる動機とは，乳幼児期の抑圧された願望である。抑圧された願望の存在抜きには，ほかの夢思考——たとえば，過去のできごとの記憶や日中の体験からの思考——も，夢へと作り上げられることはないだろう。多彩な思考を夢の生き生きとした演劇に融合するためには，願望によるひらめきをもたらす欲動が必要である。「夢についての私たちの理論は，乳幼児期に根ざした願望を夢の形成に不可欠な原動力とみなしている」（1900, p.589）とフロイトは述べている。夢でのできごとは，フロイトが自己の乳幼児的部分とみなした「他者（Other）」によって編成されているように見える。もちろん客観的には，私たちは，この「他者」が自分の一部分であり，自分自身とはっきり区別できないことに気づいているが，一方で主観的には，配役を決めているのは「他者」というように体験されるのである。私たちの思考にスポットをあて，毎晩私たちを演劇の中に据えたりもする。フロイトはこの主観性の事実や，夢の

第4章 他者の劇場にて：夢見ること　67

作者としてのこの他者性を見逃してはいなかった。

　より重要でありながら，理解しにくいこととして，同様に一般人には見落とされている二つ目の要素は以下のようなものである。願望充足が快感をもたらすのは確かなのだが，そうすると「誰にとってのものか」という疑問が湧いてくる。もちろん，その願望の持ち主にとってである。しかし，夢見る人と自分の願望との関係はきわめて特殊であることを私たちは知っている。その人は願望を否認し，それを検閲している――つまり，好まない――のである。だから，願望充足はその人に快感を与えないばかりか，まさにその逆なのである。そして私たちの経験は，この逆の現象が不安の形態で現れるという，事実を示しているが，これはまだ説明を要する。つまり，夢見る人と夢の願望との関係は，いくつかの重要な共通要素で繋がっている2人の別個の人物の融合体（amalgamation）にたとえられよう。(1900, pp.580-1, 脚注の引用)

夢の多くでは，夢のできごとを操る幻想を一時的に楽しめるとしても，私たちは，それ自体が混乱した論理を持つ夢の中に自分がいることに気づいている。そうした状況は，自分で作り出していないように感じられることが多いだけでなく，私たちの主体としての外見をまったく度外視し，その正反対のもの――そこでわれわれは明らかな筋書きを欠いたひどく奇妙な劇に登場させられる対象として，かなり受身的な存在である――を際立たせるように思えるので，大変不快に思えたり，揺さぶられたりする。

　こうした夢のフィクションを創るのには，審美性，すなわち思考をドラマチックな表象に変形する様式が必要となる。フロイトは夢の形成を企業の創立の一種とみなした（彼は夢思考を企業主に，それを呼び起こす願望を資本金に例えた）のだが，とりもなおさず，それは（主題の性質が詩的表出によってどう変形されるかという）審美性の理論である。フロイトが彼の数かぎりない夢の定義の一つで，夢とは「潜在的な思考が夢作業によって変形された形態である」(1900, p.183) と述べた際に示唆しているのもこのことである。彼は夢を文学のテキストと比較している。

　夢の規模に関していえば，きわめて短く，単独か少数のイメージ，単独の思考，時には単独の単語で構成されるものもあれば，例外的なほどに，内容が豊かでまるまる小説1本の様相を呈し，長時間続くように見えるものもある。(1900, p.91)

夢体験とは全ての人の批評家としての能力を試すかなり高度に洗練された演劇の形態だという意味において、夢の舞台設定を創り出す自我は、構造化され、はっきりと明言された無意識を反映する。ラカンが論じたように、この無意識の語らいは、言語のように構造化されている。つまり、この語りは思考を表象もし隠蔽もする視覚的な演劇性を持つのである。夢、冗談、空想、症状、主体の語らいに侵入する間隙、あらゆる対象関係のメタ話法（meta-discourse）は、すべてこの「他者」の構文的な形態なのである[原注4]。

ちょうどフロイトが、自分の患者に「陰性の能力[訳注4]」を身につけ、仮説や先入観を留保し、心に浮かんだ考えを報告するよう求めたのと同様に、自由連想は二次過程思考による語りの構造を留保し、分析家と被分析者に思考（メタ思考 meta-thought）のパターンや報告中の間隙を見つめることを可能にするものだったのである。患者が批判を留保することや、分析家がこの留保に対して反復回帰される抵抗に気づくことを通じて、「他者」の語らいの痕跡を文芸批評と同様の批評的活動によって同定することができるのである。最も重要なことは、報告の中の欠落部分は抑圧されたものを話す際の抵抗についての提喩[訳注5]として見られるということである。普通のものごとが謎（mystery）に満ちていること、明示的な意味の即時性から潜在的な主題の解釈が導かれること——すなわち、形象、構文、および構造の審美性は別の（抑圧された）語らいとして受け取られる——という、ワーズワース的な瞬間を、無意識の詩歌性が実演した。こうした文芸批評を活用することで、主体は自分自身から隠蔽されている自己についての主題性と詩歌性を見出したのである。実際、観念を新しい形態で包み込

原注4）私がラカンを正しく理解しているとすれば、「他者」（the Other）とは、無意識の話法であり、局所論的システムとしての力動的な無意識である。私が思うに、この「他者」の別の特徴として——私には自我の論理の一部と思えるのだが——一次的に抑圧を受けた無意識であるということも検討される必要がありそうである。ここから先、私はこの意味でこの用語を使う際、大文字ではじまる（訳文では「」つきの）「他者」を用いることにする。

訳注4）陰性の能力（negative capacity）は、フロイト以降、多くの分析家にも使用されている用語であり、ものごとがはっきりしていない時の苦痛に耐える能力といったようなもの。Bion は「　」の中で1章をあててこのことを論じている。患者が達成することが望まれるものでもあるが、治療者に必要なものでもある。イギリス19世紀初頭のロマン派詩人キーツ（John Keats）が同様の意味で negative capability と使っていた。

訳注5）提喩（synecdoche）とは、隠喩の中の換喩の一種で、上位概念を下位概念でたとえたり、もしくはその逆を行うこと。

第4章　他者の劇場にて：夢見ること　69

んだものといえる神経症症状は，主題性と詩歌性の相互作用の顕著な例であり，それゆえ，分析家はその人物の意味と形態の弁証法に関与する者として機能する。

顕在夢のテキストを，夢思考を符号化した表象と考えたために，多くの精神分析家が，夢は隠遁静居を求め理解を拒むものと考える誤った方向に導かれてきた。**謎に包み隠されているから，夢は好奇心を刺激する！**　正確にいえば，夢は，その「寓話的構造や不連続な観念的形象，奇妙な並置，シュールレアリズム的な外観」によって，テキスト内の間隙を埋めるよう夢見る人に迫るのである。フレッチャーが寓話について書いたことは夢についても言えるだろう。「寓話の技法とは，読者を解釈活動に向かわせるために行う『装飾』の質感（texture）についての操作である。」(Fletcher, 1964, p.130)訳注6)

隠蔽は欺きである。また，からかい，じらすものでもある。

夢というテキストは，原初的なフィクションである。フロイトが発見したが，その後無視してしまったのは，生き生きと「他者」に再会する主体を含んだ夜の劇場としての夢空間という概念だった。彼は人が夢によって深い影響を受けることに気づいていたのである。「われわれは経験上，夢から覚めた時の気分が1日中持続することを知っている」(1915, p.85)。だが彼は，人間の感性に対する夢の根本的な貢献は，自己と「他者」のこうした相互作用の空間を提供することだということを十分認識していなかった。私が，十分認識していなかったと言ったのは，彼はこのことを発見し，確かにこの対話を枠組みづける臨床空間を案出したのだが，それを審美的というより科学的事象としてしまったからである。『夢判断』の第7章での精神分析的メタ心理学に対する理論的貢献がいかに実り豊かだったとしても，それらは劇場としての夢空間の審美性の発見をあいまいなものにしてしまった。

フロイトには探偵のような感性があった。リクールが指摘したように(Ricouer, 1970, p.32)訳注7)，彼はテキストを与えられると決まって疑ってかかる。メルヴィルの小説『モービー・ディック』のエイハブ船長のよう

訳注6) フレッチャー (Angus Fletcher) は現存するアメリカの文学者，哲学者。1964年に発表された『寓喩 (Allegory: The theory of a symbolic mode)』が代表的著作（未邦訳）であり，現在も活動を続けている。

訳注7) ポール・リクール (Paul Ricoeur, 1913-2005) は，20世紀フランスを代表する哲学者の1人。解釈学，現象学，宗教哲学などに業績を持つ。(「フロイトを読む」で知られる)

に，フロイトは「ボール紙の仮面にすぎない，表面上の不吉さすべて」を突き破ろうとする。フロイトは，「夢要素の着想（conception）が私たちに語るのは，それらが不純なものであり，夢見る人の内に存在するが接触不能な既知の何かを代理する，（失錯行為の目的と同様）彼にとって未知な，何か別のものの代理物なのである」と述べている（1915, p.113）。このことから，彼は夢のテキストを「背後にある『純粋な』もの（p.151）」を隠す，悪意があり虚偽的な表象とみなすようになった。夢についての彼の最終的な言及の中には，以下のものがある。

> われわれが夢と呼んでいるものは，夢のテキストもしくは**顕在夢**と表現すべきであり，われわれが探求し，言わば夢の背後にあると思っているものは，**潜在的夢思考**と呼ぶべきだろう。（1933, p.10, 強調著者）

フロイトが夢作業に畏敬の念を抱いていたにせよ，夢が創造したテキストについて彼はこんな風に述べている。

> 夢がうまくまとまっているかどうかや，つながりのない一連のばらばらな映像になっているかどうかは，われわれにはどうでも良いことに相違ない。一見理にかなった外装をしていたとしても，それが夢の歪曲によって生じたものにすぎないことや，イタリアの教会のファサード[訳注8]と建物の構造や設計との関係と同様に，夢内部の内容にほとんど有機的な関係を持ちえないことを私たちは知っている。

彼は，夢作業の文学的な機能は「圧縮したり，置き換えたり，見かけの形態を表象し，全体に二次的改訂を施すだけ（1915, p.182）」なのだから，あまり気にしすぎるべきではないと私たちに警告している。とはいえ，そうした過程がフィクションのもととなり，自我が夢に参加したり追想したりするうえで必要な審美性だと言ってよいと思う。

夢思考は私たちに関与できない。ただ夢体験だけがそうできるのである。実際，フロイト自身このことを示唆している。

訳注8）ファサード（façade）は，主に教会などの建物の，装飾を施された前面外壁をいう。ロマネスク期から徐々に見られるようになったが，最も隆盛となったのはゴシック期で，パリ，ノートルダム教会はその代表的なものである。飾られたうわべといった意味で用いられることがあるが，芸術的には見るべきものがあることも多い。

第4章　他者の劇場にて：夢見ること　71

　　ここで，夢見る過程の最も一般的で最も驚くべき心理学的性質に気づく。それは思考である。通常それは，願望され夢の中で対象化され情景として表象されたりわれわれが体験していると感じられる，何がしかについての思考なのである。(1900, p.534)

　フロイトは夢体験と夢のテキストを十分に識別しなかった。そのため，時に私たちは主体が夢を見るという体験が重要でないと思う方に導かれてしまうのである。フロイトは，イメージを言葉に翻訳しなおすために夢のテキストを分析すること——特に，夢の後立てとなっている夢思考を同定すること——に自らを限定していた。

　フロイトの考えは，抑圧された観念を意識に持ち込もうというもので，つまりは言葉にしようというものであった。私は，抑圧されていない無意識を暗示する未思考の知の存在を探求しなければならないと思う。私たちは未思考の知を表象するものを見出すために，まったく新しい体験を模索しなくてはならないのである。私はここで，自我が夢の設定の中で主体を扱うやり方は，主体でもあり対象でもある乳幼児の早期体験のいくつかの側面を表象していると示唆してきた。後で，転移と逆転移の分析をすることでどのように，未思考の知についての別の表象システムがあらわれるかを検証したい。

　いうなれば，夢のテキストとは，目覚めている主体が夢体験を言語に書き写したもの，劇的な体験を語った物語に他ならない。ある意味でそれは，「他者」のフィクションについての主体の語りであり，より正確に言えば**夢体験の反転**である。それは，主体が夢体験の中で——自分の代わりとなる存在についての記憶はないまま——「他者」のフィクションの中にいる一方で，「他者」は主体が夢のテキストを形成する際に主体の語りの中にいる，ということである。この，フィクションのさまざまな層を通って夢から**現れ出てくる**というプロセスは，夢体験に**入り込む**時の同様のプロセスと相補的なものである。フロイトがしたように，私たちも日中生じた思考から始めるのである。これを意識的な白昼の物語（conscious day narrative）と名づけることができるだろう。私たちが寝ている時には，この物語は早期の体験，特に乳幼児期の欲望を呼び覚ます。これは，睡眠により思考が幻覚的な段階に退行するために生じる過程である。私たちの白昼の物語は，夜の語らいにおける退行的な変形にさらされる。この「他

者」の語らいが私たちの意識的な思考を象徴的な劇場へと変形し、その劇場は夢体験の文化によって方向づけられている。それは、「他者」の欲望が満たされ、主体の意識的思考は侵襲されず、「他者」が主体の白昼の物語を取り入れ、無意識の声に基づいて自身の人生を再体験するよう主体に仕向ける夜のフィクションへと変形する空間である。

　夢の設定を創出するという自我の技法によって夢体験の可能性が私たちにもたらされたのだが、この設定こそ自我の審美的機能と呼びうるものの達成なのである。この審美的機能が、願望や思考を用いて合成したり主体を体験へと誘ないながら、この合成物をドラマチックな仮面に変形したりするのである。夢作業という用語は、圧縮、置き換え、象徴化、二次加工といった個々の合成過程の特徴と同じものである。また、夢の審美性という概念は、主体を夢体験に導くような夢の設定を構築する際の、これらの機能の用法を示している。

　夢思考が夢体験を構成するのではない。夢体験が生じるには条件が必要であり、夢の設定が創り出されることなしに生じることは決してない。夢の設定は、場所に関する形象に変形された思考や願望の世界なのである。夢体験は、夢見る人が夢の劇場の中にいるときに主体が存在していることの体験であり、その劇場の特質とその劇中の設定が持つ可能性に基づいて存在することが体験されるのである。

　ここで、夢体験を導き出すあらゆる夢に対する疑問が湧く。「夢が夢見る主体にもたらす世界とは、どういったものなのだろう？」「夢見る主体は夢の中で、夢をどのように操作するのだろう？」この操作は、夢作業にみられる合成機能を超越している。それは、対象関係の風刺的様式——特に、（夢見る人である）主体が（夢に出てくる人である）対象である自分自身と関係する上での様式——の表現としての夢の審美性を示しているのである。

　主体が夢の設定を体験するとき、彼は夢の審美性に取り扱われているのであり、「他者」が語る場所、すなわち主体の欲望に対して好ましいかどうかに関わりなく幻想的な環境を、（無意識の構造化のプロセスである）自我が演出していると言えるだろう。この自我のプロセスは、舞台設定という夢の形象を通じて自ずと顕わになる。それは、この設定の性質が夢を体験する主体の能力——具体的には、夢の形象に屈するにせよ、それに抵抗するにせよ、あるいはそれで満足するにせよ、恐れるにせよ——に影響

を与えるからである。夢の設定の性質についての決定——それは，自我が夢の空間にどう身を置くか選ぶ瞬間なのだが——とは，夢体験という言葉でカーン（1976a）が述べたものであるが，それは，われわれが自我の態度（ego attitude）と呼ぶものが決定されるときに彼が夢の設定の中の主体の体験よりも重視した体験である。この態度という思い出すことができない雰囲気の中で，自我は思考を設定に変形し，自我によって夢に見られた主体のドラマツルギーが再演されるのである。

　自我の態度によるこの設定こそが，夢見る人の夢体験にとって重要である。というのは，それが自我が主体を夢体験に導く方法を「決定」する，様々な含みをもつ興味深い瞬間だからである。主体の夢の世界を系統だって学ぶことができれば，私たちは夢見る人それぞれの自我が主体をどのように取り扱うかや，これによって，その人と対象としての彼の自己との関係の何が明らかになるかを見出すことができるに違いない。自我が主体の欲望をどのように変形しているかも疑問である。それは設定の中で到達可能なのだろうか，それとも不可能なのだろうか？　夢の主題やそれを与えられる主体に対する自我の「態度」によって，審美的選択がもたらされるのである。私たちは詰まるところ，（本能的なものや記憶性のものなどといった）様々な主題の**取り扱い**や，特に特別な主題が反復回帰して加工される様式について述べているのであり，こうしたイディオムについて述べる際，私たちは基本的自我構造に由来する自我記憶と呼べるものについて述べているのだと私は思う。これは，既思考の知（すなわち主体）が未思考の知（すなわち自我）に出会う状況であり，遺伝的形質である私たちの存在することと環境の論理との間の高度な弁証法へと時間をさかのぼって繰り返し連れて行かれる瞬間なのである。

　これまでの章や前書きで触れたように，自我構造は，自我が精神内界や間主体性の経験を処理するために「規則（rule）」を発達させる人生の最早期に出現する。これらの規則は，母親と子どもが人生の経験全てを処理するために枠組みとしてのパラダイムを取り決めるにつれ発達する。これは自我の「文法（grammar）」であり，この深部構造が自己の存在構造（existence-structure）の形態，もしくは主体の性格と言い得るものを生成する。自我の構造は自己の影であり，その無音の語りは精神分析という反響室に入るまで主体には聞こえないのである。そこで人は，夢や失錯行為や幻想，そしてとりわけ転移の性質を通じて，精神分析の中で語る自我

のこの密に構造化された文法を見出すのである。そこは，主体が彼にとって基礎となるパラダイム状況の痕跡を立ち上げようとするところであり，基礎的自我構造（未思考の知）が構築されたところである。言うまでもなく，患者はしばしばこのことを恥じ，自分の無意識的自己，もしくは真の自己を悩みの種とみなそうとする。

夢の中では，自我構造は，まずは主題的手法よりも審美的な手法で，つまり，本能的，記憶的に主題を処理することを通じて表現されるのだが，これは夢の設定の選択され方に最も明確に見出せるだろう。自我はどのようにして主体に対する欲望や攻撃性を表象するのだろう？　夢の審美性は，ありえない（悪夢のような）設定そのもので夢思考を表象しているのだろうか？　それとも逆に，主体が彼の表象のイディオムに勝るほどの文化の象徴物の中にいると感じるくらい，審美性が極めてたくさんの思考を元型的イメージに圧縮しているのだろうか？　自我が主体に夢の形象を体験する時間を与えるのだろうか？　それとも，形象を認知したり認識することを不可能にして，夢体験を打ち切るようにせかすのだろうか？　夜の間ずっと主体を酷使するいわゆる問題解決的な夢体験として，夢の形象が高度に抽象化された思考の情景の重箱の隅をつつく形になるほど，自我は強迫的なのだろうか？

症　例

ここで私は，こういった夢や夢見ることを検討する方法を描き出すために簡単に臨床例の概要を述べてみようと思う。ジョナサンは23歳のバイセクシャルの青年である。彼は4人兄弟の長子で，両親とも一廉の人物だった。彼は，両親双方が大学院生だったときに生まれ，母親が授業に出たり学位論文の仕事をしている間，面倒を見てくれる乳母に預けられていた。彼は，この分割された養育に適応しているようであり，学校でよい成績をおさめたり，両親に面白い個性の持ち主だとみなされて，彼らをよろこばせるばかりの早熟な自己を発達させているようだった。実際には，ジョナサンは彼の性格から絶望的なニードや急な憤怒が表現される幻想生活の側面を分裂排除することで，やっとこうしたやり方を身につけることができたのだった。分析の最初の週に，彼は同性愛の幻想や行為を「告白」した。その後で，彼はすっかり言葉に詰まってしまった。彼には何の考えも浮か

ばなくなった。もちろん，彼が思考し，幻想していることを私は承知していたし，それらはこの従順な人物にとって，報告するにはあまりに恐ろしい転移性の考えだったのだと思えた。彼は，必然的に鮮明で複雑になった夢についてはどうにか報告することができたので，現実に分析が彼にとって急速に不快になることはまぬがれた。そうした夢は彼の意識的な生活からは解離していたので，それについて彼が連想できることはほとんどなく，結局のところ私は少しずつしかこの解離を分析で利用できなかった。私たちはこうした夢を未知の語り手，分裂排除された自己（それは，彼にとって他人のようなものだと私たちは気づいていた）の発言とみなすようになっていった。このように，彼は自分の夢について連想はできなかったが，それらに興味をもつようになり，この他者との対話に取り組むことで自分自身に耳を傾けられるようになった。私は彼の連想なしでは夢の主題的意味をほとんど解釈できなかったので，夢の構造や審美性を解釈作業のために利用できないか検討するよう強いられた。連想的な連結を見出そうと夢を分解していくことも不可能だったので，私は夢を全体像とみなし，反復回帰性の形象や設定，登場人物などの配置や置き換えを通じて根底のパラダイムをあらわにできないかじっくり検討した。ここで私はその企てをなぞろうとは思わないが，私はこの営みを通じて，彼が自分の夢の世界の中でどんなふうに暮らしているかに気づき，反復回帰する夢の設定や彼が夢の中でそれらによって扱われる方法に目を向けるようになったのだった。

たとえば，よく報告された夢の構成に，彼が湖の隣接している砂漠にいる，というものがあった。彼の妻がそこに一緒にいることもあれば，彼一人のこともあり，ある時は彼は母親と妹と一緒のこともあった。また，その湖がレンガの壁に囲まれていた時もあった。彼は湖をまったく気に留めていない様子だった。たとえば，彼はその存在を報告はしたが，そこから水を飲むことは一切なかったのだが，その行為の欠如が私にはその夢に出現していたものより重要に思えた。この観察から，私は可能そうな解釈を導き出しそれを彼に伝えた。それは，妻や母親や妹が湖のそばにいるのだから，彼が湖から水という栄養を摂らないのはおそらく，環境から得られる可能性のある満足から彼が自分のニードを分裂排除することを反映しているのだろうというものだった。これは，夢の中から夢の主題を発見する一つの方法である。私は，自我が潜在的な栄養を彼に提供し続けていることに同じくらい心を動かされた。それはまるで夢の設定が，彼が夢体験の

中に持ち込めない何か（この場合は湖から水を飲むということだが）を彼に示しているかのようだった。彼が他の夢を報告した際，（自我が主体をどのように扱うかという）この判別の有用性はより重要なものとなった。

　彼は壊れた骨董品を手に取り，セロハンの袋にしまい，そっと水たまりにおいた。それは彼の庭で行われた。この行為の後，彼は自分が庭に植えた種が育ち，自分は家族に受け入れられるだろうと感じた。私たちは以前の夢から，彼がしばしば自分自身を破綻したものとして表象するのを知っていた。この夢を以前のものと結びつけることで，彼が壊れた自己を回復させる子宮のようなコンテイナーの中に置こうとしたと，私は考えたことを伝えた。これはこの夢の主題の一つだったが，もっと私の心を打ったのは，夢の中の自閉症に似た行為だった。それは，夢の設定によって支持されてはいない行為である。その袋は自己の壊れた断片を回復させないのである。これを書いていて，彼の夢の一つの特徴として私が気づいたのは，彼が自分の欲望から解離されていること，「他者」が助けになるよい設定を提供しているが彼はそれに参画できないこと，そして，彼が支持的でない設定の中に自分のニーズを象徴していることである。この自己の構造欠陥―それは，それ自体が特異的な幻想の主題というより，存在することの審美性の欠陥であるが―は，審美性の問題として夢の設定に現れていた。すなわち，彼の夢体験は夢の設定と同調していないのである。それゆえ，夢の審美的表現は主題のメッセージ，「あなたは自分の必要としているものを実現したいのだけれど，そのことが可能になる環境に自分をなじませることができないのです。」と相反していた。こうした審美性の主題性に対する矛盾は，メッセージ（主題）と矛盾する皮肉な語り口（形態）の用法と似ている。たとえば，「もちろん，あなたが私に謝ろうとしていたことは**分かってますよ**」というような。

　もし主体が夢の設定を利用できないとしたら，夢の設定がどのように主体を利用しているかということ，すなわちどのように自我は主体によって扱われるのかという問題の裏面を知ることが同様に重要となる。ジョナサンが家庭の設定で家族の夢を見るという場合，その夢でのできごとは必ず異常なまでに複雑となり，そこで行われる行為はどんどん加速していくので，その設定のゆえに困惑や混乱といったもの以外の夢体験を得ることが事実上不可能になる。私たちがリスの夢と呼んだ夢の中で，ジョナサンは両親のマンションに行ったが，彼は床に毛足の長い新品のカーペットがあ

るのがすぐにわかった。彼がその発見の喜びに我を忘れかけていたちょうどその時，母親が驚いてドアの方を指さした。彼がそれに気づく前に，何百匹ものリスが家のドアの隙間からうじゃうじゃ入り込んできた。彼は追い払おうとしたが，ひどく滅茶苦茶な状況になった。母親は叫び，リスを追い出そうと必死なあまり父親はカーテンに火をつけ，すぐ家中が火に包まれた。彼は逃げ出そうと窓から飛び降りたが，ずいぶん長いこと落ちていく感じだった。夢のそこまでで，その時が唯一彼が考えたり落ち着いたりできた瞬間だった。落下しながら階下の家の窓を通り過ぎた時，彼は冷ますためにケーキが窓の外に置かれているのに気づいた。彼がそれを一つつまんで貪り食うと，ケーキが食べごろになっているのを彼が教えてくれたことにそこの住人の女性が感謝した。彼は突然，車2台が衝突しかけている交差点に落ちつつあることに気づいた。その車は彼の妹と弟が運転していて，片方の車には家を運んでいる大きなトラックが続いていた。ようやく私たちは（父親の貪欲な激情に割り込まれた形だが，飢えたリスは彼の母親に対する欲望を表象しているという）この夢の主題を理解したが，私は発言された主題にではなく，語りの声（voice）の審美性に焦点をあてたい。「他者」が彼を家族という設定の中であらわしたとき，それは混沌を創り出したが，家族がいない間だけは彼に安らぎをもたらした。家族のことを夢見ている際には，動きが複雑で速いために彼の体験は完結されず，彼はただ狂気の反射的な機制に終始していた。

　夢の審美性は，自我の構造によって示された形態である。ジョナサンの例では，この自我の構造は，母親や父親との関係についての統合されていない体験が内在化されたものであり，それゆえ，母親に向けたニーズがジョナサンの中に湧いた時に描かれるのは，満足ではなく環境との間での誰の制御も効かない一種の躁的な相互交流なのである。夢見る自己に対する自我の取り扱い方——自我の審美性——は，自己が早期の環境を体験した方法から今や内在化されている構造を受け継いでいるものであり，自我が主体を扱うやり方を介してこの構造は夢の設定に転嫁されるのである。これは普通の意味では記憶，すなわち主体の精神，もしくは主題的な回復に利用できるようになる認知的な追想ではなく，自我構造に内在化されたり，自我の様式(スタイル)（私はこの様式(スタイル)の現象を審美性という名で呼ぶことを選んだのだが）を通じて夢に表されたりする，実存的な記憶であり，存在による想起なのである。

私は夢の審美性のこの側面が，彼の分析では——夢によって明かされる様々な前性器期やエディプスの空想の主題がそうなのと同じように——とても有用であることに気づいた。それというのも，それらの側面が陰性転移を通じて彼を助けたためであった。湖と関係性を持てなかったことは，分析家を利用することへの拒絶（飲むことは，内在化に等しい）や，連想が浮かばなかったことから，夢自体との関係性を持つことへの躊躇として見ることもできる。それはすなわち，彼が自分の人生から何らかの素材を生み出し，私がそれを彼に解釈しても，彼がそれをすっかり無駄にすることはしょっちゅうで，ちょうど夢で湖のそばにいた時のように彼は自分を援助できるものを使わないということだった。別の時には，彼の発言は極めて混乱していたり抽象的だったり省略が多用されており，彼は私にコメントを求めるのだが，私には彼の意味するところが理解できないため，それは不可能だった。そうした状況で私が確かに役に立てなかった正にそのときにだけ，彼は自分のニーズを明らかにできた。私たちはこれらの審美性の問題を，言語化以前の（pre-verbal）自己からの声と見なすようになった。その自己は自我の構造に母親との早期関係における言語を内在化しており，それゆえに，自我の構造はその語らいを焼き付けられたものになっているのである。

考　察

　自我の態度とは，自我の構造に由来するものなのだろう。ちょうどジョナサンの夢で，家庭という設定でのできごとの落ち着かない表象が対処不能な現実の家族の設定に向けての自我の態度なのだと私たちは論じることができるように。それはつまり，ジョナサンの自我の統合性は現実の家族体験を統合するのには失敗しているように，自我は家族についての夢の中でこの失敗を表象しているのだともいえるだろう。もしくは，湖と砂漠の夢を取り上げるなら，自我は栄養を与える湖の機能を無視したりそうしているように見せることによって，手に入りうる満足として現れるものに関わることからの解離を表象していた。**夢の中で主体は，早期の自我を内在化したり構造化したりするようになっていった体験の性質を生き直す（re-live）ようしむけられ，この，再び体験すること（re-experiencing）による想起が，自我が夢の設定を通じて主体を取り扱うという媒介を通じ**

て生じるのである。こうした夢の一次的幻想は，夢を見ている主体に対する自我の態度の中で眠ったままの状態でいるが，なぜある時の夢体験では，主体は「他者」によって，夢体験に一致して感じることが許されるのに，別の場合にはその体験が極端な疎隔や監禁のようになるのかを理解する助けになるだろう。**人生上の体験は，抑圧された本能的な願望を喚起するだけではなく，自我記憶もまた引き出す。実際，本能的な願望を表象する夢であっても，そこには自我の態度，すなわち自我が願望を扱ったことの記憶的な記録があるものである。**夢の内容が本能的な幻想をあらわすのに対し，夢の筋書きの主題，夢の設定の構成，それに体験の審美的な組織化は，全てが本能的な願望に対する自我の取り扱いをあらわしていると私は思っている。ちょうど，本能や超自我や現実に相対する自我の課題が，ある種の合成体――すなわち，前駆的審美的機能（proto-aesthetic function）でもあるように，自我はまた，本能やそれに対する超自我の応答や日常の体験が登場する演劇である夢の表象の中で，この審美性を裏切るのである。夢見る主体が自我の態度の対象となる度に，自己は本能や人生の最早期に構成された対象に対する実存的態度を再‐体験することになる。その態度は，もはや認知的な想起として利用されることはないが，自我が記憶や欲望を操作する構造としては想起されるのである。

　精神分析は長らく，夢の声を本当の自己や私たちの存在を解釈する「他者」の語りとみなし，私たちの意識的な主体性に疑いを持ち続けている。私たちの意図に対する意識的な解釈と夢や失錯行為，症状や自由連想の論理での語らいとの避けがたい葛藤において，分析家は「他者」の解釈の真実性の方に傾いているのである。分析家自身は，そうすることによって「他者」の解釈の解釈学的真実性と分析家が手を結べるように，「他者」との語らいにおいて陰性の能力を果たしうる患者の一部分と同盟するのである。もし私たちの夢が，たとえば欲望についてのただ一つのことだけを示していて，私たちが夢の表象に同意しない時には，必然的に分析家は真実の否認という患者の不同意を治療することになるだろう。私たちの実存についての意識的な解釈と「他者」の語らいとの間のこの格闘こそが，他の自己との関係の中で私たちが存在するのに欠かせない感覚を確立するのである。それは，われわれの動機についての「他者」による納得できないコメントに同意する分析家によって，まるで「他者」に同意することで自分自身が軽視されてきたかのように，腹立ちを感じさせられるという葛藤で

ある。

　私が見る限り，夢は，意識的主体としての人が，夢体験が創造される際にパーソナルな機能を帯びる根源的に非人間的な心的過程（無意識の言語と自我によるそうした言語の語らいへの変形）に出会う唯一無二の瞬間である。私たちは夢を見る際，夢の形成において心的過程が表象するものに直面するのだが，無意識の劇場に夜毎出会い，その劇の中で私たちが表象される対象となっている際に，自分の存在することを自我が処理するのを目撃していることは明白なことだと私は気づいた。私は，夢の本能的な表象よりも，自我が無意識に本能を生き直すこと（re-living）——すなわち，自我が願望を取り扱うよう再上演される生き直しの過程や，主体の自我スタイルに特有な，私が自我の審美的機能と呼んでいる本能の操作——に関心がある。私はこの自我記憶というものは本能的な表象と同じくらい重要だと考えている。なぜなら，それが夢見る人に特徴的でおなじみなことの痕跡を残しているためより手近だからであり，記憶や欲望を変形する際の自我の様式についての分析によって，患者と分析家を，患者の核である本当の自己へとさらに近づけるからでもある。

　もちろん，この観点は別の様式の夢解釈を提示するものである。それにより，潜在的夢思考を明示的なテキストに変換する自我の変形作用——その審美的活動——が，記憶や欲望を取り扱う様式をあらわにするだけでなく，私たちが夢の創造的機能と見なすものを尊重せざるをえなくさせるのである。夢を本能的な内容で分析する時，私たちは明示的なテキストからはじめ，その内容を唯一の手がかりとして潜在内容に向かって作業をしていく。夢の様式は素材にはなりえない。ところが，自我による本能体験を分析する場合には，まず（潜在的夢思考を同定するという）古典的な手法でもって作業し，**その後自我がこれらの思考をどのように夢体験に変形したかを見ることになる**。夢体験こそが自我の体験についての語らい，つまり私が自我の文法と呼ぶ，自我の発言としての語らいを目撃する場所なのだから，私たちはその創造性に関心を払わなければならない。後者の作業をしそこなうと，各個人は本能を**解釈する**し，この解釈が夢の劇場という演劇作法（ドラマツルギー）の範囲内で自己に対する自我による本能の表象を通じて示されることに気づきながら，人間を本能のみで構成されているとみなすことになる。

　私の見解を要約するなら，私はどの患者の夢生活を検討していても，夢

に特有の内容だけではなく，夢見ることの反復回帰的スタイルも明らかになることに気づかされた。本能的でも回想的でもある夢の多彩な主題を操作するそうした様態は自我の審美的な成果であり，夢見る人が主題を体験するまさにその場所で，主題を演劇的な表象に変形するよう機能しているように私には思える。この審美的成果は，夢見る人独自の，主題に対する自我の態度についてのイディオムを反映するのだが，その態度とは主題が表象される方法や夢見る主体が夢体験の内部で夢の主題を再体験するよう創り出される方法を通じてあらわにされる。私は，ただ単に，この夜毎のドラマツルギーが風刺画調の対象関係性——主体が，自己についての「他者」の見解を伴って出現する場所——であるという事実にのみ感嘆しているのではない。こういった表象が，自我が自己に夢の主題に対する生育史的（精神発達的）な自我の態度を再体験するようにしむける方法であることにも感慨を抱いているのである。パターン化されたものや審美的に繰り返されるもの（夢の主題の典型的な形態）に注意を向けるだけでは，分析家は，何が夢についての根源的歴史的な（回想的な）自我の体験であり，何がそうではないか気づくのみである。われわれは，夢主題を演劇的なフィクションに変化させる自我の変形作用に関心を払うことで，夢の過程の創造的な機能に気づくことができ，夢が単に本能や記憶の体験との交流にいざなうものではないことに留意するなら，より賢明になれると私は思っている。夢は，われわれ自身の内的で高度にイディオム的審美性との接触をもたらしてくれる。その審美性は，われわれ各々に特有の自我の様式の反映である。

第5章　トリセクシュアル

　『性に関する三論文』（1905）の脚注において，フロイトは同性愛的リビドー発達における三つの段階を定義した。まず第一に，母親に対して短期間であるが激しい固着があり，次に「彼らが自分自身を女性と同一視し，**自分自身**を性的対象であると見做す」期間が存在するが，そのことは「自分自身に似ていて，母親が**自分**を愛したように**自分**が愛するようになるかもしれない，若い男性を探し求める」時には，彼らが同性愛的位置に進んで行く「自己愛的基盤」を構成することになる（p.145）。後にフロイトは，自慰者の両性への同一化に反映されていると彼が主張する「男性の生得的な両性愛傾向」を記述することになった。（1908，p.166）
　私は第三の位置があると確信している。私が言いたいのは，自己に対する他者の願望を獲得するために，双方の性のメンバーを「誘惑する」ような人物である。欲望の対象となるのはその人物自身の自己であるが，ただし性愛化された家族トライアングルの一部として過剰備給された自己である。私はこのような人をトリセクシュアルと呼ぶことを提案し，三つ組の愛情へと性器的性を向け直してそれを利用するために両性と同一化し両性を誘惑することで特徴づけられる欲望の状態として，トリセクシュアリティを定義する。
　この状態をどのように想像すればよいだろうか？　もしバイセクシャルなスタンスが両性との同一化を許容するものであるなら，トリセクシュアルはこれにリビドー的に脱性愛化された身体を追加するだろうが，それの性別は，超越的な肉体性のための容器へと変換されるように，性的差異という区分からは棚上げされてしまう。トリセクシュアル的誘惑の最終段階には，3人の愛する人がいる。すなわち，この人物を賞賛する男性，彼を捜し求める女性，そして欲望の対象としての彼自身の側面に備給するように十分に解離されているトリセクシュアル自身である。トリセクシュアルな身体表象は性に無縁であり，性を越える身体態勢である，あるいはより正確には，性を認識する以前の身体，つまり処女的存在，母親の性的対象

としての乳幼児である。

　たとえば，誘惑された他者が女性の場合，彼女は奇妙な苦闘の中に自分自身を見出す。かなり激しいトリセクシュアルとの相互の誘惑に巻き込まれて，彼女は性欲を永続させるある程度の権利を獲得するための，不可解な競争の中に自分自身を見出す。トリセクシュアルが関係性を徐々に**脱性愛化**し，性欲を家族的なものへと**変換**していくにつれて，彼女はある種の不気味な感覚に満たされる。これは以前に起きたことがある。しかしどこで？　誰といる時に？　それは性欲，このような甘美な喪失や受容可能な転換であるのはなぜだろうか？

　典型的には，トリセクシュアルは，彼自身を激しい魅惑の対象として女性あるいは男性が利用できるようにする。この人物は並外れて才能があり官能的である。彼は洞察力があり聡明である。彼はしばしば広範な領域の問題に強い関心がある。誘惑の瞬間に，彼は将来の愛人への並外れた量の関心があることを明らかにする。彼がパーティで誰かに出会ったとすると，彼の注意の全てはその１人に向けられ，その人はこの注意を感覚的に包み込むものとして**感じ取る**。彼はその女性を家に招いて，引き続く数日間あるいは１週間以上も献身的で熟練した恋人になる。実際に彼の性愛の知識はとても際立っているために，彼は高まりつつある注意を魅力的現象としての彼自身に引き寄せる。彼は関係を徐々に脱性愛化し，２人の間の関係であったはずのものは，徐々に２人の人が１人，つまりトリセクシュアルの驚異に没頭するような共同作業になってしまう。この性の放棄は突然のものではなく，他の事物によって徐々に取って代わられる。たとえば彼はセックスをする代わりに豪華な食事を調理し，それに続いて**人生哲学の論説を**することで，すっかり呪文で縛られた恋人を置き去りにするかもしれない。また別の夕べには，彼は友人に会うために恋人を連れ出し，幾許かの名声と相当な創造性をもつ人々に彼女を紹介して，彼女の社交生活をそこで豊かにしようとするだろう。要するに，彼のパートナーはまさに彼といることで高い特権意識を感じ，性愛から共有された関心へという変形が，全く信じられないことだが，ほとんど気づかれることなく進行する。

　徐々にその恋人は，自分が多くの賛美者の中の単なる１人に過ぎないという事実に気づくようになる。しかしこの認識は傷つけるものではない。なぜなら，彼は愛人としての彼自身を彼女から撤去しながら，全ての人が彼に畏敬の念を抱いているように見える興味深い人々の集落に彼女を所属

させていたからである。新しい恋人は誰でも，自分に対する誘惑はある意味で当然ながら非凡ではあるが，もう一方で型はめ的なものだと直ちに見出すのである。彼の友人たちは彼によって「誘惑された」ように見えるし，そのような経験を喜んでいる。トリセクシュアルが恋人と性的関係を終えたとしても，いかなる自己愛的打撃も，彼に愛されるということはそもそも自分を非常に特権的な集団の一員として位置づけることだったという認識によって弱められる。その上，彼女は多くの女性の中のただの1人ではない。彼が様々な男性や女性を魅了していることを彼女は知ることができるので——実際にあらゆる教養のある人々や意義のある人々が取り入れられているかのように見える——彼女の他者への羨望は弱められる。

　トリセクシュアリティは通常のナルシシスティックな自己愛とは異なっているが，それはトリセクシュアルがまず両性にまたがって誘惑するからであり，次いで彼らの性的願望を敬虔に賞賛するまなざしへと**転換する**からである。**彼の力は転換という行為にある**。強迫的な誘惑者である彼は，恋人が自分の自己愛的な財産を心理的に増やすことになるように誘惑し利用するが，そういった財産は全て他者の願望を献身という通貨に換算することに由来している。

　当然ながら，トリセクシュアリティはある程度，性的生活における自己愛要素の競合的な性質を引き起こすことになる。男性のトリセクシュアルを検討すると，彼が女性を誘惑する時には，陽性のエディプスコンプレックスの通常の痕跡が表出しているように見える。男性の賛美者を誘惑する際には，彼は陰性のエディプスコンプレックスを劇化する。もし彼が両性を誘惑しそれぞれと自分を同一視するなら，彼は両性愛であるように見える。トリセクシュアリティはエディプス結合の第三の形態であると考えてよさそうであり，そこではかつて抑圧された自己愛的状態が，陽性・陰性のエディプス的動機と競合して出現する。トリセクシュアルのナルシシスティックな自己備給は余りにも激しいので，彼はまず自分自身が女性あるいは男性から愛されることを許容し，その後で愛情の錯覚を追い散らし性愛の領域から撤退する。しかし彼は姿を消すことはない。その代わりに，あたかも自分がかつて起きたことの具現化された記憶であるかのように，彼は距離を置いた位置に立つ。この願望本体はもはや性ではなく充足の記憶を示している。彼が自分の愛情の対象として自分自身を選択し続けると言うのは正確ではないのである。彼は記憶の管理人としての自分の機能を

愛しているという方がより的を射ている。

サンダー

　サンダーは分析の期間中，両性の人々との数多くの激しい係わり合いを述べるのだった。彼は男性の友人と顕在的な同性愛的関係を持つことは全くなかったが，彼が潜在的な同性愛的性質の空想を抱いていることは明らかであった。サンダーは人を引きつける感性と際立って優れた容貌を持つ人物だったので，多くの男性は彼に引き寄せられた。彼の表現力，機知，そして美学，哲学，政治，歴史について「博識である」ことは，彼が並外れて売れっ子になることを保証した。実際に彼はしばしば刺激的な約束事の合間に分析セッションに現れたので，息せき切って私に会いにやってきて，その後で友人たちと会うために逃げるように去っていくのだった。彼は定期的に相当な時間を絵を描くことに使っていたが，残りの時間は度々クラブや展覧会や友人の家の訪問に費やした。ほとんど全ての人が彼を愛した。彼はしょっちゅう女性と情事に耽るのだった。おそらくより正確に言えば，彼はちょっとした浮気をしがちだった。なぜなら彼はパーティや展覧会で女性と出会うと，その女性を家に連れて行き，情事を行うのが常だったからである。彼は自分自身が良い恋人であると自慢していたし，女性たちもよい相手に恵まれたと自分自身で感じていたことは明らかであった。しかしながら，彼は1，2週以内にはそれ以上のどのような性的関係も穏便に断り，その代わりに激しい友情を示すようになるのであった。彼は男性の友人たちとそうであるように，かつての女性の恋人たちともそのように振る舞った。彼は実際上いつでも役立ち，きわめて有益で洞察力があるすばらしい仲間であった。サンダーによれば，数年の分析の間に，彼が恋人から友人へと変換した女性は誰一人として，彼に怒りを向けたり，あるいは引き続く性的拒絶や彼の恋人たちが集団を作っていることによって欺かれたと感じることは決してなかった。実際に，彼女らは彼と出会いこれほど激しい性的体験を持ったことを自分自身の幸運だと思っているように見えたし，彼女らは賞賛せずにはいられない友情を継続できることについて，彼に深く感謝していた。

　サンダーのように社交的な用事が次から次にあったのでは，彼以外の誰もが実際に消耗するだろう。彼は健康を維持するためにひそやかにだが厳

密な身体管理を怠らなかった。彼は毎日数マイルをジョギングしていた。週に数回はサウナにも通った。彼は非常に注意深く食事をし，ダイエットを自慢した。もし喫煙でもしようものなら，彼はセッション中自分自身を叱責したに違いない。

　ある期間が経つと，友人たちは彼の個人的儀式に気づくようになった。実際のところ，彼らはむしろそれらを彼の独自性に付け加えて，多くの友人が彼の養生法を模倣した。彼らが電話をかけて彼の心からの留守番電話のメッセージに話しかけられると，おそらくサウナにいるか，公園でジョギングしているか，クラブにいるか，新しい恋人に夢中になっているかだろうと想像した。

　ほとんど誰も，誘惑することが不可能と彼が気づいた特別な女性に激しく思慕する時にあらわれる，彼の時折生じる個人的な苦悩を知らなかった。分析過程を通じて，彼は少なくとも3回のそのような挫折した愛について報告した。彼女らは極度にじりじりさせ，サンダー自身のように，両性の「恋人」をもっていたが，結局のところは，彼女らは性交への回路から身体的自己を撤退している活気ある孤立者であり続けた。かつてそのような女性の1人と，彼は何とかしてその夜寝ようとしたが，彼女が抱擁しキスしエロティックにささやきかけたにもかかわらず，現実の性交の可能性は決して生じなかった時，サンダーは一種の無音の性的狂乱状態に押しやられていることに気づいた。その瞬間に引き続いて，その女性が依然として彼の面前にいることで，彼は自分自身がとても解放されていることを見出したが，それは自分たちの情熱のベールの下には激しい切望と悲しみが存在していることに彼が気づいていたからである。やがて彼は，自己の生き写しへの奇妙な愛情行為が，こうしたパートナーへの欲望によって構成されており，その他者に対する誘惑の失敗は彼のトリセクシュアル活動の多くを生み出すあの悲しみを彼に知らせるものだと考えるにいたった。

　サンダーの生活史は，トリセクシュアル的愛情が形成される理由の一つの手がかりをわれわれに与える。彼の両親のどちらもがその幼少期に悲惨な喪失をこうむっており，それぞれが深く郷愁に耽っていた。それぞれの両親はサンダーに彼らの過去を非常に詳細に語るのだったが，そうすることで彼らの記憶には今の生活へのある種の確かな侵入的存在感が付与された。そして両親はそれぞれ相方を念入りすぎる気配りで世話をした。引き続く数年間に，両親の間には激しく相互的なニードと愛情があるのだが，

それぞれがそのことに心を奪われ過ぎていたために，どちらの親も第三の人と関係する余地を創り出すことはなかったことにサンダーは気づいた。ある意味で，エディプスコンプレックスはエディプス空間を両親が創造することにある程度依拠しているので，もしそのような空間が存在しなければ，結果的に子どものエディプスコンプレックスは歪んだものになるだろう。実際に，サンダーの両親は非常に愛情深い人々であったし，私の確信によれば，彼は母親とは親密な関係を持っていたが，しかし，彼らは二方向性の愛情の線に沿って（訳注：一方通行の）家族生活を営んでいたのである。母親が父親を愛していたというならば，母親はサンダーのことが眼中にないように見えたということになる。再構成をもとに判断すると，サンダーはエディプス的方法で恋愛物語を作ろうと，最初は母親に向かい，次いで父親に向かったが，両親のどちらもが，どのようにこの種の愛情を提供するのかを知らなかった。三つ組としての家族というものが心に抱かれることは決してなかったので，サンダーは決して競争相手の地位を与えられなかった。彼は対象愛におけるこの失望を，欲望の対象としての自分自身の身体に向かうことで対処した。そうするためには空想生活を並外れて増強させる必要があったが，サンダーはいつでも自分自身を他者の欲望の英雄的対象であると空想することで，エディプス期と潜伏期においてこれを実行したのだった。

　サンダーの友人の何人かは，彼が余りに多くの人を征服するのに目を見張って，彼は愛情生活で望む相手はどんな人でも手に入れることができるだろうと冗談を言ったが，友人たちの中には，彼が誰かとパートナーになることには明らかに無関心であるという意見を述べる者もいた。彼は他者に対して何のニードも，少なくとも個人的なニードは何も持っていないように見えたが，彼の活発な社交生活のために，少数の非常に親密な友人たち以外にはこの現象は隠されていた。

　分析において，トリセクシュアル状態は，自分にとって本質的なものであると彼が確信していることが明らかになった。情熱，異性愛，同性愛は，他者の欲望を誘い出す道具であるに過ぎなかった。彼の最も重要な目的は次のようなものであった。それはエディプス状況を反転することで，どちらの両親も，子どもの性的愛情に対して互いにまさに競合することである。トリセクシュアルの性は，前性器的性についての穢れなき概念化である。それは性の知識が無邪気さを消去し，早期の家族を記憶の地下室に仕舞い

込む以前の家族画である。これらの前エディプス的な下地の上には，三つの欲望の対象がある。すなわち，母親（異性愛），父親（同性愛），子ども自身（自己愛）である。両性性を通じて，望ましい対象として自己をあからさまに選択するようになる進展は，早期の人生におけるトリセクシュアルの旅程，すなわちエディプス的欲求不満から前エディプス的充足への**後退**を表している。このような前エディプス的状況の目的は，両親に子ども自身のやりかたで子どもを愛する，つまり無限に賞賛し続けその存在に畏敬の念を起こさせるように強制することである。したがって，ある意味トリセクシュアリティの目的のひとつは，**性を打ち破り**それを賞賛へと**変形する**ことにある。

性器から目に：性交から相互の凝視へ

このようにトリセクシュアリティは，成人の性の語法に対してある種の乳幼児的勝利を表現する。エディプス空間を打ち破ることによって，また決して彼を心に抱かず，決して彼を許容せず，彼を勝ち取ること（何らかの同一化を達成すること）も喪失すること（一定のリビドー的愛着を減少させること）も許さない空間を超越することによって，トリセクシュアルは代償する能力を体験する。ここまで見てきたように，彼は自分の心的機能であること，そしてその機能そのものになることで自分自身を形づくり，無意識的なそれを人格化し，それが他者に利用できるようにする。

挫折させられた性的恋人たちの深刻な失望を弱めるために，いつでも十分な個人的充足を供給したにもかかわらず，サンダーの友人たちは，自分たちが彼の身体自己との奇妙な競合に巻き込まれていると感じていたことも依然として正しかった。彼が彼女らの身体自己をあからさまに愛している瞬間においては，恋人は希望に満ちて満足していると感じていたに違いない。最も微妙な方法で，サンダーは彼女らの身体から性的備給を撤退させ，それを関心で置き換えた。私はこのことは恋人の注目を免れなかったと確信しているが，しかしおそらくは，彼が性的欲望を他者の身体から自分自身の身体へと移動させることによって，いわば性がその状況から姿を消しているという彼女らの感覚を緩和することになったのだろう。情事を行うことについてのサンダーの非常に際立った専門的技術は，現実にそれ自身が興味の対象となりえた。オルガズムの情熱の高波の後で，恋人は振

り返ってサンダーの性的愛撫と性の知識の広がりに畏敬の念を抱くのであった。そして彼自身の身体自己は強い関心の対象になり，その2人組は徐々に空想を行動化するようになるのだった。すなわち，サンダーの申し分なく情熱的な専門的技術は，決して他者の欲望に委ねられることはないのである。サンダーはそれを，自分自身の快楽のためではなく，人生の幻滅という荒れ模様の風雨に対する蓄えとして，自分自身の中という安全な場所に保持する。このことは，彼があらゆるものを自分自身へと取り入れたにもかかわらず，自分自身のためには何も得ていないように見えるために，サンダーは注目に値する人物であるという評価を高めた。彼の説明によれば，多くの人々がそもそも彼に愛されていたことを特権と考えているかのように見えた。その場所から，彼は対象の影を他者へと投げかける。

トリセクシュアル的転換：欲望を覆う記憶

　トリセクシュアルにおけるこの特別な自己愛の形態の心的機能は何だろうか？　彼は他者に何を持ち込むのだろうか？

　われわれはみな強力な錯覚の対象であったといえるのと同様，われわれはみなあらゆる誘惑の対象であったともいえるだろう。また，われわれはみな母親の愛情や心配りの対象であったし，それはちょうどみなそれぞれにこの愛着から引き離されるのと同様なのである。エディプスコンプレックスが二重の欺瞞を構成するということはあり得ないのだろうか？　われわれは，自分自身の内因的同一化によって父親や母親と対等な力があるという幻想に招き入れられる。それは必ず，自己の無力の発見にいたるのだが。その過程は，前エディプス的願望をエディプス的願望で代理させる方法ではないのだろうか？　競争し勝利しようと望みながら，たとえエディプス的格闘に勝利しなくても，願望のひとつのイディオム——エディプス的勝利を達成しようとする目的——は，もう一つの別の形態の願望，すなわち母親の細心で包括的な保護の下にあろうとする願望の場所に滑り込むのである。

　エディプス葛藤を解決するのは昇華であると言うのは不正確であると私は確信している。むしろ，葛藤に参画することが，結果的に解決を示唆するのである。エディプス葛藤を解決することができない人々は，おそらくそもそもその空間に入ることを決して許されなかった人々である。彼らは

サンダーのように，前エディプス的な性の領域に固着させられているのみならず，喪失を，つまり，私の見解では，欲望のより早期の形態の抑圧に必須の経験である，子どもの人生に対して親の世界が世代的に勝利する経験を，否認している。

サンダーは，過去を具現化する未来としての彼を愛し保護した両親の共生的誠実さによって，エディプス空間と葛藤への接近を拒絶された。どちらの両親も，自分たちの両親との関係の相互的な回想にあまりにも深く巻き込まれていたので，彼らの記憶はサンダーとの関係を覆い尽くしてしまったのである。彼らは揺るぎない思い遣りを彼に向けたが，しばしば彼を，郷愁を誘いながらも苦痛を伴う過去からの回想に同化させてしまった。サンダーの本当のエディプス的競争相手は，彼の両親との関係において彼に取って代わった祖先の亡霊たちであった。しかし彼は両親たちがそうしたように，記憶機能を性愛化してしまった。

サンダーは現在の恋人を**過去**に位置づける必要がある。彼は恋人と現在に生きることよりも，その彼女について熟考することを選んだ。彼女は記憶にならなければならなかった。そうすることで彼は不安なく彼女を愛することができるが，それは現在において激しく没頭してしまうと，両親の性愛との親密な関係から分離されてしまうという不安があるからである。そこで彼は両親が遂行したように見えることを反復する。彼は現在が狼煙のように過去に生き残るように十分な活気を与えるために，愛情関係を通じて現在を活気づける。過去に心を奪われている両親たちのように，サンダーは，過去を創造するために，現在を活発に使用する。

こうしてサンダーは，記憶のエロティックな機能を委ねられて残される。彼はいくばくかの事前知識を彼の恋人たちに詳しく知らせるが，それは彼女らのそれぞれを，彼女ら自身の幼児的願望の痕跡や自己充足の瞬間に特権と充足を授与したその並々ならぬ対象の幻影のような外観にたち返らせるためである。性器的性を追い散らし，二者関係からそれを消去するよう強制するために，エロティックな能力を用いて，トリセクシュアルは性器的性に他者を招き入れる。トリセクシュアルは，エロティックな情熱を生きている記憶的存在に**変換**（convert）する。他者の願望を誘い込むことで，彼は他者の性的運命の主人となり，エクスタシーの死滅を示す。彼の身体は他者の充足の記憶を引き受けるが，それは欲望の対象としてではなく記憶領域としてのものであるに過ぎない。この観点から，彼は両親の養

育を，母親や父親が早期の母性的・父性的ケアを必要としていることを無意識的に証言しているように，彼らの両親や祖父母の痕跡を具現化するものと理解していた。これは不在のエロティズムである。
　「私はあなたが欲望するものの記憶である。」
　「私はあなたの欲望の記憶である。」
　「私はあなたの記憶の欲望である。」
　われわれにはすでに失われてしまった早期の愛情の甘美な秘密の中に，トリセクシュアルは自分の声を見出す。われわれそれぞれが母親の愛情（the love of mother）と母親という愛情（mother love）を知っているその場所で，彼はわれわれに語りかける。

ナルシストとトリセクシュアル

　もしトリセクシュアリティが自己愛の一形態ならば，それはどのように本来の自己愛とは異なるのだろうか？　その疑問に答えるには，ナルシストがエロティックな生活を実践するのはどのような方法でなのかを熟考することが必要である。
　それは——特に精神分析的ではないという点で——伝統的な説明ではあるが，ナルシストが自分自身だけを愛するように見えることをはっきりさせることから始めるのが有益であると私は思う。ナルシストと自分自身との関係は，愛情的な関係であり，かなりの期間持続する関係であり続けることを想像して，ナルシストは暫くするともはや鏡を注視せず，他者を鏡であると想像すると言うなら，われわれは自己愛性格者についての現代精神分析の理解により近づくことになる。コフート（Kohut）（1971）は，鏡転移というこの形態について記述している。本来備わっている自己の美というナルシストの脆弱な仮定は，この特別な個人をトリセクシュアルから区別する。ナルシストが愛情を想定する場所で，トリセクシュアルは他者を誘惑するために積極的に働きかける。モデル（Modell: 1969）は，ナルシストが他者に及ぼす影響に関して説明している。彼は特に，このような人物がどれほど退屈かということを知らせてくれる。ナルシストは必要とされるものは全て自分は持っていると想定しているので，全く努力を費やそうとしない。彼は何の対象も探し求めない。対象は自己システムの一部であると想定されるが，それはコフートが「自己対象」概念を構成す

る上で重要視したことである。この想定はトリセクシュアルにあっては正しくない。トリセクシュアルは明らかに自己に心を奪われているのでも，退屈なのでもない。実際に，彼はいつも非常に興味深く，きわめて誘惑的で他者に関心をもっている。どちらかといえば彼は水仙（Narcissus）に対するこだま（Echo）を演じている。

　さらに自己愛性格者は，ナルシストの自己イメージを他者に指し示すことによって，他者を受動的な方法で誘惑する傾向がある。この分類に適合したある患者は，自分が単にそこにいるだけで彼女が恋に陥るよう，女性の**隣**に居ようとしていた。彼女は彼に好奇心をもって彼の生活について尋ねるよう促される。彼は喜んで自分の生活史を詳細に語り出すが，それは結構面白いので，彼女はしだいに彼が与える彼自身の描像に恋をするようになる。私の見解では，このような自己愛性格者は関係の中で他者に自分自身を明け渡さない。その代わりに，自分自身が抱いている対象と等価である自己の描像を，他者に与えるのである。ナルシストはイメージを女性に押し付けるが，それは彼が自分で創り出したものの一つであり，そのために彼女は彼を熟視するにつれて，その自己イメージと恋に落ちる——彼女にそもそもそういう気があればの話だが——ということが，微妙ではあるが重要な差異である。どのような時も，ナルシストは自分をコントロールしていて本当の親密性に身を委ねることはない。彼は，人生は彼の導きで手を取り合って歩むものだと主張する。もしある女性がナルシストを誘惑しようと試みるなら，そしてもし彼女の誘惑が対象に向けられていて，彼女がナルシストの自己を単純に賞賛するのではないならば，自己愛性格者はパニックに陥ることになるだろう。これは1人の患者との間で明らかになったが，それは彼に非常に魅惑されていた女性が，彼が自分自身に対して持っているのとは，非常に異なる見解を持っていたためであった。葛藤が引き続いて起きた。彼女が彼の持つ彼自身のイメージを，ただ一つの可能なものとして受け入れるか，さもなければその関係を終了しなければならなかった。彼女は彼についてもつイメージのために闘いたかったのかもしれないが，これは事実上拒絶された。この患者はセッションに来る度ごとに，次のように言うのだった。「彼女が私のことをこう言ったのを信じますか？」あるいは「彼女は私が……のようだと考えている」。彼は，自分についての彼女の異なる見解によって引き起こされる自己愛的憤怒にあまりにも圧倒されたために，決して彼女の認識の価値を吟味することが

できなかった。

　自己愛性格者にとっては，他者はナルシストがもつ自分自身のイメージに——彼がそうであるとして——恋に落ちるか，さもなければ何のパートナーシップも存在しないかのいずれかである。自己イメージと自己は，当然ながら同じではない。実際には，ナルシストの持つ自己イメージは，結局のところ自己のリアリティに直面することに対する防衛である。確かに，トリセクシュアルも同様に親密なパートナーシップを怖れているということは正しいが，ナルシストが崇拝されるべき自分自身の描像を他者に与える所で，トリセクシュアルは回想されるべきカプセル化された経験を他者に与えているのである。

　ナルシスト：「あなたはその中で私が素晴らしいことを見出した。」
　トリセクシュアル：「あなたは私の中でそれが素晴らしいことを見出した。」

　自己愛性格者は，**ニード**があるので他者を訪れ，彼の達成を共有するためにパートナーを招き入れる。トリセクシュアルは，他者が知っている何かの喪失を喚起する，痛みや動揺を伴った記憶を携えて他者を訪れる。トリセクシュアルは，存在することの本質が性愛そのものによって鼓舞されていると感じられる時，他者に母性愛の鮮烈さを示唆する。他者の願望の記憶であること，性愛を生成的前創造性（generative procreativity）（さらなる多数への分割）から記憶の欲望（単一体）へと変換することが，トリセクシュアルの目的である。

　サンダーは彼自身のためにどんな家族を創造したのだろうか？　彼にとってはそれは後エディプス的家族，すなわち相互関係を持つことができる独自の欲望と関心をもつ分化された人々のグループではない。サンダーが自分のグループで経験したことは，前エディプス的家族としてのものである。恋人を友人へと転換し，分化した性欲から不気味な融合状態という精神主義へと逆に移し変えることで，彼は凍結された記憶を貫通し，行動化を通じて早期の対象生活での自己の感情状態を脱抑圧しようとするのであった。

　しかしながら，ギア，ヒル，リエンド（Gear, Hill, Liendo）（1983）が示唆しているように，われわれの自己愛についての文献で無視されている特徴のひとつは，ナルシストが対象関係において発揮しようと目論む能力と権威の程度である。彼自身のイメージに恋するように他者を招き入れることで，ナルシストは彼に対して他者が結果的に及ぼす影響を制御するこ

とを目指している。「誰が自己についての見解を確立する権力を持っているだろうか？」という疑問の背後には，「誰が子どもの自己の運命を決定する権利を持っているだろうか？」というもう一つの疑問が横たわっている。私の見解では，自己愛性格者は，母親に関係する早期の葛藤のために，母親の立場を**私用する**（appropriate）よう決定づけられている。激しくも厳格なやり方で，彼は母親の機能を引き継ぎ，自分自身を養育する。われわれは全て，（第3章で私が探究してきたように）われわれ自身のいたわりとケアの対象として，われわれ自身と関係するその継続する過程において，世話をするという母親のイディオムのいくつかの側面を引き受けるが，自己愛性格者の場合は，この母親に対する少なからぬ欲求不満と憤怒が存在しているので，そこで自分自身に対するケアを想定すれば，自尊心の源に対する制御と支配力を獲得することで，ナルシストは勝利の感覚を感じるのである。

しかしナルシストが自分自身についての見解（そしてそれに伴って到来する全てのこと）についての制御を想定することで支配力を獲得する場所で，トリセクシュアルは権威あるいは直接的な影響を断念することによって支配力を見出すのである。トリセクシュアルが位置づけを獲得するのは，彼が何を獲得するかあるいは所有するかによってではなく，彼が何を諦めたかによってである。彼はこだまとなって現れることで支配力を発見する。彼は他者に与えるが，そうすることで，彼の機能にも他者の影響にも限界を設ける。彼は記憶の証，歴史の証人，他者の自己が抑圧された領域の表現者になる。以前の恋人たちは，彼のことを自分たち自身が保管された価値ある部分であると見做し，彼らが出会う時には，いつでも記憶を共有するという秘められた喜びが存在している。

さらなる考察

たくさんの色々な恋人たちについてのサンダーの説明に耳を傾ける時，誰からもほとんど抗議がなかったのはどうしてかということに，私はしばしば当惑させられた。誰も利用されているとは感じなかったのだろうか？

彼は間違いなく人々を使用したと私は考えている。そして私は，彼の恋人たちは皆あらかじめ彼の特別性を知っていたことを理解した。彼女たちが彼の誘惑の対象になる前から，彼女たちはこのことを知っていた。さら

に，彼が両性の人々に賞賛され「愛されて」いることを彼女たちは理解していたし，サンダーが彼自身であることを享受していることに，誰もいかなる疑問ももっていなかった。私は確信するのだが，彼の恋人たちは，前もって特別な種類の性愛を表象する，**比類のない人物**，肉体的魅力と官能性を持つ人物に愛されること，さらにこのような信じ難いほどの愛情を「持っていた」という自己愛的達成，すなわち自分たち自身の自己愛的利益のために彼を使用したことの満足に向かう傾向を持っていた。

　サンダーは，数日間のうちに前エディプス的人生の全てを行動化する。恋人たちはその関係の中に生まれ出る。彼女らは特別な場所（彼のフラット）へと運び去られるが，そこでは彼女らは一種の奇怪な母性的没頭の対象となる。この愛情生活は2人の大人の間で生じるので，相互的な愛情は性器的性を通じて満足させられるようにみえるかもしないが，このことは激しい授乳状況の無意識的な表現形なのである。恋人はこの性愛から「離乳」させられるにつれて，このサンダーと母親の関係をある程度隔てられて眺める共同体の中に位置づけられる。喪失や後悔や怒りは全く存在しないように見える。存在するのは驚きと感謝の感覚だけである。ここで明らかに見て取ることができるのは，サンダーのような人物が，妄想を生み出すために，絶対的な愛情という錯覚をどのように利用しようとするのかということである。そしてその妄想とは，このような愛情が実際に存在するので，子どもは痛みや喪失や憤怒を全く感じることがないということである。前エディプス的生活を歪ませ，自己愛的自己状態を利用することのみによって，サンダーは恋人たちや友人たちへの影響を永続させることができる。私の考えでは，サンダーの恋人たちが自分たちを待ち受ける運命に気づいているのはあり得ることであり，彼女たちはサンダーとの情事は刹那的に過ぎないだろうことを知っているので，おそらく彼女たちもまた**その過去**の増幅を追求しているのである。脆弱な人々や，絶対的愛情が存在することの証拠を見出そうと捜し求めている人々の間では，サンダーのタイプの人は取引に精を出すことができる。一部の人々にとって，彼はある種キリストの再臨なのである。

　トリセクシュアルは稀ではあるが他とは間違いようのない人物である。私は彼らを通常の自己愛性格者から区別してきた。このような個人は極めて魅力的で，極端に人気があり，明らかに誇大的ではないにも関わらず自分自身に魅惑されていることが知られていると，強調することが重要であ

る。このような個人と仕事をしている臨床家は，トリセクシュアルが現実には非常に浅薄であると自分自身に保証を与えることで，その人物の性格の複雑性に巻き込まれることからの猶予を捜し求めようとするかもしれない。しかし私の見解では，このような逆転移的判断は，このコンプレックスを単純化しトリセクシュアルとともに仕事をする困難を減少させようとする，分析家の側の願望を反映するものだろう。なぜなら，このような人物は根底から知性的で，才能があり，よい教育を受けていて，洞察力があり，社会的にも一貫性があるからである。彼はドンファンと「思われる」ことはない。彼がしばしば相当な熟考の対象にされることは容易に理解できる。他の人たちがするように彼を理解したり，一般的に知られている位置に彼を置こうとするなら，失敗に終わる。知られることからすり抜ける能力は，彼の謎の一部である。したがって，彼が「同性愛」なのかあるいは「両性愛」なのかという考察は，意味がない。誰も本当のことは知らないのである。

　それでは，サンダーに恋をする人々は，恋という用語が示唆する意味で，恋していたと言えるだろうか？　その答えは否であるに違いない。もし成熟した恋という意味合いにおいてなら，否である。その恋は周囲にあるように見える。われわれがそれぞれある種の早期の対象愛の痕跡を心に抱いているように，それは記憶としてそこにある。サンダーのような人に「恋する」人々は，何らかの間違った同一化の行動に自分自身をゆだねている。おそらく，むしろこれらの人々は，われわれが一度か二度はした経験，雑踏の中で通りを歩いて行きながら遠くからある顔を見つけた時，われわれの全てがするのと同じような経験をしている。そんなはずはない！あれはX，30年間会うことのなかった幼少期の友人ではないか。胸は高鳴る。われわれは速度を上げる。これほど長時間が経過した後で，前置きとして語る言葉をわれわれは模索する。そしてまさに声を発しようとする瞬間，彼らの名前を大声で叫ぼうとしたときに，われわれは間違いを……発見する。それでもやはりわれわれは親友とも対面していたのであり，この状況から立ち去るときに（少し安心していたかもしれないが）なるほど落胆はしているが，われわれは自分自身が，幼少期の親友とともに費した数多くの時間を回想していることを見出すだろう。明らかに異なる感じで生じるが，世を去ってしまった愛する人を思い出させる誰かに出会う時にも，同様の経験をしうる。それはショッキングではあるが意味深い誤りである。

サンダーに恋する人々は，間違った同一化という誤りに自ら参画している。しかしながら恋人の感情は，上述の間違った同一化の場合とちょうど同じように，しばしば意味深く激烈である。サンダーはこのことを知っている。それは彼の機能である。彼は自分が記憶の願望という虚構であり，その中に能力や意味や代償の感覚を見出すことを知っているのである。

　稀なことだが前触れもなく，サンダーは以前の恋人たちのひとりを訪問することがある。激しい性愛の夜の中で，彼は過去からあらわれて，恋人に以前の充足の鮮烈な訪れを提供するかもしれない。彼が早朝に立ち去ると，彼のパートナーは，過去が追体験される激しい性的な夢の中にいるかのように感じることだろう。こうしたまれな機会に，恋人は性愛の記憶ばかりではなく記憶の性愛性を共有するのである。トリセクシュアルが記憶の想像上の管理人として生き，機能するのは，この心的場所においてである。

第2部　気　分

第6章　気分と保存過程

　被分析者の中には，転移での決定的な存在状態に，しばしば気分を通して辿りつく人たちがいる。こうした患者たちは自分たちの内的なこころの状態を明瞭に表現することができるし，たいていは自分たちの人生を物語ることができるのだが，彼らの自己体験の重要な要素は，気分を通してのみ表現されるのである。私は臨床状況に焦点を合わせて，性格（存在状態の形態が繰り返されるもの）となっている気分についての研究にのみ限定するつもりであるが，それに先立って，気分一般について，若干の考察を行いたいと思う。
　人はしばしば，「ある気分」「にある」と評されることがあるが，ある気分にある人というのは，ある特別な状態の「内側に」いるという感覚を，そうでない状態の者たちに与えるのである。その人は，その気分のどのくらい深くにいるのだろうか？　どの位続くのか？　空間的なメタファーと時間的なメタファーは，この現象の特殊な性質を印象付ける。「気にしないで，彼はそのうち出てくるよ。」とある友人は別の友人に言うだろう。
　ある気分にあることの面白い特徴は，それが他者とコミュニケーションする能力をまったく制限しないということである。人はある気分でありながら，その気分の外側の現象を扱うこともできる。それでも傍観者から見ると，ある気分の内側にいる人が，個人的なまたは基本的な面でその場にはおらず，その不在が気分の空間の領域を区分けしていることは明らかである。私の考えでは，人が気分を体験する空間は，存在している各個人の領域への関わりあいの違いと，自己-他者関係よりも自己の体験がわずかばかり優先されるという理由から，そうした領域は妥当なものと他者から認められることによって作り出されるのである。したがって，この空間はその必要性が認められることによってしばしば承認されるのである。
　私たちは気分を経験する必要がある。
　気分が必要であることの認識は，次の事実に示されている。友人が明らかにこの特殊な時空間の内側にいるとき，私たちはそのことについてとや

かく言わないで，彼が自己体験をするためにこの領域内にとどまる必要がある，と感じる。われわれが何もコメントしないことが，気分の空間の境界を築くのに寄与するであろう。

人は寝つくと夢を見るかもしれない。人がある気分に入っていくとき，昔のある自己になるのかもしれない。ある気分に入っていくことは，夢の状態のように，現在の生活において，子どものときのある存在状態を再現する重要な創造状況である。人がある気分から抜け出すまでにそれなりの時間がかかるが，抜け出す時，気分を体験するために作り出された空間は，この世の出現という幕とともになくなる。誰かが「寝入った」とき，彼が経験するのは一般的に認識される特定な精神経験である。人がある気分に入ったとき，彼は子どもの自己の要素を生じさせ練り直す今一つ別の精神活動の形態に接近する。つまり眠りは夢を作り出し，いくつかの気分は断片的な昔の自己状態を生じさせるのである。

生成的な気分と悪質な気分

夢と同様に，人の幸福に必要な精神現象である気分もある。ある一つの気分でいる間，複雑な内的課題をワーク・スルーする時間と空間を与える生成的な自閉状態に，個人の全体自己の一部は引きこもる。たとえ気分に浸っている人が，他者には潜在的な影響を及ぼさないと仮定することが不適切としても，気分を経験している間は心身の同一性によって，経験していることが対象志向的なコミュニケーションと間違わないように，特別な領域が通常設けられるのである。私の考えでは，悪質な（malignant）気分と生成的な気分の違いは，気分の機能の性質と，体験している気分の空間を維持する境界の質による。いうなれば，人々の引きこもった鈍感さが，ある自己の機能を別の人に助けさせるようにしむける手段であると感じるなら，その時，そのような気分は悪質な対人関係のプロセスを構成すると言えるだろう。私はそういう気分と，その従属的な行動を基本的にあてにしていないと感じる生成的な引きこもりとを区別したい。たしかに，ほぼすべての気分は対象関係的な含みを帯びているので，厳密な境界を引くことはできない。しかしながら，機能的な視点から考えると，悪質な気分は専ら誰か他者に向けられているのであろう。たとえば，すねている人というのは，ある重要な他者に影響を与えるため気分の経験を用いている

のだろう。生成的な気分においては、人は言葉のない未知の子どもの自己と接触しているのであり、それゆえ未思考の知の一部分である何かについての知識を生むすばらしい機会がある。

　経験している気分の領域を示す境界の質もまた、気分が生成的なのか悪質なのかを評価するうえで検討されなければならない。もし、ある人が眠りから目覚め、起きている知覚と夢との区別ができないのなら、精神病の可能性を疑う。起こされて夢を現実と区別できない人は、もはや対象としての夢を考えるのに必要な知覚の分化はないので、夢の生成的な潜在能力は少なくとも失われるであろう（Pontails, 1974）。夢をみて眠っている自己と、起きてそれを知覚している自己との境界は、まったく異なった自己体験であるそれぞれの領域の維持に欠くことができない。同様に、気分が生成的であるためには、経験している気分の影響が漂って、通常の情動と重なりあうのを感じることなく、その気分を対象として熟考出来るようにその気分から抜け出さなければならない。

記憶を助ける環境

　「今日は、いつもの私じゃない」とよく耳にする発言について静かに思いめぐらすことで、グリーンソン（Ralph R, Greenson 1954）は、「そのような発言は『ご機嫌いかがですか？（How are you？）』という質問と『どなた？（Who are you？）』という質問の密接なつながり」を指し示していると述べている。「気分は対象の面から述べることができる。患者たちは憂鬱になっただけではなく、かつて子ども時代に拒絶された幼い少年にもなったのである。不安な患者はただ怯えた大人であるだけではなく、過去に傷ついた幼い子どもなのである。」「気分は単に外的対象の内的な表象から引き出されたものでなく、しばしば自分自身の過去のこころの状態を表象する。つまり、過去の自分自身の概念である」（pp.73-4）と結論している。

　気分とは、個人が以前の子ども時代の体験や存在状態を再体験し作り直す、記憶を助ける環境を定着させる複雑な自己の状態である。夢が、大人の生活と交渉しつつ練り上げて、自己の子どもの部分の無意識的な経験を斟酌するのと同様に、気分もまた現実と交渉を続けながら、かつて存在した自己状態の再現を斟酌するのである。われわれがかつての自己状態から

思い出された自分になるとき，気分によって精神的に達成されるものは，夢の仕事と同様に貴重であろう。

　実際，分析場面の設定と過程（Winnicott, 1965: Khan, 1974）の特殊性ゆえ，夢が眠りに反応するように，被分析者の気分生活は精神分析自体の本質に特に敏感かもしれない。被分析者は臨床的な設定のなかに環境を創造する。そして，ある気分を生きることはある環境を確立するためのイディオムのひとつである。

　気分の内部から現れてくるのは誰なのか？　特別な存在状態が確立されたとしたら，自己のこの部分と全体自己とはどういった関係であるのか？
　気分の経験を通じてその人物の対象としての自分との関係を，私たちはどのようにして知ることができるのだろうか？　たとえば，他の状況では気難しい人が，ときどき説明できない幸せな気持ちになるかもしれないが，そのような幸せはその人の通常の自己システムとは強く矛盾して見えるだろう。そういうことがしばしば起こるたびに，彼はいくぶん愚かで傷つきやすくなったかもしれない。そのような個人的な「幸福」（その人物を知る人には，奇妙にも「彼らしくない」として当惑させたかもしれない）は，子ども時代には一般的だった昔の自己状態への一時的な退行であるかもしれない。言い換えれば，子どもの自己は，全体的自己機能の中にまだ存在しているのだが，通常の自己と比較して奇妙に見えるのである。もしそうであるなら，その人物はおそらく精彩を欠いた養育環境を内在化していたのであり，稀に見られる愚かな気分は，子どものリビドー的欲求や自我ニードを失望させた生命のない養育環境からそれにも関わらず解離された，時折は幸せだった子どもの自己の無意識的な再創造なのである。そのような個人の「通常の自己」は，精彩を欠く養育環境を人格化して維持し，一方，気分の中に現れる「奇妙な」愚かで，そして幸せな自己は，実際は以前の子どもの自己の再現であり，養育された要素を奪われていることで未だに認められずにいるのである。

　すべてについてほとんど倒錯的に満足しているように見え，その他の点ではかなり浅薄な人が，時に不活発で何かしら悲しみに近いものに落ち込む。そのような気分は，子ども時代のある瞬間の名残なのであろうが，間違っても幸せとは言えない子ども（幸せであるというのは親のニードに子どもがあわせたものだった）が人生の別の側面を記録に留めたものである。しかし，手に負えない悲しい個人的な気分は，対象としての自分自身との

関係の中で，両親が悲しみや傷つきやすさに気を向けたやり方でこの人物の経験を再創造するかもしれない。

気分には個人の自己の発達における破綻を表象する（気分に解き放たれた自己状態は，保存であるとともに抗議の行為であるという方法で）ものがあると，私が考える理由を明らかにするために，三つのケースを提示しようと思う。

臨床例 I

デビットは不機嫌な男である。いつもできる以上のことに巻き込まれているので，彼の夢のような野心は，もっとも単純な仕事さえ仕上げることができないという強い挫折感によって補われていた。彼がまったく知的でなく，純粋に創造的でないのなら，単に見込みがないということになっただろうが，不完成の多くの仕事が残っている一方で，専門分野では認められて，どうにか成功していることで，彼のおかれた状況は悪化したのであった。彼はまったく異なる三つの仕事に同時に就いており，ささやかであるが成功していた。彼がある仕事での責務を果たそうとどんなに計画したとしても仕事に乗り出すや否や，他の仕事での重大局面に専心することを余儀なくされるのである。実のところ，即座の処理が求められる局面によって，一つまた一つと夢が邪魔されるので，重大な局面というものは，彼の壮大な空想を強調するものであるかのように思えた。

ときどき書斎でくつろいでいる間に，彼は一つの仕事の知的な側面とある種の崇高な関係を感じることができた。そのような瞬間，彼は自分の仕事の審美的な側面によって本当にうっとりとしたが，そのような体験は痛ましいほど短命であった。かなり憤慨した顧客からの電話によって，彼は他の職業の方で，ありふれた，しかし肝心な業務を実際にしていないということに愕然とさせられる。

子どもの頃の彼は全くの夢想家であった。けれども彼の両親は2人とも，彼が現実生活からは隔たった空想をすることを支持してきたようだった。彼らは，通常ありえないほどたくさんの物語を彼に読んで聞かせ（ときどき何時間もぶっ通して）るのだったが，それ以外の両親の生活時間の大部分は，パートナーとの口喧嘩に費やされた。しかし，子どもと一緒であるなら，彼らは静かなすばらしい時間を生み出せるようで，たとえば，儀式

的なお話し会のために毎晩決まって彼の部屋に集まることで，彼らはパートナーと一緒にいる激しい不快感をどうにか排除することができたのである。

　デビットが11歳の時に両親は離婚し，彼は完全に父親から見捨てられ，父親が息子と再会しようと思うまで9年間待たなければならなかった。両親は本当に多くのことを議論したが，2人とも自称自由主義者で，大喧嘩して自身の価値を低くさせることは自己イメージに反するので，彼らはつまらぬあら捜しをして引きこもったり，それぞれが優位な点を数えあげたりしていた。彼らが離婚したことは，デビットにとってひどいショックであり，思春期の動揺を扱うには父親の助けを必要とした時期だっただけに，父親に見捨てられたことは大惨事であった。

　あるセッションで彼が提示する素材がどんなものであっても，デビットはある性格的な気分の背景のもとに話したが，この気分は彼の語りの表現からは分裂排除されていた。時間が経つにつれて，私は徐々に彼の気分に注意をむけることが多くなり，どのような環境を彼が作り出しているのかを自問するようになった。というのは彼の気分がはっきりと別の存在状態を確立していたからである。

　彼はどのように行動したか？

　彼は，私が待合室のドアを開けた瞬間跳び起きて，ステージに呼ばれたプロのエンターテイナーであるかのように，私を追い越して診察室まで疾走することがあった。しかし，臨床空間に身を投じると，まるで，ほとんど場違いであるかのように混乱し，数秒間ためらうのだった。引き続いて彼は一つのクッションを取り上げてカウチを整えなおし，それを数インチ私の方に動かした。彼はこれらすべてを募金活動のイベントできこりがお茶を出す優美さで行った。そうしたことが，たとえ奇妙であるにしても，とても上手く為されるので，私がそれを理解するまでにいくらかの時間を必要とした。

　話すにあたって，彼は自分の声をも整えなおすのだった。彼は，まるでそれがあとに続く題材の必要条件であるかのように，咳払いで喉を「きれいに」するのだったが，彼が何をしたかについて私はこのようにしか言いようがない。彼が人生の出来事を物語るとき，意識が薄れ行く前に，自分が経験した恐ろしい出来事をできるだけ早く述べなければならないと感じている人のように，沈痛な切迫感で話しを伝えた。足を何度も組み直し，

体を支えるために頭の下に手を置き，顔を何度も何度もこすって，喘いだりため息をつくことはセッションにおける彼の特徴であった。彼が絶望感を続けざまに解き放って吐息をついても，その絶望感は決して解消されるものではなかったが，まるで情緒的な津波のようだった。しかし，彼のそうしたパーソナルな行動は語られる素材とは本質的に結びつかなかった。私が話すやいなや，彼は身体を激しく揺り動かすことをやめるのであった。ため息は止み，身体は安らぎ，彼は夢を報告し，別のセッションからの素材について話すのだったが，すべては穏やかで落ちついたやり方で話された。事実，彼は夢見心地で，ときどき早口で不明瞭に語るか，話しの途中で中断するかして，プライベートな考えに逆戻りした。

　性格的な気分としてみなしていたこの現象を分析するまでに，私は彼の尊大さを，両親の不和によって自分が失ったものを称賛者の輝く光で照らし返されたいというニードとして分析していた。問題をさらに複雑にしたのは，両親が，自分たちの内的な痛みを，分裂排除された子どもの自己としてしまっておくことで否認し，両親によっていくつかの点で過剰に理想化されたデビットとの関係のなかで行動化したことである。いくつかの異なる仕事を保持することで彼は少年時代の世界をなんとか維持するのであったが，それというのも，現実は白昼夢の生活を邪魔するものとみなされたからである。

　私が彼の気分を取り上げたのは，すばらしい可能性が崩れて平静さが（彼の内部でやきもきしながら）失われ，そして最終的に私が話すと通常引き起こされる平静を得るためだけに，仰々しいひと時を始める準備を彼が（面接室に入室する時に見られるように）どんなに真剣に行うかに，私が気づいたときである。さてこのすべては，要は何であったのか？

　彼の気分転移の一つの特徴は，記憶的な特異性である。彼はこの環境の内部に生きることを望んでいたのである！　本当の現実適応を無視する男の子っぽい野心という気分を通してのみ，彼は家庭生活の最後の時を保存することができたのである。壮大な夢の中で生きることによって，彼は母親と父親，そして彼らの認識する子どもとしての自分に接触し続けていた。彼がイライラすることは，現実で起こる欲求不満を現していなかった。むしろ，それは現実適応の駆逐であった。私が話すとき，私は彼に物語を聞かせている母親か父親であり，その時には親対象が存在することがわかっているので，彼は厳かな静けさに入り込むのであった。私が彼の気分のそ

の無意識的な目的を分析したときには強い抵抗があった。これを1年間徹底操作した後，ようやく彼の抵抗は絶望的な喪失感へと発展していった。気分を通して彼がしがみついているものを理解することは，自分は家族と一緒にいる少年だという妄想からの分離を意味するだけではなかった。それはまた，母親と父親と一緒に過ごした補償的な未来の喪失を悲しむことをも意味していた。過去にすでに起こった喪失の体験を嘆くことと，未来を喪失するのとはまったく異なるものであって，この喪失に対するデビットの執着は激しかった。失敗することは，彼のもっとも重要な無意識的野心であった。成功しないことによって，彼は両親と一緒に「家にいる」ことが可能になったからである。

　私がデビットの性格の特徴とみなすこの気分は，記憶を助ける環境の特質と言えるだろう。彼がいらいらしたり，空想にふけったりする無意識的目的は，彼が家族の喪失を経験したその瞬間に滲透していた彼にとってお馴染みの雰囲気を作り出すことであった。

臨床例 II

　ジョージは繰り返し生じる予期される悲哀という気分を通して，個人的な環境を作り出すことに尽力する。彼の気分は，悲しみは必然的であるという表現で満たされている。彼は自分が失敗するであろうことを知っている。それゆえ，快活さはばか者によってのみ体験されるのであった。セッションというセッションは，全ての者は人生に失敗するというひそやかであるが自信のある確信によって特徴づけられており，彼は確かに，分析は潜在的に人生に潤いを与えるプロセスであるという間違った結論に私が達しないように，何年間も分析が失敗するように努力していた。

　ジョージの気分が常に分析の対象であったというのは，いくぶんか正しかった。しかし，彼がそれ自体を一つの現象と見なしたときだけ，無意識的な機能の分析が可能であると私は感じていた。そういった機会は，彼が最初の真の恋人に夢中になった時に起こった。彼女は母親のもとを去って彼と一緒に生活することを約束していたが，何カ月たっても，引越をしないでいた。長い間，彼は精力的に彼女に働きかけていたが，やがて私がしばしば分析場面で目撃してきた気分が彼女との関係に徐々に広がり始めた。彼は自分の力が低下するように感じていることを彼女には言わず，彼女か

ら個人的に引きこもることで，彼女が彼との不安な依存関係に陥るように仕向けた。彼女は彼のところに移り住むことはできなかったが，彼が引きこもることで，彼女はより頻繁に電話し，安心するために保証を求めるようになった。彼はこれに応じなかった。全く反対に，まるで関係は終わったように彼女に話しかけて，彼女に喪失を与えるだけではなく喪失を共有する人として，彼女の精神生活にうまく取り入った。しかし，かなり復讐心に燃えた恋人へのこの攻撃は，ある点以上はあらかじめ方向づけられたものではなかった。実際，彼はより彼女に近づいた。というのも，彼はより熱烈に彼女を愛していたから，彼の愛情の表現は彼女から引きこもることであり，彼女に多くの悲しみをもたらすことであった。奇妙なようだが，彼のリビドーは，悲しみのオーガズムの方を選んで衰えた。別れの痛みに苦しみ，涙に濡れて最高潮に達する強烈な喪失を共に耐えるために，彼は彼女を求めたのかもしれない。関係の終焉を運命づけられたものと彼は表現した。関係は終わり，彼にできることは何もなかった。しかし，最後まで彼女の喪失を見届けるために，彼は彼女のもとにとどまった。

　これと同様な現象が私への転移のなかで行動化された。私たちはお互い失敗するように，すべては運命づけられているという彼の断固とした感覚は，私が彼を理解することを巧みに拒絶することで成就されようとしていた。彼の分析の最初の数年間，私が彼について理解を確立しようとするたびに，彼は陳述を変化させた。私は，ジョージへの逆転移の特徴をいくらか詳しく（12章参照）述べるので，ここでは，前途のない日々を必然とする彼の作り出す環境の中で，私も生きることを強いられたという観察に説明をとどめておきたい。しかしながら，私は様々なやり方で，ジョージの気分が対象の設定を再び創造していると理解するようになった。幼い頃，彼は母親とは離されて，いろんな人たちに世話を任され，一方で父親は彼から情緒的な距離をとっていた。

　ジョージと両親は，お互いの失敗と自分たちの集団の運命を大いに嘆き悲しんでいた。父親に話しかけようとする時はいつも，父親は引きこもって話題を変えようとするのをジョージは知っていた。こういうことが起こるとわかっていたので，彼は結果を予想して悲しみに沈んだやり方で父親に接した。母親はしばしばこの場面の目撃者となっていたが，父親の失敗の感覚を共有しようとし，同時に息子を慰めようとした。

　ジョージの悲哀を予期する気分は，彼なりに家庭環境を再び創造しよう

とするものだと私はみなしはじめた。デビットのように、彼は諦められなかった。というのは、それが家族と成し遂げてきた本当にわずかな親密性を表象するものであったためであり、集団的な悲哀の過程の中で、彼の自己感覚は複雑に描かれた。家庭環境では家族の成員のそれぞれが、消滅は不可避で運命づけられたものであるとの認識に染められた、切ない希望に満ちた状態を再演していた。彼らは一緒に喪失を体験し、すねるためにべつべつに家の馴染みの隅に立ち去り、とりとめない状態にはまり込む。お互いをなぐさめ、取り繕おうとした。実のところ彼らはお互いそうであることを大変よく知っていたので、激しく議論し合うことはなかった。彼らは本当にはお互い関わり合おうとしなかった。彼らは共有された悲しみと相互の喪失とを、生きることの他のすべての側面の代わりに用いた。ジョージが分析に持ち込んだのはこの気分であり、彼の全存在に、子どもとしての自己と母親と父親との関係を保存した特別な状態であった。

臨床例Ⅲ

ジャネットの気分は次々に変わっていくようであった。実際、彼女の治療の最初の数年間、セッションにおいて、どの気分が優勢であるのか完全に分かることはなかった。ある時は、彼女は非常に知的な人物になろうとした。そのような状態の間、彼女は読んだことのある様々な本や、見たことのある映画についての会話に私を引き込もうとした。それに失敗すると、彼女はいかに精神分析が非科学的であるかを話すのだった。別の時は、彼女は穏やかな放心状態で臨床空間にいた。彼女の声はかろうじて聞き取れる程度で、彼女は羽のようであった。また別の日には、彼女は相談室に飛び込んできて、最後に彼女に会ってから生活で起きた無数のうきうきすることについてやたら興奮しはしゃいでいた。これが突然、不機嫌な憂鬱によって取って代わられるかもしれず、そのような時、彼女の声が低くなり、言葉は、それから解放されるためには身体全体の動きを必要とする錘のようであった。あるいは、彼女は情熱的な気分に行き着くかもしれなかった。そのようなとき、彼女はセクシーな男性に会っており、彼について幾分意識化された性的な空想を語るにつれて、そのセッションは強烈にエロティックな気分で一杯になるのだった。

彼女の気分のありようが、治療において独立した要素として私の心に存

在していると言うのは正確でないだろう。というのも彼女はかなり明晰で，重要なテーマに取り組んでいたようであったからだ。私への体験が変化することについての転移解釈に彼女は反応したし，しばしば私はこのことについてコメントを述べた。この作業の一部は役に立ったとしても何かが適切に分析されないでいるようで，私は不安だった。

だんだんと私は，彼女の気分は，本来は思慮深く理解力のある思考を代行した熱烈な情動感覚のようなものだと気がついた。彼女は，何か気分が起こること，「偶発的な出来事」（Khan, 1974）を個々のセッションで必要としていた。そうすることで，気分は彼女の自由連想の素材の内容を凌駕し超越するのだろう。この気分に満ちた状態の無意識的な目的は，情動が感覚的に機能し続ける存在水準を作ることである。彼女は自分の情動状態を，分析家によって考えられ彼女によって再消化される言語的な表象へと変形することに抵抗した。

ジャネットの目的は，分析内で存在することや関係するために気分を主要な媒体として創造することで，生きる方法としての強い感情を保護することであった。これをひとたび理解すると，生成論的な考察は難しくなかった。というのも，彼女はひどくヒステリー性格の人や，子どもとしての彼女の感情体験を様々に激しく引き起こしたりする人たちによって養育されてきたからであった。両親はこの種の関係を好んでいたので，無意識的で個人的な両親との関係を続ける関わり方の様式と同一性を保存しながら，ジャネットは多様な気分を通じて，両親との何らかの親密性を与える環境を保持していたのであった。

保存性対象

ある人物の性格に典型的な気分は，かつてはあったが今はもはやない，というものをしばしば保存している。このように内的世界に蓄えられた経験 – 記憶を私は保存性対象（conservative object）と呼ぶことにしたい。保存性対象は，その人物の内的世界の中にそっくりそのまま保持された存在状態である。それは，早期の養育環境のある側面とやりとりし続けている子どもの自己とつながっているために，変化することは意図されず，保存された特別な自己状況の記憶によるコンテイナーを務めるのである。

内在化と呼ばれる過程のなかで，子どもは対象についての体験を蓄える

だけでなく、やがては性格の永続的な特徴となる自己状態も保存する。さらに、内的世界は自己と対象の表象だけで構成されてはいない。というのも、もしそうであるなら、精神生活は象徴を認めるものに限定されてしまうからである。子どもは対象の表象を通じてではなく、同一性の感覚を通して書き付けられた経験に耐えるのかもしれない。子どもたちは単に対象を認識するのではない。彼らは自己状態の変化や発展を経験するのであるが、それは対象の設定（家族や学校、遊び場面）によって偏ることもあるが、必ずしもある特定の対象に同一視できる必要はないのである。このように、どの対象ともこの存在状態をつなげることができなくても、子どもは深い自己体験をもつのかもしれない。それでも、そのような自己状態は、対象表象に特徴的な象徴水準には翻訳不能である。その代わり、それらは同一性の感覚を引き出し、そしてその結果、対象表象や想像を通してそのような存在を理解するというよりも、子どもの自己感覚や存在の感覚を保存するのである。

　子どもは、表象能力を不可能にするような強烈で私的な自己体験をこうむるかもしれず、その結果、存在状態は変形される（象徴化される）よりも保存される現象に固執することになる。たとえば、2歳半の子どもがいるとする。顕著な特性である精神-運動攻撃性と関連して自分は役に立たないという感覚によって苦しんでいる。その子どもはこの体験を、問題に取り組むことを可能とする対象表象へと定着させることができなかったのかもしれない。しかしながら、存在の感覚は内的世界に「対象」として、すなわち保存性の対象として蓄えられる。つまり、経験の表象よりも経験そのものが貯蔵されるのである。たとえ、適切な思考を通じて知識を練り上げられないとしても、その子どもは何かを知るであろう。保存性の対象は未思考の知の別の形態なのである。

　子どもが、何らかの理由で、自分の能力以上の人生の問題に直面させられた場合、その子どもはその問題を解決不能と認識することも少なくないだろうが、その結果として、そのことは彼の同一性の感覚の欠くべからざる部分となる。たとえば、子どもの父親が1年間留守にするとする。そして仮に、分離の作業（ワーク・スルー）が夫婦の間だけで不適切になされたとする。するとその子どもは、（父親の、また父親が不在であることで失われる子どもとしての自己の）喪失を、自己を決定づける出来事としてしまう。ワーク・スルーの概念や、人生上の出来事を解決するには時間的

要因が大いに関与するという概念を子どもは知らないのである。というのは，子どもにとって**トラウマは，人生の問題として経験されるのではなく，人生を決定づけるものとして経験される**からである。私の考えでは，両親が，子どもが何らかの人生上の出来事のために引き起こされたその固着を，深い理解と，適切な共感的理解を通して変形することができなかったなら，そうした固着は，部分的には人生そのものを決定づけるものとして保存される同一性の感覚になってしまうのである。子どものそのような内的な固着の中には，あまりにも私的であるがゆえに，親によるもっとも共感的な理解に基づくケアでさえ受け容れない場合があることは確かである。それゆえ，私の見解では，全ての個人は，自己の状態を表象するというより保存するのである。未思考の知は，われわれそれぞれにとって，本質的な部分なのである。

　個体発生の途上で，個人は自己を表象する対象と同等に，こうした自己の保存状態と，継続的な関係を持つだろう。保存性の対象の解放を（気分の中で）認める特殊な存在状態を通して，個人は，人生上の経験の表象されない側面を持ちこたえ，貯蔵してきた子どもの自己と接触を持ち続けているのである。

本当の自己と保存性対象

　気分が，保存性対象を経験するために解放される場合と，通常の情緒体験とは異なる。というのは，このときには本当の自己は，表現の普段は有り得ない自由を認められるからである。認許され，それゆえ侵害を受けない権利としての気分の解離された特徴だからである。しかしながら，気分に捉われている人には何かしら傷つきやすい点がある。それはあたかも，われわれの面前で，その人物の「核」（Winnicott, 1952）の要素が行動化されるのを目撃するようである。

　精神分析家は，患者の気分を分析する前に，十分な時間が経過することを考慮に入れるかもしれない。ウィニコット派とコフート派の分析家が，患者が分析家を転移の中で長期間にわたって自己対象として使用することを必要と感じることは，被分析者が，時期尚早に挑戦されることなくある気分を確立しようというニードを，暗黙のうちに認識することの一部を構成しているのかもしれない。いずれにせよ，被分析者がある気分の「内

側」にいるときに，その人物に到達することが必要になるときがやってくる。私の考えでは，このことはしばしば，個人の中の本当の自己の部分と触れることを意味するが，その本当の自己は，自己体験が外傷的に停止した時点で凍結してしまっているかもしれないものであり，それは両親との子どもとしての親密な関係や，自分の私的な現実の喪失を維持し続けているのである。

　デビットの気分は，本当の自己で生きることの，早期の精神的な死の記憶を保存していたが，それは彼の私的な創造性が，両親の抑うつの病理によって，喪失のしるしに変形されたからであった。ジャネットの気分は，象徴的な交流の代替物であった。というのは，彼女は気分を，自分の情緒を扇情的に煽るのに用いていたからである。彼女は，私的なリアリティの感覚を持つために，情緒的な麻薬が必要だったのである。私は，子ども時代の早期に，彼女が両親と接触を持てたと思えた瞬間は，両親が突然にお互いに，あるいは彼女に対して気分を替えたことを通してのみだと記憶していると思う。この3人の患者とも，それぞれ何かとても重要なもの，自己の中核の何かしら重要な特徴を保持していること，自己のその部分は，気分を通して頻繁に確立されることに私は気づいていた。私の直感では，私が，保存性対象による自己保持の行為の本質を分析しようとする度に，強い抵抗に遭うだろうということであった。その判断は，間違っていなかった。

　被分析者の中には，自分たちの気分が子ども時代の最も重要な確かな記憶であると感じている者が居る。それは，気分を通して，本当の自己の経験と接触できるように感じられる時があるからである。保存性の対象は，子どものときの人生において一般的であった自己の状態を，まさに子どもが両親との接触を失ったと感じたその瞬間に保持することによって，分析においてしばしば重要な機能を果たす。その場合，保存性対象は，両親と子どもの間の約束が破綻したと思われるその瞬間の両親に対する子どもの関係を保持するのである。成人の被分析者たちは，保存性対象があることを精神分析的に知ることに強い抵抗を形成するかもしれない。というのは，彼らは，分析家が彼らの両親との間で保存された関係を取り除こうと努力しているように感じるからである。デビット，ジャネット，ジョージは，保存性対象を通して，子ども時代の両親との関係を保持していたが，それらは気分に特徴的な精神的エナクトメントを通して定期的に想起されてい

た。

　たとえば，ジョージは自分の濃密な情緒性に対する私の分析的な理解を非常に心配していたが，それはただ単に彼の否定的な親密さが，両親に対する真の関係と感じられたからではなく，彼が自分の同一性の感覚が，この繰り返し現れる気分と密接に結びついていると感じたからであった。私が，解釈に対する彼の抵抗を分析するにつれ，彼は自分の気分に深く入り込むようになった。彼が，自分の気分に対する分析を，自分の同一性に対する挑戦として，また，両親との特別な関係を続ける彼の権利を拒否する試みとして経験していたことは明らかだった。

　また，被分析者の中には，自分たちの内的対象と関係する第一の手段として気分を用いる人たちが居るが，それは両親が子どもたちを，彼の全人格の中のある種の呪われた要素としての存在の状態で残すからである。このことは，変形性対象として十分機能するだけの能力を，両親が持つことに失敗したことを反映している。変形性対象として，それぞれの両親に継続して要請されることは，まず子どもの現在継続しているニードや葛藤の性質を認識し同定することであり，それに続いて，その特別のテーマについて語る適切な方法を見出し，さらに引き続いて，子どもの発達を促進する解決への合意を促す何らかの方策を見つけ出すことである。変形性対象が機能するとは，両親が子どもを満足させることでは決してない。というのは，両親は子どもの願望に応えないで，子どもの万能的な要求からすると全く受け容れることができないレベルで解決を見出さなければならないことが，しばしばあるからである。もしも親が，子どもによって示されたものを，会話の中では認識したり，同一化したり，話しかけたりするのを拒否する一方で，態度や行動によってそれを促進するとしたら，子どもの自己のその部分は，孤立したままに，すなわち，明らかに知られることもなく，語られることもなく，発展的に解決されることもなく，残されるだろう。そうであるなら，子どもは，自分の私的な発達の停止ばかりでなく，両親による養育の停止もまた記録する自己状態の中に固定されることになるだろう。私の考えでは，子どもは自分ひとりで固着点を作り出すのではない。家族としての発達停止と固着点を考えなければならないのである。両親が子どものある部分に語りかけることを拒否することは，ある程度まで暗黙のうちに「そのままにして置こう」とか，「それが彼のやり方なのよ」とかいうことになるが，それはやがて気分という経験の性質，つまり，

彼がそのようである間はそのままにして置こう，ということになってしまうのである。

　保存性対象は，莫大な治療的潜在力を持っている。それはまったく，子どもの本当の自己のうちで何らかの否認された側面を，すなわち，両親との関係の破綻の瞬間であり，両親が変形性対象として機能することの失敗を保持するという基本的特徴をその対象が有しているからである。その気分の状態の中で，患者は，最初は気分として経験されることを，感覚として知ることに変形する潜在力を手に入れることができる。分析家が徐々に気分を認識し，同定し，名づけていくに従って，分析家は，両親がしなかったこと，すなわち変形性対象として機能することをすでにしているのである。私がジョージに，彼の気分は，自分が両親の人生においてどこに位置付けられるのかということと，両親を知ることが制限されてしまっていることの双方に対する彼の強い苦悩を表象しているということを語りかけたとき，そして，彼の悲哀の気分が，両親の破綻と無意識的に共謀した行動であることをわれわれが見出したとき，私はすでに変形性対象として機能しているのであった。

　どんな分析家も患者の親になることはできない。良い分析的作業は，変形性対象の機能という伝統の一部なのであり，その意味でだけ，それは母親として機能すること，父親として機能すること，そしておそらくは兄弟姉妹として機能することと何らかの関係を有するのである。それゆえ，われわれは母親にも父親にもなることはないが，成人の被分析者の子どもの部分に届く生成的な模範となる技能は持っているのである。われわれがこれを使用するのは臨床の設定の中であるが，そのときに患者はわれわれが転移対象となる程まで退行し，その結果われわれは両親の養育に特徴的なものと同じ複合的な技能を用いることになる。このようにして，われわれは抱えることと解釈を通して，患者が子どもの頃に両親のいずれかに同様の存在状態を示したときに優勢だったものよりも，より熟練して適切な介入となる限定的変形を患者の存在状態にもたらせるのだろう。両親たちは自分たち自身の発達停止のために，共感的に反応することが不可能だったのである。子どもの自我が，両親の変形性対象としての機能を引き継ぐのとちょうど同じように，患者は，自分自身を，ニード，興味，発達促進，知ること，分析の対象として取り扱うことで，分析家の変形性対象としての機能を引き継ぐのである。

まとめ

　要するに，気分は，重要な無意識の機能を果たす精神的現象である。夢と同じように，気分にはそれ自体，ある種の自閉的な構造が必然的に備わっている。ある気分のうちに居る人は，睡眠中の人々と同様に，ある特別の状態のうちにあり，そこでは一時的な要因が機能している。それらは，夢見る人の場合と同じように，呪文が解けてから現れるのである。ある種の気分は，特に人の性格の一部分を構成するものは，保存性対象，すなわち子ども時代に無傷のまま保持され，今は否認されている内的な自己状態を表現するための機会となる。ある人がある気分の中に「入る」ということは，何らかの理由で両親との関係で表現することを拒否された子どもの自己になることである。結果的に，気分はしばしば，子どもと両親との間の破綻の瞬間の実存的な記録となり，部分的には両親自身の発達停止を指し示すことになるのだが，その発達停止によって，両親は子どもの独自の成熟欲求に適切に対応することが不可能になるのである。かつては子どもの自己経験だったもの，子どもの継続的な自己発展に統合され得たものが，ありふれた「変形性対象」として適切に機能することに失敗した両親によって拒絶されることとなり，その自己状態は子どもによって，私が保存性の対象と呼ぶものへと凍結されるべく運命づけられるのである。そして，それらは結果的に，気分を通してのみ表象されるのである。

第7章　愛しつつ憎むこと

　フロイトの初期の本能論において，愛と憎しみは二卵性双生児として考えられた。愛は快と快の対象を得ることをめざし，憎しみは不快なものを外の世界に追いやる。「自我は憎み嫌い，そして不快の源であるすべての対象を破壊することを一心に追求する」とフロイト（1915, p.138）は，憎しみと破壊を同等のものとみなしながら書いている。『快感原則の彼岸』での本能論の部分的な改訂のあと，フロイトは愛を生の本能の中に組み入れ，憎しみを死の本能の役目に据えた。それによってこの時点で，憎しみは二つの潜在的な機能を持った。つまり，死の本能の局面から考えるなら，記憶をたすける目標（「初期の物事の状態を復元すること」（p.36））にかない，初期の本能理論に従って考えるならば，単に排除的，破壊的機能を果すことになるのである。
　精神分析理論は，破壊的な憎しみに論及することを出しおしみしていない。実際，対象関係論の観点から憎しみを考えるなら，内的対象がダメージを受けるか破壊され，そしてそのような憎しみに引き続いて，自我が内的現実と再交渉するという気が遠くなるような作業に直面させられる複雑な過程を想定しなければならない。憎しみによって傷つけられた内的対象は，外的な対象表象から引きこもって恐怖症を導くかもしれないし，またさらに対象を傷つけたいという想いと，そのような破壊的傾向のために内からの攻撃を受けるのではないかという恐怖との妥協物として嗜癖的なうつ状態を導くかもしれない。もし内的対象が心理的に破壊されたなら，奇怪な対象と想定される断片化された対象の中へ追い払われるかもしれない（Bion, 1962）。
　人が憎むとき，破壊することを望んでいると言う事はいつも真実なのだろうか？　たいていの治療者は臨床において破壊的な憎しみという規定の例外を見出すにちがいない。そこで，私はいくつかの非破壊的な憎しみの形態を考察しようと思う。あるケースにおいては，人は対象を破壊するために憎むのではなく，まさにその反対のため，つまり対象を保存するため

に憎むと私は考える。そのような憎しみの意図は，根本的には非破壊的であり，結果的に破壊するかもしれないが，その目的は愛の無意識的形態を行動化するものであろう。これは，強烈な否定的備給を続けることによって関係を保持する状況を意味するが，私は「愛しつつ憎むこと（loving hate）」と名づけたい。対象を憎むことによってそうすることができない場合は，憎むべき存在になったり，他者が彼を憎むように煽ることで，その人はこの強烈な備給を果すであろう。そこで優勢になるのは相互的な憎しみの状況かもしれないが，私が述べようとする人たちにおいては，そのような憎しみは一方向であり，純粋に相互的ではない。主体は，憎んだり憎むべき存在になることを通してのみ，対象に熱烈な関係を強いることができることを見出している。それゆえ，そのような関係の中の2人は，相互的な憎しみを成し遂げるかのようであるが，それは錯覚である。というのは，憎しみといった類の行動でさえ対象は真に相互的な行動ができるとは決して考えられていないからである。

この観点からは，憎しみは愛情の反対のものではなく，代用品なのである。というのも，愛する情熱で憎む人は，対象による報復を恐れない。反対にそれを歓迎するからである。彼が恐れているものは無関心であり，他人によって気づかれず見つけ出されないという恐怖の中で生きている。熱烈な憎しみは，決して手に入れることができない愛の代用物として生じるのである。

憎しみのポジティブな機能や，根本的に非破壊的な憎しみについての文献は乏しい。ヨーロッパでは，ウイニコットが憎しみのポジティブな機能を強調した最初の分析家の一人である。彼は攻撃性についての初期の論文で，「攻撃性は愛情の原始的な表現の一部である」（1936, p.205）と論じている。彼はさらに彼の言う無慈悲のなかで，乳幼児は「自分が興奮しているときに破壊するものが，興奮状態の合い間の穏やかなときに大切にしているものと同じものであるという事実を認識していない。興奮する愛は，母親の身体への想像上の攻撃を含んでいる。ここに愛情の一部としての攻撃性がある」（p.206）と強調する。ウイニコットは，しばしば攻撃性を運動性と同じものとしながら，人間の成長におけるポジティブな要素とみなしたが，決して攻撃性と憎しみとを同義にはしなかった。しかし，移行対象の研究の中で，ポジティブなものとしての憎しみの形態を，私たちに想像させてくれる。すなわち，移行対象を強烈に集中して攻撃的に使用す

第7章 愛しつつ憎むこと

ることであるが，このことは対象が生き残るだろうということを乳幼児が知っており感謝することに基づいているのである。乳幼児は，自分の憎しみの対象が，攻撃に対して生き残ることを必要とするが，実は乳幼児の攻撃から生き残る母親の能力の痕跡そのものであるその対象は，本当の破壊（喪失や現実的に状態が変化すること）から乳幼児によって注意深く油断なく守られる。個々の子どもが安全な対象を憎むことを必要としているし，そうすることで彼がある種の憎しみを全体的な体験としてしまいまで見渡すことが可能となることをウィニコットは理解していた。乳幼児は対象を攻撃しながら，その時点まではそもそも内的なものであった自己状態を現実に持ちこたえられるようになるし，対象がこの誤使用を許すことで，対象の生き残る能力は，自分の憎しみを外在化し現実化するニードがある乳幼児によって認識されるのである。

1940年フェアバーン（Fairbairn, W. R. D.）はスキゾイドの個人について重要な識見に富んだ論文を書いた。彼らは，特種なタイプの母親と関係しながら乳幼児としての早期体験をしているために，自分の愛情を破壊的とみなす。それゆえ，ある種のスキゾイド的な防衛は，他者から個人を孤立させることを目的としている。より重要なことは，そういった防衛は，スキゾイドの人が人を愛したり愛されたりすることを妨げるように発達するということである。そういった人は「不愉快で無作法で他人と論争するかもしれないが，そうすることによって，彼は対象との関係において愛の代わりに憎しみを用いるだけではなくて，他人が彼を愛する代わりに憎むことも誘発する」(p.26)。こういう風に憎しみを用いることで，スキゾイド患者は奇妙な「倫理的」やり方で行動する。フェアバーンによると，「もし愛することが破壊することを含むならば，本来は，創造的ですばらしい愛によって破壊するよりも，明らかに破壊的で悪い憎しみによって破壊する方がましであるという考えによって，倫理の動機は決定される」(p.27)。

バリント（1951）は，一次的対象愛と原初的依存（archaic dependence）に対する防衛として憎しみを考え，サールズ（Searles, H. F.）(1956)は，復讐心に燃えた心は，悲観を抑圧することへの防衛と，対象との絆を維持することの密やかな手段の両方であると論じている。パオ（Pao, P.）(1965)は「憎悪の自我親和的使用」の一つは，その人が何かを感じることを許し，そのため最終的には「憎悪は，自己－同一の感覚を引き出し，

それをもとに自己同一性を構成するうえで欠くことのできない要素となるかもしれない」(p.260) と述べた。ストロロウ（Stolorow, R. D.）(1972) は，許すことによって，おそらく憎しみを通じて構成された個人の対象世界が不安定になりそうになるので，「許すことの可能性」(p.220) への防衛として，憎しみを使用する患者たちがいるとつけ加えた。

他の分析家たちもそれぞれの研究で，憎しみの特別で，潜在的にポジティブな，自己の機能に役立つ方法についての精妙な理解をあらわしている。しかし，私はここで文献を論評する気はない。私は，憎しみについて異なった観点からみる流儀の概要を述べたいだけである。そうすることで，私は憎しみを愛と全く反対のものとして想定するよりも，むしろより密接に関連づけたいと考えているのである。

愛しつつ憎むことを一言であらわすような特定の家族のイディオムはない。私は，私が論じようと思う病理的な家族状況が，愛しつつ憎むことへの唯一の通路であると主張するものではない。私は，そのような通路がたくさんあることは知っている。さらに，病理学的な議論は，しばしば，現象のより「通常の」形態に関する考察を排除してしまうことを心に留めておく価値がある。自然な出来事として，子どもがカッとなって，数分か，もしくは何時間か両親を憎むことはあるが，この憎しみは，両親的対象を壊すためではなく保持することを目的としているので，子どもは憎むことを，心ゆくまで楽しむことができる。このように，愛する対象を憎むという普通のニードがあるが，それは人生において，パーソナルな現実感をいっそう深めることができる自己状態を，子どもが累積的に表現していくのには欠かせないものである。

以下に続く臨床的な断片において，私はいかに愛しつつ憎むことが，様々な人々の発達において主要な力動として現れるかを示すつもりである。そして，それがどんな病的な目的にかなっているかについて議論しようと思う。これは，繰り返すに値するが，私が「愛すること（loving）」という言葉を使うとき，対象への熱情的な備給，すなわち主体が対象と溶け合うように感じ，この融合の関係を通して対象関係を維持しようと試みる深く強烈な経験を構成する憎しみへと「陥ること（falling）」を意味するのである。

第7章　愛しつつ憎むこと

「やれやれ，彼は人をいらいらさせる。それでも私たちは彼を愛する」

　社会的な立場ではほとんどいつも困難を起こすことが予測でき，すぐに喜んで憎むことになるような，いらいらさせる存在であることを自分の性格の独特な審美性としている人がいることを私たちはよく知っている。しかし，私たちがこのような人を憎み続けるというのは事実に反するだろう。というのも，逆説的なことだが私たちは彼に対してすっかり愛情を感じるかもしれないのである。たとえば，いろんな点でいらいらさせるある友人について考えてみたい。妻と私が彼を夕食に誘うときはいつも，彼は私たちのうち少なくとも1人を間違いなく怒らせようとするだろう。南国の豪華さに浸る海外の旅行のあと，彼はこんがりと小麦色に日焼けして私たちの英国に戻ってきて，私の妻に言った。「長年，英国に住んでいる男性の問題は，女性をいかにして惹きつけるかを，もはや知らないことだ。彼らの体型を見てご覧よ。彼らは太っていて男らしさは全然ないね。」さて，たいていの場合，このコメントが彼から発せられる限り私を悩ませるものではない。しかし，この時たまたま友人と会う前の2週間，私は減量しようと思って，少しばかり運動をしていたのである。それを，私はセッションとセッションの間でエアロバイクに「乗る」ことで達成しようとしていた。10分間は十分ではないが，何もしないよりはましであった。その上，かなり悲惨なエアロバイクでの「旅行」中，私は人生の半ばになって，このようにツケを払わされることにいくらかばからしく感じ気が重くなっていたことを思い起こしていた。にもかかわらず，健康ですらっとした体型になることで，この新たに浮かんできた間抜けだという感覚を埋め合わせられるのだと自分自身に断固言いきかせていた。そんな風だったので，私は友人に会った時，自分が幾分か魅力的になったと感じていた。だから，彼のからかいが馬鹿げたものであり，また人が傷つきやすいときを察知して，そのタイミングで人の心に踏み入って相手が彼のことを殺したくなるようなことを言うのが，彼の才能の一つだと私が熟知していたとはいっても，このタイミングで私がいかに老けたか聞かされたくはなかった。しかし，そのような腹立たしい出来事に続く瞬間に，「やれやれ，彼は全く調子がいい！」といったような，彼に対して何か愛情のようなものを感じる

のである。さらに，彼は他人について何かしら親しみがわくようなことを知っており，また，否定的な魅力を通して愛情を表現する傾向があるので，人々は彼のうんざりするようなことが何を意味するかしばしば知っているのである。彼は本当に不愉快にいらだたせることができるので，たしかにときどき，私はなぜ彼と会い続けるのかを自問していることに気づく。前回の夕食会のときにも，われわれは皆，無教養な素人評論家なのだから，自分たちでその場で提起したトピックスについて，中身のある討論ができる筈がないということで，彼は陽気な討論を「台無しにした」。もちろん，その時，彼は的確であったが，私たちは彼を殺してやりたいと思った。

　それゆえに，患者の１人であるポーラが，まさにそのような人物であることを発見したことには，ある付加的な関心が伴ったのである。彼女は無礼だったため，彼女の友人のなかでは評判であった。実際，彼女はある友人を別の友人と対立させたり，程よく中傷するというやり方で噂話をすることができた。彼女のこの側面については，彼女からの生活の説明で私は知っていたが，精神分析の最初の１年間は，このことに関する重要な側面は臨床の場では現れてこなかった。振り返ってみると，彼女のクスクス笑いのような叫び（「クへ，へへへ，誤解だわ！　ああ，忘れて。私はただの意地悪にすぎないわ。あなたは正しい，でもあなたが私についてたくさんのことがわかるというのは好きではないわ。」）には，彼女とのより戦闘的な関係に私を向かわせる意図があり，セッションで無分別でやっかいな行動を許されたいという彼女のニードが表現されていたことが理解できる。

　彼女は，分析可能な人物で，純粋に自分自身を理解しようという動機があったので，セッションでトラブルメーカーになることはイライラする程に困難であると彼女は気づいていた。そのため，風変わりなやり方であったが，理解されることによって，彼女のある部分が遺憾なく表現されることは和らげられた。私は，彼女を十分過ぎるほどに，または時期尚早に理解していたために，彼女が「悪い性格」になるのに十分な空間を否定していたのである。しかし分析の３年目に，プライベートな生活において彼女は真に私に依存せざるを得ない一連のパーソナルな危機を経験した。その時まで，彼女はいつも私から情緒的な距離をきっちりとっていて，彼女が自分の内的な生活のかなりの部分を秘密にしていることに気づいていた。さて，彼女が私により依存的になるにしたがって彼女は，理屈っぽく，騒々

しく，論争好きで，「分析不能」にもなった。しかしながら，私は彼女の不愉快な行動が，愛しつつ憎むことの表現であることに何の疑いも持たなかった。彼女は他者と恋愛をはじめると，かなりの危険を感じ，否定的な親密性の文脈にそって自分の愛情を育んでいくことで，この不安から身を守ろうとしてきたことが明らかになった。「ああ，あなたはそう言いたいのでしょうね。あなたはいつもそうよ。」「ここに来る途中で，私は自分のことをあなたに話したわ。けど，そのとき，当然あなたが私に言ったのは……」「先週あなたが言ったとき，何のつもりで言ったの？　去年，私に言ったのと同じことを意味していたって私は思うわ。あなたが言いたいことってそれだけなのよね！なぜあなたはこんな風なの？」これらすべての「抗議」は，彼女が私のことで頭がいっぱいだということを明らかにしたが，ポジティブな転移はほんの部分的で無力であり，憎しみによって否認されていた。

　ポーラの両親は共に，彼らの子どもにある種の愛情を与えたがる点では貪欲だった。子どもだったとき，彼女は両親の愛情，賞賛，促進的な熱意の激しさを恐れていた。やがて，彼女の気難しい性格は，両親の愛によって食い尽くされる恐怖への防衛であるらしいことが分かってきた。彼女が癇癪持ちである限り，「まあ，あなたは全く嫌な手に負えない子だわ！」と，すばらしく愛らしい子どもをもつという彼女の両親の激しいニードを，鎮静することができた。彼女の家族状況にあっては，扱い難い子どもであることは，大いに安らぐことであった。彼女は，自分が嫌われることができる存在であるとわかると安心し，彼女の母親が友人に「まあまあ，ポーラがあなたに好意をもつなんて期待しないで，彼女はかなりたちの悪い女の子なのよ，ね，ポーラ」と警告している間に小休止をとりながら，ちょっとした変人に成長することを，非常に注意深く，確実に行った。というのは，彼女の美点を激賞したい両親の欲求と，彼女を理想的な娘とすることで非人格化する空間へと引きずり込むことに対して，保険をかけたかったからである。嫌われることは，この謙虚な「いらいらさせる」やり方で行いさえすれば，愛のある種の形態の破壊的な原子価（valency）^{訳注9)}に対し，防衛になるかもしれないと考えることができるだろう。嫌われる存在であることは，ポーラが自己感覚を維持することを許す一方で，愛される存在

訳注9) valency: Bion の用語

であることは，彼女自身の本来の同一性の統合性を危うくしたであろう。

転移において，彼女の母親が彼女に話したように，ポーラが私に話したとも見ることもできる。この一見拒絶している母親が，より安全な対象である一方で，全てを包含する母親が厄介であったことは皮肉でも何でもない。嫌われる対象になることで，母親の性格の中で拒絶する要素（彼女が実際に使用し，頼りにできた母親の部分）にポーラは同一化した。つまり，拒絶を認識し受け入れ，分化した生き方の能力をある程度は持つ母親である。気難しい子どもであることで，ポーラは母親の性格で隠れている特長，とくに自己愛的な怒りを引き出した。「私を求めないなら，好きにしなさい。天邪鬼だわ」，ポーラが愛することができるのはこの母親なのである。ポーラが同一化できるのはこの母親なのである。それゆえ，友人に対していらいらさせる存在であることに精を出す風変わりな性格が，彼女が母親の中から引き出したものの反映であるのと同時に，同一化することができた母親の一部分でもあるということが分かるのである。もし，私たちがこの家族のイディオムの特殊な環境を考慮に入れるなら，これは憎しみのポジティブな使用である。その場合，部分的には分化した母親の条件付きの愛情を，子どもが楽しむことが可能になるのである。

「ありがたい。われわれはお互い憎みあっている。だから私は，とても自由であると感じる。」

私はジェーンから別の愛しつつ憎むことを学んだ。単にいらいらさせることに満足することなく，彼女は破壊的行動への情熱をやり返す相手を探し求めているのである。彼女とチャールズは，いつものように数日間深く愛しあっていた。彼は彼女に花を買い，彼女はすばらしい食事を作る。彼らは，けだるい日曜日を新聞を読みながら過ごし，映画を見に行き，映画について話し合うことを楽しむ。そしてかなりの情熱でもってセックスする。数日後，2人はこのように過ごすことに少し心地悪さを感じるようである。「話がうますぎる」ことが，「とてもよいことは，真実ではない」といつの間にか移り変わる。ジェーンはチャールズと上手くやっていくための一時期を過ごしたあとに重苦しい感覚を味わう。彼女は，自分が家族の「良い」子であった子ども時代に課せられた，母親がしょっちゅう口に出していた，「素敵な男性と結婚する」という運命を再び体験させられてい

第7章 愛しつつ憎むこと

る感覚を味わう。子ども時代のかなりの期間，彼女は早熟な自我発達（James, 1960）によって苦しめられ，潜伏期までには偽りの自己障害を徐々に育てていった。彼女は模範的な子どもだったので，どちらかの親に面倒をかけたことは全く思い出せなかったが，もし両方の親が（後で私たちが見るように）彼女に代わって行動を起こすという事実がなかったならば，彼女は思春期になって突然非行に走ったか，あるいは破綻を起こしていたことだろう。

ジェーンは自分がなぜチャールズを憎む必要があるのかについて全く疑念を抱いていなかった。もし彼女の視点からみて，すべてのことがあまりにも上手すぎて本当ではないならば，彼女は並外れて論争的になることで，パートナーとの大喧嘩を引き起こすことで，さし迫る運命の感覚を取り消そうとするだろう。チャールズを激しく憎むことによって，そして今度は憎まれる存在になることによって，ジェーンは人として，より十分に確立し，より十分に自分を人に見せられる感じがした。それはまるで「私はここよ。ママ，私を見て！見て！」と言うかのようであった。そして外在化された憎しみを眺めることは，ジェーンとチャールズの怒りの情熱のフェスティバルの大きな特徴であった。キッチンに立ちながら，チャールズは，彼女が皿を取り上げ注意深く彼に向かって投げようとしているのを眺めるのであった。今度は，チャールズがコップに一杯の水を満たし，同様に慎重な正確さで自分に向かってそれを投げようとしているのを，彼女は眺めるのであった。時には泣きながら，時には金切り声をあげながら，そしてしばしば笑いながら，短い時間の間に，彼らは自分らの住まいをほとんど台無しにしたものだった。疲れ果てて，彼らはベッドや床に崩れこみ，短い時間（数分から数時間）それぞれは1人になり，それから仲直りした。

ジェーンはこれらの出来事を最初はかなり困惑しながら報告したのだった。彼女は，私が難色を示すだろうと予想したのだ。ところが，私は最初に聞いたとき，「あなたたちはこれらの闘いを楽しんでいるようだね」と言った。すると彼女は大変安心して，「楽しいです。もし，ああいうふうに彼が私を憎まないのなら，私はどうしていいのかわからない。ほっとするのです。それに彼はとてもやさしい。彼が私に物を投げる時だって私は彼を愛しています。私は彼を憎むことも好きです。私にはそうする必要があるのです。そうでなかったら我慢できないわ。」

ジェーンは，穏やかで，道理をわきまえた生き方を自慢としている家族

の出であった。かなりおおきな家族で,それぞれのメンバーは全く外向的で,集団として共通の関心や趣味や冒険(たとえば,ある国から次へと移り住むこと)に身を投じていた。彼らの表向きの個人の強さと,彼らの集団的な誠実さは,根底にある親密になることができないということを,かなりの期間十分に隠すことができた。もし家族のメンバーの誰かが,困ったり問題を抱えたとしても,問題は集団の外部の人々の報告を通してしか知りえなかったであろう。ジェーンは,家族の性向によって,ものすごく重苦しいと感じていたことを思い出すことができた。そして,システム全体が崩壊したとき,家族が破綻するのを入り混じった感情で体験した。両親がひどい喧嘩をし,子どもらが両親の間で非難が激しくやり取りされるのを聞きながら,集団麻痺状態を体感した時に,ジェーンは恐ろしさと同時に解放された感情を抱いたことを思い出すことができた。「神様,何が起こっているのでしょうか,私たちはこれをどうやって生き残っていくのでしょうか?」といった感覚には「神様,ありがとう。このシステム全体が悪臭を放っていると感じるのは私ひとりではないのですね。みんなもそうなのですね」という別の感覚が続いた。

　あっという間に,父親は去って前の妻とは全面的に異なる人と結婚した。そしてジェーンの母親は,活気に満ちた外交的な女性から,「あの,くそったれ」に仕返ししようと決心した血迷った復讐深い人になった。ある意味で両親は2人とも行動化し,家族の偽りの自己の体系を吐き出したのである。しかしその時ジェーンは,「お前たち子どもらがこの世の中で私の全てなのよ。ありがとう」と主張し続けた母親の世話に没頭していたために,自己のその他の部分のこの素朴な現実化に加わることができなかった。

　両親の家では,ジェーンはまだ模範的な人物のままである。彼女は母親や父親に怒ることはできないし,もし親が反対するのなら,彼女は個人的な関心を発展させずに終わってしまう。彼女が自分の未発達な部分を表現することができるのは,チャールズとの関係の中と臨床の場だけであった。

　熱烈な憎しみでときどきはチャールズを愛さなければならないという彼女のニードは,愛と憎しみを融合させるための,そして自己の未統合な領域を別の領域へとより接近させようとする成功することのない試みに等しいだろう。彼女は,原家族と一緒にいると子ども時代の偽りの自己に逆戻りしないといけないという考えにとらわれることを恐れた。強烈に表現された憎しみは,迎合的な自己であることに降伏しているわけではないとい

うことで彼女を安心させる。そしてチャールズが愛しつつ憎むことに関わることは，大人の世界において表現すること，そして耳を傾けられる子どもの自己の権利を保護するのである。ゆえに愛しつつ憎むことは自己の統合を保存すると共に，生き生きとした本当の対象と関係することの両方を可能にするのである。

「少なくともあなたを憎むことだけはできる。私にはあなたしかいない」

　ジョージの憎しみは，自分は人々によって無視されているという強烈に育まれた感情からなる。彼は細心の注意を払って，個々の蔑みの瞬間を記録し，想像の中で最終的に起こる対決にむけて，自分を傷つけた対象に対して用いるための証拠集めを相当な楽しみとしている。それと同時に，彼に向けられる他者の気質についての微細な観察は，他者の性格についての確かな理解を与え，時には，彼は他者の存在の悪意のない，良いところにさえ気づくのだった。そのような認識は彼に苦痛を与えるので，彼はしばしばそのような知覚から抜け出ようとする。
　彼の分析において，憎んでいる他者について深く知ることは，しばしば既視感を引き起こすのだったが，それは当然のことだが彼自身の投影で構成されていることが明らかになった。この他者は，ジョージの自己の分裂排除された部分で作り上げられたに違いない。なぜなら，人生初期での母親の不在が，生成的な取り入れを促進する他者という感覚を十分に与えなかったためである。生成的な取り入れは，乳幼児が母親の一部分を取り入れることと同一である。そのために，取り入れられたものが欲動と内的に結び付けられる時や，乳幼児がそれを再投影する時には，母親の固有の特徴と一致することになり，それゆえ子どもは外の世界とある種の調和を感じることができる。ジョージの場合はそこにあるものを取り入れるのではなく，全くの無から母親を作り出さねばならなかった。そして彼女の不在が頻繁であったために，ジョージが心的な空間の「母親」に投影したものは，母親の不在によって彼の中に作り上げられた気分であった。ジョージの場合，母親は職業的な人生に没頭することで母性的な養育を避ける抑うつ的で引きこもった女性であったのだが，通常母親が自己対象として不適当な場合，子どもは自己対象の代わりとなるものを作り出さなければなら

ないのだが，それは投影された自己状態（たとえば，孤立，絶望，無力感，欲求不満や怒りなど）によって構成される可能性がもっとも高い。これらの感情をコンテインする対象を作るために（Bion, 1962），子どもは愛しつつ憎むことを通して対象を作る。彼は捨てられることを恐れ，母親に対して強く憎しみを感じるかもしれないが，彼女が彼の有する全てでもあるために，彼は母親を大事にもする。

　ジョージの現在の対象関係を特徴づけるこの愛しつつ憎むことにおいては，彼は永遠に彼に負い目を持つ対象を作ることを狙う。彼は他人が悪事を認めるその日を待ち望んでいる。彼が望んでいるのは正義ではなく，他者への依存へと無条件に退行する許可を与える告解である。すでに述べたように，この憎しみの形態の究極の目的は，対象と溶け合う愛の一種である。それゆえ憎まれた対象が破壊されてはならず，それどころか，本当に害を被ることから守られなければならないのである。ジョージは，実際，母親の忠実な守護神であり擁護者であったし，分析の最初の1年の間，彼女については賞賛する以外では話されることはめったになかった。にもかかわらず，これらのポジティブな感情は突然，全く，劇的に崩壊し，とても個人的で内緒めいた母親との憎しみの関係が明るみになった。彼は母親について実際はほとんど何も知らなかったが，個人的な強い嫌悪感がぎっしり詰め込まれた彼女の観察を列挙することで親密な感覚を維持することに固執した。それは騎士道的な愛ではなく，騎士道的な憎しみなのである。

否定的自己－対象

　上記の例につけ加えて，臨床設定における愛しつつ憎むことの非常に一般的な別のあらわれ方について話したい。事例はあげないが，その代わりに，分析家に自分を憎むようにさせるために（つまりいらいらさせるために），分析家を悩ませるものを捜し求める人の目的について論じようと思う。分析家が自分たちを憎んだり，そのような憎しみの証拠を見つけられるまでは，自分たちは決して分かってもらえないという危険性があると考えている人々がいる。この種の人々は，分析家の中に憎しみを呼び起こさせることによって治療者と彼らなりの親密性を成し遂げたがる。被分析者が希望を手にするのは，治療者の揺るがない精神状態と落ち着きさえもが，被分析者のもつ否定性の重圧のもとに壊れる時なのである。というのも，

彼が分析家と通じ合ったと感じるのは，分析家の躊躇いや，欲求不満の感覚を目撃するその瞬間だからである。その時，彼は分析家と融合する感覚を持つが，それまでは，分析家の平等に漂う注意は，たとえ分析家が共感し思い遣っている状態であったとしても，拒絶や挫折のように感じられるのである。

　こういう人は，分析家を否定的な対象に変えたがる。彼は分析家の気分に自分の分身を見つけようとし，否定的な自己－対象を作る。その否定的な自己－対象は，自分自身から分化しきった対象ではなく，彼の投影と同一化を伴うものである。私が知る限りでは，コフートは「自己対象」という用語を，自己と対象に区別が存在しない精神状態に用いることを意図しているが，私が描写しているタイプの人々は区別を認識している。より正確にいうと，これらの人々は区別された対象を区別のないものへと変えようとしているが，それはおそらく愛しつつ憎むことを通して達成されるのである。実際，それぞれの認識は自我の分裂に対応して分割されている。つまり，個人の一方の部分は対象の独立を認識しているのに対し，他方の部分の自我は自己と対象の融合を想定する。その人物が他者との関係を感じるのは，否定的な自己－対象が作られるときだけである。区別された対象は，失われた対象であるか，または非対象（non-object）なのである。

　たとえ見つけ出すものや創造するものが，否定的な自己－対象であったとしても，このタイプの人々は対象探求者（object-seekers）である。私の考えでは，憎しみに関する限り，死の本能の概念は，対象のいない世界で生きるために，対象を破壊することを求める人々のために用意されるべきであろう。私は，憎しみの形態あるものは，死の本能に奉仕するものとして同定可能であると思うが，子どもにおけるある種の自閉的な形態は，前対象（pre-object）世界に回帰するために，対象のある世界を絶滅させる意志を反映していると考えている。

　根本的に冷たく愛がない家族もある。様々な理由によって，両親は彼らの子どもを愛することが，より的確には，自分たちの愛や愛らしさを示すことがほとんど不可能であることに気づく。このような環境の中で育てられた子どもは，彼らの愛する衝動や振る舞いが親によってポジティブなやり方で照らし返されないことを発見する。子どもの普通にあるポジティブな攻撃性や愛は親によって承認されないのである。むしろそのような親というのは，子どもの自らに対する攻撃的なリビドーの備給を侮辱とするか，

または道徳心の不足の兆候として解釈するかもしれない。これらの人々は，極端に固いか，または大変信心深いか，もしくは特別に気難しいかもしれない。彼らの家族様式の本性にどのような道理があるにせよ，そのような両親は子どもを褒めることを拒否し，その代わりに絶え間なく子どもの欠点を探し続け，いくつかのケースでは葛藤へと引き込んでいく。だんだんと，子どもは愛や愛することへの信頼を失っていく。その代わりに，ありふれた状態の憎しみが人生の根源的な真実として確立するのである。子どもは，親による愛の拒絶や，不断の無関心，または厳しさを憎しみとして体験する。そして，今度は彼や彼女らが，両親に対する最も私的な備給に憎しみが染み込んでいるのに気づく。

　これらの子どもたちはある程度まで，両親の憎むニードに気づくのだろう。おそらくはそのシステムをいじくることに嫌気がさし，激しい感情の対象となることによって奇妙にも安心させられて，そのような子どもたちは，一貫して憎たらしくなるかもしれない。彼らの本当の恐怖は，気づかれることなく死んだものとして見捨てられることであるので，たとえ両親にとって確実に否定的な自己－対象になったとしても，親によって備給されることは子どもにとって大事な目的である。

　ある人の憎しみが内的対象を破壊するようなものである場合，彼が感じる空虚感は，破壊活動によるものだということを私たちは知っている。彼の内的対象群が無茶苦茶にされダメになることで価値のあるものがすべて失われ，そのため彼は，絶滅した対象群の死滅の感覚もしくは空っぽにされた空間の空虚さしか感じられなくなる。しかしながら，私が述べている人たちは，それとはまさに正反対の人たちである。冷酷で愛のない両親に育てられた子どもたちは，憎しみが対象関係の一つの形態であることを見出し，彼らは破壊するためにではなく，維持し保存するために対象を憎む。憎しみは内的対象の破壊の結果ではなく，空虚感に対する防衛の結果として生じたのである。実際，憎しみはこの空虚から対象関係へと抜け出す努力を意味しているのである。

　これらの子どもは，ある種の空虚の不安，すなわち強い隔離によって生み出された状態に苦しむかもしれない。感情生活はたいへん貧弱であるために，対象はぼんやりと備給されるに過ぎない。そのような人は，精神生活のなごりさえも見失う感覚，そもそも情緒的な存在であることが終ってしまう恐怖の感覚がある。この不安にはさまざまな原因があるのだろうし，

第7章 愛しつつ憎むこと　131

自我の多様な防衛にしたがって，さまざまな方向で発展するのだろうが，そのような個人は誰かを悩ませたり，または他者の中に憎しみを沸き起こらせることによって一時的に精神生活を保証されるのである。

回顧的なミラーリング

　また，ある特別な種類の憎しみを下支えする別の家族のイディオムの形態がある。中には，情緒的に希薄な家族というものがある。そうした家族の両親たちは，「幸せな家族」を作り出すことに著しく関心がある。ある種の表面的なサポートは提供されるが，情緒的な問題の核心は避けられ，一種の擬似的昇華に向けられる。そこで子どもがある悩みを行動化しようとすると，親は決まって「ここでそんなことしちゃダメだよ」とか，「たった今やめなさい」と言うのである。なぜ子どもが不品行なことをするのか念入りに調べようとする気はないので，その振る舞いは，たとえば母親に説明するというように，象徴的に練り上げられることは決してないのである。その代わりに，家族は子どもたちをコントロールするために，ステレオタイプな会話のパターンに頼る。そんなわけで，これらの患者は家族の決まり文句を，まるで人生を決定するような種類のものとして語るのだが，彼らは，知覚と関心の対象としての自分自身との関係が異常に貧困になるのである。彼らは，内的な経験を練り上げることができない。彼らにどう感じるかと尋ねたならば，驚くほどにはっきりと言うことができず，決まりきった表現，たとえば「ええ，分からないわ，困ってしまう」とか「うんざりだわ。放っといてくれない」とかの助けを借りることになるだろう。治療者はその人が何を言っているのか知っているか，そこそこの推測ができるとはいえ，言葉はコミュニケーションの手助けになるのではなく，自己の緊張を解放するのに役立っているだけである。それゆえ，どうしてあなたは「自分自身」になろうとしないのかと質問したとしても，さらに別の常套句がもたらされるだけである。

　そのような人々は，また思いもかけない行動に訴えるかもしれない。友人に怒らされたなら「彼を無視する」だろうし，愛情関係がうまくいかないなら，いとも容易く別のパートナーを見つけるだろう。古い部品（part-ner パートナー）を新しいのに取り替えることを支持する文化に囲まれているので行うことができるのである。彼らが，彼ら自身の自己愛的

な傷つきや攻撃性に対処していくだけの自我の能力を持っているとは到底思えない。

こうした性質の家庭生活を送っていることが前提なので，真実の愛は決して実現可能とならない。両親は巧妙なやり方で，子どもの愛する感覚を恒久的にするための十分な存在感を示してこなかったのである。自分自身や他者に関しての好奇心が促進されないので，子どもたちは一般的な洞察や内省する技術を完全に発展させることができない。

興味深いことであるが，両親の怒りや突然の憎しみの出現のみが，親と子どもが相互的に携わる唯一の深い経験となるかもしれないのである。それらが子ども時代に起こるのは稀であるが，親との対立が恐れと暴力の雰囲気を作ることができる思春期においては，はなはだありふれたものになる。典型的な場合，それまで表面的な調和が取れていた家族の雰囲気は破ぶれる。思春期初期の若者は，母親が自分に対して猛烈に怒り出すのに出くわす。度を越して抑制していた母親が，または非常に沈着な父親が突然怒り出して，家族の存在しているという実感や家族の語彙からは削除されていたことを言い出すのである。親との接触が増えると感じるために，子どもは憎しみを育てていくかもしれない。そうしている間に，子どもは，両親が彼ら自身の出自での私的でしばしば混乱している経験について信号を送ろうとしてきたことを発見する。

たとえばあるケースでは，11歳の女の子は反抗することによって母親を怒らせた。母親は彼女を利己的な小さなあばずれと呼んだが，これは少女を驚かせるだけではなく，母親も興奮させた。この瞬間，彼女は，通常の母親の自己から離れたところで母親を捕らえたのである。彼女は，母親をより多く押し動かすことが，より母親の，また娘だった時の母親の経験を引き出すことを理解した。母親が怒っている理由を気づかないと見せかける無邪気さのベールを用いて，この少女は，母親自身を悩ませたたくさんの出来事を母親に思い出させるように駆り立てた。再び，少女は交じり合う感情のやりとりを経験した。母親の反応はかなり怖がらせるものだったが，しかし同時に刺激的で，それだけでなく面白かったのである。というのは，母親が内的に娘が批判的だと感じた時全てを一つひとつ列挙している間，少女は母親の内に自分自身のイメージを見つけたからである。

この子どもの回想は，回顧的なミラーリングの形態の1つであり，対象関係の一般的な形態である。自分の過去（もしくは，過去の自己）につい

て，子どもとじっくり考えることは，自分がどうであったか，私たちが「自己」と呼ぶこの現象と接触を保っていくにはどうしたらよいかを子どもにわからせるよい機会である。しかし，回顧的なミラーリングは，子どもが自分という特定の本性について親から受けるフィードバックの原初的形態と言えるかもしれない。というのも，親が子どもについての観察を羅列するとき，子どもは親によって見られているという感覚を持つが，それは通常ではおこりにくい満足させる経験だからである。この見られていると感じるニードは，とても抑えがたいために，ネガティブな親密さと回顧的なミラーリングを得るためだけに，子どもは親の憎しみを扇動し続けることがある。

エリクソン（Erikson, E.H）の「否定的同一化（negative identity 1963)」の概念は，否定的な自己対象の形成と回顧的なミラーリングの乱用と無関係ではない。彼は，否定的同一性は『発達段階の危機に際して，彼らに最も望ましくなく，危険でありながら，同時に最もリアルなものとして提示されてきた同一化と役割のすべてを倒錯的に基盤としている』(p.174）と主張する。親が人間的な生活から切り離した存在となるために，思春期後期の若者が否定的同一性を引き受ける一方，自分自身の否定的同一性の側面を親が行動化するように強いるだろうというのは理解するに難くない。そうすることで，若者は否定的な自己‐対象に親がなるように駆り立てるのだが，そこでは，ティーンエイジャーの憎しみと親の憎しみとの間にほとんど心理的に区別がないのである。そのような交流において，ティーンエイジャーは，今まで以上に親との強い交わりを感じるかもしれないが，親は思春期の若者から逃げたいと望むかもしれない。それは，行動に耐えられないからではなく，関係性の親密さに耐えることができないためであり，この息苦しさゆえに，子どもがなす要求を拒絶するのである。

愛しつつ憎むことは，ある種の倒錯なのか

憎まれる存在に引き寄せられる人々や，憎しみの情熱を育てる人々は，私たちに倒錯的な対象関係の可能性を喚起する。ストラー（Stoller, R. J. 1976）は，倒錯が憎しみの性愛性の形態であり，対象関係が倒錯しているかどうかを査定する際に，主体が他者を害することを望んでいるかどうかを確かめなければならないと説得力のある主張をした。愛しつつ憎むこと

の目的はこれだろうか？ つまり，他の人を害すること？ たしかにそのように見える。それにつけ加えて，愛しつつ憎むことが対象備給の唯一の方法であるように見えるとき，情動の範囲は貧困化し，そうすることで，倒錯に典型的な別の特徴にわれわれの目を向けさせることになる。最後に，私たちは愛しつつ憎むことのステレオタイプで反復的な性質を示すことができるだろう。それは，他者を見出し親密感を増しながら調和した情動生活を発達させるというのではなく，一つの情動を通して対象関係を作り出すことを目標とするように見えるということである。これは他者の非人間化を示唆しているのではないのだろうか？ この点においてカーン（1964）は，自分の内的な生活との真の接触から他者を遠ざける動因としての倒錯の定義を強調する。

　私は，精神的活動の結果によって意図が必然的に定位されるのかどうか尋ねることがもう一度求められると思う。というのは，私が議論している「愛しつつ憎む」という憎しみの形態が，他者を害したり遠ざけるかもしれないということも真実だからである。しかし，ストラーとカーンは，害を与えたり，または対象と距離をとることを意図するものとして倒錯を慎重に定義している。一方で，愛しつつ憎むことの主要な目的は，対象へより近づくためであると私は考える。さらに，愛しつつ憎む際，人は情動に降伏する一方，倒錯においては主体は情動生活に降伏する可能性を封じるためにシナリオを使うということを私たちは知っている。

第8章　規範病

　ウィニコットは、「この世は生きるに値すると感じさせるものは、何よりも創造的な統覚である」と書いているが、彼は、創造的な生き方を困難にしているのは人間の主観性の障害であり、精神分析はそういった主観性の障害に焦点を当てていることに、気がついていた。ウィニコットは、障害に至る経路は他にもあると言わんばかりに、病的状態に関するもう一つの軸を提案している。

　　申し分ない生活を送っており、並外れて優れた仕事をしているにも関わらず、スキゾイドや統合失調症である人がいるかもしれない。そういった人たちは、現実感覚が乏しいということから、精神医学的な意味では病気かもしれない。その一方で、客観的に知覚できる現実に余りにもしっかりと錨で固定されているために、主観的世界に疎く、事実に創造的に取り組むことからも遠ざかっているような、正反対に病的状態の人たちもいるということを、述べねばならないだろう。
　　(1971, p.78)

　これは、われわれが直面するものが、個人的疾患の範囲内の新たな側面が強調されたということなのか、それとも、以前からずっとわれわれ自身お馴染みの、パーソナリティの一要素をわれわれが感じ取るに至っただけなのか、ということだと思う。この要素とは、普通でありたいという際立った欲動なのだが、その特徴は、自己を、対象世界の中で人間が作り出した製品に囲まれた、一つの具体的対象（material object）と見なすために、主観性を麻痺させ、最終的には消去してしまうことである。
　われわれが注目しているのは、主観的要素の部分的欠損を特徴とする人格障害が増えていることである。その結果、白紙の自己（blank selves）(Giovacchini, 1972)、白紙の精神病（blank psychoses）(Donnet and Green, 1972)、組織化するパーソナリティ（organizing personality）(Hedges 1983) という言葉が用いられるようになった。こういったパーソナリティの特徴を特定化しようとする試みを、マシュード・カーン

(1974, 1979), アンドレ・グリーン (1973), ドネとグリーン (1986), ロバート・ストラー (1973, 1976) の著作に見て取れる。そのような人々は, 心の内でうごめくものから逃れようと奮闘するのだが, 内的世界を消し去ろうとすることで生じてくる, 精神的苦痛を解決することができないために, その努力はしばしば失敗に終わる。たいてい, 彼らは, 虚しい感じや自己感覚のなさに気づいているので, 何とかして, 現実を感じたり, 空虚感や痛みとしか感じられない苦痛を象徴化しようとして, 分析的援助を捜し求める。

しかしながら, パーソナリティの主観的要素を無効にしてしまうことに, いわば成功し続けている人たちがいる。ウィニコットが示唆したように, 一部の人は, それとは異なる精神構造を発展させること, もっと言えば具象的であろうとすることで, 創造的要素を壊滅させてきた。言い換えれば, 客観性ほどには精神性 (感情や感覚, 間主観的な経験についての表象の象徴化) を呈すことがないことで特徴付けられる心性である。こういう心理的傾向は, 対象を表象することによってではなく, 具体的対象に特有のものそのもの性を構成するものとして, また, 人間が作り出したものの世界で, 一種の日用品になることによって決定づけられる。

以下の記述の中で, ある特別なタイプの人について描写していこう。それは大抵, われわれには見逃されてきたものだが, ジョイス・マクドゥガル (Joyce McDougall) の言うところの「反被分析者 (antianalysand)」(1980) に関する理にかなった綿密な描写は, まさに, 私が「規範的」と名づけた者の説明となっているかもしれない。

規範的な人とは, 異常なほど正常な人のことである。彼らはあまりにも堅実で不安がなく, 気楽で社会的には外向的である。基本的に, 主観的に生きることに興味がなく, 対象の客観的実在性や, 物質的な実体, 具体的な事象に関する「データ」にのめり込んでいる。

具体的な外的対象は心的内容の脱象徴化を招くだろうが, 主観的な心理状態を, そんな具体的な外的対象に変換させるような精神活動を少しでも特定しようとするなら, われわれは一般的に見られる規範的原理について話していることになるのだろう。こういった原則が使われすぎるなら, 言い換えると, それが主観的な心理状態を取り除く手段として用いられるなら, 人は徐々に規範病 (normotic illness) に近づいていく。規範的な原則が当たり前になっていれば, やがて規範病を発現することになるが, そ

れは，主観的意味が外的対象に留められ，そのまま残って再とり入れされず，時間とともに象徴するもの（シニフィエ）としての象徴機能を失う場合である。規範病に障害された人は，自分たちの内的世界の様々な部分や機能を，具体的対象に宿らせることに成功している。こういった具体的対象を活用したり，それを馴染んだ場に収集する際にも，象徴的な意味で扱うことはない。そういう人は，意味のないものにあふれた世界に生きているのである。

規範的パーソナリティ

規範的な人の基本的特徴は，人生において主観的要素を抱くことをまるで敬遠してしまうことである。それが自分の内にあろうと，相手にあろうと，である。内省する力はめったに行使されない。自分自身や相手の心を，いくらかでも掘り下げて覗きこんでみなければならないような問題について意見を求められると，まったくうぶに見える。その代わり，規範的なパーソナリティをうまく展開できれば，具体的対象や具体的事象に囲まれて，満ち足りた生活を送る。

私の言う主観的要素とは，情緒や着想が内面で自由にゆらめくこと（internal play）である。そうすることで，われわれの個別の想像力が生みだされ，その想像力は正当のものと認められ，われわれの作業は創造的に活気づき，対人関係は継続して豊かなものとなる。主観的な能力とは，要するに，無意識的な情動や記憶，知覚の受容を促進するある種の内的空間（Stewart, 1985）なのである。

規範的な人は，自分自身の中で展開している主観的状態を体験出来ないようである。彼らには気分にむらがないので，異常なほど安定して健全に見えることもある。状況主導的に，主観的要素の活動が要求されるような複雑な状況（たとえば，家族喧嘩に一枚かんでいたり，映画について話し合ったり，悲惨な事件を耳にした時など）を強いられると，彼には主観的世界がないことが露呈する。ある事象を，それ自体が一つの対象のように語ることもあり，周知の法則に満ちた理解可能な現象のように言うかもしれない。喧嘩をきっかけに，「あなたたちは，実に理不尽だ」と言ってみたり，ハムレットに触発されて「不幸な若者」と言うこともあるかもしれないが，大抵はうやうやしく黙り込んでしまう。

だからといって、彼が劇場や映画館に行かないと言っているのではない。しかし、彼が強調するのは、芝居を**見に行く**ということや、シーズン・チケットを持っているということである。芝居に行くことや、チケットを所有することに力点を置くことで、芝居の内容について論じることを避けてしまう。彼は詩を読み、論評する事が心底出来ない。詩を解釈する力とは、洗練された知的教養なのであり、このような人たちには捉えにくい主観的な能力が要求されるものである。

それよりむしろ、規範的な人は事実に興味がある。しかしながら、共通の知識を確立していくことはグループの創造性を援助する（科学界の中でのように）ものだが、規範的な人は、そのことのために事実に関するデータに夢中になることはない。事実を収集し蓄えるのは、そうすれば自分が安心出来るからである。対象世界の中で、知らず知らずに対象になろうとすることは、彼にとっては個人的な進化の一部である。事実を収集するとは、突き詰めれば、集められたものと一体化することなのである。すなわち、本人自ら一つの事実になることである。規範的な人は、製造機械の装置の一部になることで、本当に心強く感じる。彼が制度の一部になりたがるのは、そうすることで、人間味のない暮らしや非人格的な存在、たとえば公共機関での分担作業や企業の製品と同一化することが可能となるからである。彼はチームの一部であり、委員会ではくつろいでいる。彼らは偽りの親密さの中で、誰かと知り合うという以外の選択肢のある社会的グループでは、安心するのである。

規範的な人は、具体的対象に逃避する。彼らは満足かどうかは物の獲得次第という気持ちに駆られており、手に入れた対象のコレクションで人の価値を測る。しかし、たとえば、ボートを買ってそれを大事にし、週末はそれに励んで操縦の知識を学ぶことに充てる、といったことには情熱的ではない。具体的対象は、願望を欠く形で積み上がっていく。それはあたかも論理的に当然の帰結や彼特有のパーソナリティのしるしであるかのように、規範的な人の人生に登場する。

規範的な人がアイデンティティの感覚を持っていないというのは、真実ではないだろう。彼らは、かのようなタイプの人や、ウィニコットの定義した偽りの自己ではない。規範的な人のアイデンティティのあり方を記述するのは容易くなく、観察者は、うわべだけ獲得しているように見える気がするだろう、としか言いようがない。こういったアイデンティティが歴

史的に構築されてきたなかで，**心的作業**が活用されることは少しも**なかっ**たかのようである。

規範的な人が恋に落ちたり，恋愛関係を築けないというのもまた，正しくないだろう。彼は，自分と似たような心性の人に引き付けられるが，愛はいくらか嗜癖に似通うところもあるので，そもそも彼が自分の主観性を取り戻さなくても，誰かと恋をすることができる。

彼の情緒は不毛なのだろうか？　彼に情緒がないと言っているのではない。ユーモアのセンスを持ち合わせていることもあるし，楽しそうに笑うし，陽気にも見える。しかし彼は，悲しみを味わうよりも，むしろ動きが鈍くなってしまう。活動こそが彼にとっての生活の質（quality of life）なのであり，憂鬱や不安は，精神的に練り上げられた形では登場しない。それらは他の点では「申し分のない」彼の幸福の追求を，ただペースダウンするだけである。極端になれば，われわれには呆れるほど虚しいという印象を与えるだろう。しかしながらそう見えるのは**われわれにだけ**で，彼自身には何も欠けていないように思えることを考えれば，こういった観察はなおのこと顕著に見えることだろう。この意味で，実はロボットだったと暴かれていく人間を描いた現代文学や映画が存在するということは，こういうパーソナリティのタイプがわれわれの文化の中に姿を現していることの現れである。そういった描写は，ロボットの将来を記述しているのではなく，すでにわれわれにはお馴染みのパーソナリティ障害を正確に予見しているのである。

規範的な人物は仕事中毒かもしれない。スケジュールに基づいた生活を生きがいにし，行動計画を修正して将来を組み立てる。彼らはしばしば毎日毎時，自分が何をしているかを知っている。余白は儀式的行事に割り当てられているので，自ら進んで選択する余地を未然に防ぐことが出来る。彼は，自分がどこで昼食をとるかとか，木曜日の晩にはトランプをしていることとか，毎月曜日には妻と食事をすることを知っている。レクリエーションには遊びがなく，どんな雑用とも同じくらい熱心にレクリエーションは遂行される。

特筆すべきは，そのような人でも，ある種の夢想状態に達することである。ある女性の患者は，1日の間に，店から店へとぶらぶら歩く。気がつくと1時間あるいはそれ以上スーパーマーケットにいるかもしれないが，それは食べ物や他の商品が特に必要だからではなく，野菜やシリアル，缶

詰でまばゆいスーパーマーケットの物質的な審美性にうっとりするからである。

　スーパーマーケットからペットショップまで，スポーツウェア店から大きなホームセンターまで，お互いがまっとうした活動を箇条書きしている友人たちとの食事から，気乗りしない台所掃除のために帰宅するまで，テニスの試合からジャグジーまで。こういう人たちは，どんな状況であれ，動ずることなく，生活を送ることが出来るのである。もし母親や父親が死にかけていたとしても，規範的な人は深い悲しみを感じず，それよりむしろ，病気の性質を調べる精密検査，その人が受けた病院の技術，死の体験を封じこめてごまかしてしまうような常套句にふける。「うーん，ご存知のとおり，彼女はとても年をとっていたし，僕らだっていつかはみんな逝くことになるんだし。」

　こういう人には友人がいない，ということは決してない。それどころか，ディナーやパーティを開くのが，ことのほかうまいこともある。けれども，人生における主観的要素を耐える能力が問われるようなことは，めったに話題にのぼらない。彼らの友情を特徴づけるのは，ライフイベントを年代順に記録しているという共通項であって，真の意味で友人を理解したと言わしめるほど，親密性を高めていく，というような間主観的やり取りなのではない。自己や自分のパーソナリティや感覚をありのままに話す能力については，未知数である。多くの人は，相互理解の中で相手の心をひきつける**必要がある**，つまり，親密性が双方ともの心許ない両価的な調和に伴って生じることを承知しているが，規範的な人にはそのような欲求は起こらないのである。

　彼らは信念や基準がないわけではないのだが，その両方ともが自己以外のどこかから受け継がれているように見える。**心的作業の中に**，思考や主観的欲動が投入されることは，全くといってよいほどない。このような人には，罪悪感に代わる奇妙な代替物がある。規範的な人は，善悪を信じるのだが，これは自我と超自我のやり取りの中で起こってくる内的な対話すなわち，しばしば罪悪感の表明となるものの代わりであり，ある種のチュートン法典[訳注10]の取り入れなのである。それには，行いが正しいか否かを示す多くの規範や範例がある。しかしながら，注意深く検討すると，そのよ

　訳注10）チュートンの（teutonic）：チュートン族は紀元前2世紀にガリアを荒らし，ローマに脅威を与えたゲルマン民族の一部族。

うな規範は人生における状況の変化には実は対応しておらず，判断という重大な行為を反映するものというよりも，まるで写真のように記憶を想起するという妙技を反映するものなのである。

未だ生れぬもの

　印象的なのは，規範的な人は，まだ生まれていないように見えることである。それは，あたかも心理的誕生の最終段階には至ってなくて，不完全なままで残されているかのようである。もしくは，何はともあれどう見えるかということであれば，満足で幸せそうな人と思われても一緒に働いてみると，苦悩や欲求充足をいつも最後は解決してくれるのはおっぱいだという子どものようなものである。

　欠けているのは創造的な主観性であるが，それによってわれわれは象徴を利用できるようになる。規範的な人は，物質世界の一切の物にまじって，自分自身を対象（理想的に格好よく，こぎれいで，生産的で愛想の良い）としか見ない。彼は自分自身を一つの主体とは見ていないので，他者に見られることを求めてもいないし，他者の心を探ることもない。

　主観的な状態に興味がなく，ものそのものとしての物質的対象を探求するので——象徴的よりもむしろ機能的な目的で——規範的な人は，自己を象徴化する能力が部分的にしか育たない。ビオンの言葉を借りれば[原注5]，α要素を作り出すのに精彩を欠くということになるが，α要素とは，そもそも情緒的な体験が可能となる精神的変形を表すために，ビオンが使った言葉である。「α要素は，体験の印象から作られる。α要素は，そのよう

[原注5]　心的機能に関する Bion の理論は複雑かつ興味をそそるものである。彼の仕事に馴染みのない読者には『再考：精神分析論 Second Thoughts』と『精神分析の方法（1）〈2〉The Sever Servants』を読むことをすすめたい。レオン・グリーンバーグ（Leon Grinberg）らによって編集された『ビオン入門』もまた参考になる。

　精神分析の中で，分析家は自分と患者との間で様々な種類の言語的，非言語的コミュニケーションが交わされることに気づくだろう。これには多くの因子が関与しているのであるが，ビオンの理論では，これらの因子は機能の要素となっている。

　それぞれの人は感覚的な印象や情緒的経験をもつ。パーソナリティには，それらのものを精神的な要素へと変形する特別な機能があり，そのように変形された要素は，思考すること，夢見ること，想像すること，想起することといった精神的な作業に利用することができるようになるのである。この変形の要素をビオンはα要素と名づけた。

　β要素とは，変形されていない感覚的な印象や情緒的な経験であるが，それらはものそれ自体として経験され，投影同一化によってとり扱われる。

にして，貯蔵可能となり，夢思考や無意識の覚醒思考作用（unconscious waking thinking）に利用される。(1977, p.8)」個人の精神生活の根底に流れる，こういった不具合は，彼がβ要素を通じて自分の存在を心に刻み，β要素を通じて実在とつながっているということである。β要素とは，ビオンが，主観的な心的状態に発展することのない，「消化されない事象」や実存的な生活における事実を表した言葉である。私の考えでは，規範的な人にとって，α機能を欠くことが憎しみや羨望だけに由来するものではないのだが，ビオンが記述したα機能が慢性的に障害されている人というのは，規範的な人の心性に近い。ここで略さず引用する。

　憎しみや羨望に促されて，α機能が攻撃されるということは，患者が生ける対象としての自分自身や他の人に，意識的に触れ合う可能性を破壊してしまう。その結果，われわれが通常なら，人から聞くことを予期するところで，生命のない対象について，ことによると場所について耳にすることになる。こうしたことは，言葉で記述されていても，それらの名前（それ自体：訳注）によって表象されているように感じられる。この状態は，生ける物に死の特性を授けるアニミズムとは対照をなす。(1977, p.9)

　α機能が攻撃されれば，その人は決して本当に生き生きすることはないし，それゆえ部分的にしか誕生していないようなものである。規範的な人はα機能を見つけられず，β思考やβ機能に特徴付けられた原始的なコミュニケーションのやり取りに留まっているので，そういう人が心理的問題を解決しようとすれば，自分自身で薬物（大抵はお酒）で治療しようとするか，形ある物に囲まれて生活することになる。

病因論的考察

　家族生活における発達を考慮しなければ，規範病の展開を理解することができないだろう。規範的な人は，母親や父親からは，もっとも根源的なレベルで部分的にしか見られておらず，照らし返す力の弱い親によって映し出されているので，おぼろげな自己の輪郭を受けとることになる。精神機能のあり方に関するビオンの研究は大変深みはあるが，彼はα機能への攻撃を乳幼児期に限って認識していた。それゆえ憎しみと羨望についての言及がなされるのである。私を当惑させるのは，子どものα機能の発達を

第8章 規範病 143

障害しうる原因の一つから，父親や母親，もしくは両親間の狂気，それとも子－親相互交流に関わる全当事者によって紡ぎ出される雰囲気に含まれる狂気が，削ぎ落とされてしまっているのはなぜか，ということである。ビオン自身が，子どもの精神生活のコンテイナーとしての親機能をなくてはならないものと認識していたからこそ，尚更ひどく困惑してしまう。そうだとして，親が，子どもが破壊的な感情に戸惑い圧倒されているのをなすがままにしておきながら，投影同一化を介して，子どもの中にある自分自身の望まざる破壊的な部分をその場にとどめておくことができるなどと，誰が想像できようか。

　私にわからないのは，なぜ一部の子どもがそのような家族の雰囲気に屈して規範的になる一方で，そうでない子どもがいるかということである。私は規範的な大人が必然的に規範的な子どもを作り出す，と言いたいのではない。規範的になる人が規範的な家の出であることには違いないが，そのような雰囲気の中で育った子どもの中にも，両親の暮らしとは見事な対比をなす個人の主観的世界を，何とかして発見し，維持する人もいる。行動化は，規範的な精神構造への彼らなりの造反の証なのであるが，絶えない行動化という芸当の中に，主観的な生き方の一端が窺われつつも，永久に非行に走る者もいる。規範的な子どもと健全（または神経症）になっていく子どもとの違いは，ある子どもたちは恐らく，たとえ両親がしてくれなくても，鏡のように映し出してもらえる方法を見つけていくということだろう。彼らはどこか別の場所で自分の映った影を見つけることによって，ミラーリング機能を内在化し，人との間で生じてくる戯曲に取って代わるものとして，間主観的な対話を利用するようになる。彼らは内省的な能力を発展させ，たとえそれが不完全ではあっても，彼らの人生は味わいのあるものになる。

　このテーマについては，さらに進めて深く研究していく必要があろうが，私の考えでは，規範的な原理に屈している子どもは，われわれが死の本能として概念化し得るような，憎しみの気持ちを両親のやり方のなかに読み取ることが多くなると思われる。そのような憎しみは，子どものパーソナリティに向けられたものではないので，子どもが親に憎まれていると感じると言うのは正しくないだろう。より正確に言うならば，子どもは，親が人生そのものを攻撃していると体験しており，そのような親は，存在から生命を搾り取ろうとしているのである。

しかしながら、子どもが自己を空っぽにしておこうとする性向は、子ども自身の死の欲動を反映しているのかもしれない。私の見方では、これは家族が望む場合のみ、功を奏する行いである。そうした親と子どもは、人間らしい精神性を排除しようとする。彼らは協力して本来の生活を凍結させ、軍隊式の活動で知らず知らずに身につけた技能で存在を極めながら、確かな親密性を見つける。規範的な人は、自分の心の主観的状況を言葉で象徴化できないので、自分の人となりにある激しさを指摘するのが難しい。激しさは、あるとすれば、それは彼の言葉にあるのではなく、生命を締め出すやり方の中にある。

規範的な親は、物に囲まれて物になりたいと願う。こういった努力は、子ども自身の死の本能に相当する心的状態を展開することに、子どもを巻き込んでしまう。(人間として)**存在する**のではなく生存することを支配したいという欲動は、フロイト(1920)が死の本能について書いた時に考えていた、恒常性の無機的状態に向かう動きを促進する。この(生存するためではなく、生存していたのだと)欲動が成就すると、魂は生きることの緊張から解き放たれ、自分を知ることの代わりに、外的対象に自己を移し変えることになる。こういうわけで、規範的な人は、精神内部の体験や文化的経験を、記憶を助ける排泄物に変換してしまう。休日のスナップ写真は、新しい場所を訪れる事よりも重要で、オペラの定期会員になることが、オペラに行く事以上に重要である。

もし、「死の作業(death work)」(Pontalis, 1981)に対話があるなら、親と子どもはその対話の中で、未生の自己を堅持することを互いに選んでいくのだろう。その場合、親が子どもの内的現実に気づくのを断固として拒否する結果、親子のパートナーシップのなかで、子どもはやがてパーソナリティ障害になるだろう。子どもはこの関係をだんだんと内在化し、この間柄を、対象としての自己と自分との関係に変換していく(上述、及び第3章参照)。その結果、自分の内的生活を心に抱くことを拒否するようになるが、これは、とある家族の「生活」の中の死の作業と言っていいだろう。

規範的な親は、自分の内的現実に敏感ではないので、自己の心の中核を創造的に表出することが容易ではなかったのだろう。親は子どもが因習に合わせることに賞賛と有形の褒美で応じており、そういう意味では、親は、子どもが偽りの自己を発達させるのには、敏感に反応していると言える。

第8章 規範病 145

　私の意見では，親の変形性対象機能（第1章参照）は，特有のタイプなのである[原注6]。

　規範的な人の過去に，何か注目に値するようなことが起こっているのではないと私は思う。こういった子どもは，親によって構造化された環境の中で育てられ，おもちゃや遊び道具を与えられ，母性的な剥奪を経験するということなどありえない。しかし，両親のどちらも，子どもの想像的生活を賛美する気がない。親が遊びに加わった場合には，しばしば遊びをやめさせることを意図しており，巧みに子どもを現実に向かわせようとしていると思う。とりわけ，親は子どもたちが普通であるかどうかを気にしており，不適切とか奇妙と解釈されるような方法で振舞うことを望まない。そこで，子どもは良い子であれば褒められるのだが，ここでの良い子とは普通ということである。子どもは創造的であると無視されるか脅かされる。それが社会的場面だったら，特にそうである。

　心に留めておくべきことは，こういった親は，自分の子どもに創造的な面があることを認めず，その代わりにその空白部にある種の儀式を提供する。空疎な構造が，創造的な構造の欠如に置き換わっていく。例えば，父親と殺人ごっこをしたがっている子どもは，テレビを見るよう押しやられる。来る日も来る日も，わかりきったように番組が続いていく。

　もしかすると，子どもは，スポーツ選手になるよう勧められるかもしれない。フットボールを投げることが，その取っかかりと父親が決めつけることもある。儀式化され，利用しやすい運動をさせるのは，他人によって準備された既存の形に子どもを順応させる，もう一つの例であろう。子どもたちは，自分たちはフットボールの英雄になることや，似たようなことを想像しようとしているかもしれないが，そういった活動は子どもの想像的な生活に左右されない。そのような子どもは，いろいろな野外活動に参加することもあるが，そういった全ての活動は肉体的，教育的に子どもを興奮させるのであって，子どもは，自己の中核から発する生き方の代替案

原注6) 私は，乳幼児が最初の対象を体験することを定義するためにこの言葉——変形性対象（transformational object）——を用いた。このことによって私が意図しているのは，乳幼児は母親を変化のプロセスとして経験するだろうということである。母親は，乳幼児の内的及び外的世界を変化させるように幼児と関わる。乳幼児は，母親を1人の人物やイマーゴとして内在化しない。乳幼児が内在化するのは母性的な**プロセス**であるが，それには後日子どもの性格の原理に寄与することになる論理的な範例がつめこまれている。母親と子どもが数知れず相互作用を繰り返すうちに，こうした範例は人生の事実となって，それぞれの存在論理に貢献する。

としての暮らし方にあずかるようになる。両親は，自分たちが変形性対象として機能し続けるなかで，子どもの心理的生活を外的なものへと，すなわち身体的な運動や何らかの構造化され形式化されたコンテイナー，例えば，テレビやビデオゲームに導く。

　子どもの本領である創造的な部分への反応を差し控えるということは，ある意味では，**陰性幻覚**[訳注11]に相当することになる。というのも，子どものパーソナリティの重要な部分が，気づかれないからである。子どもが生きる中で，これらの自己の部分は**そこにはない要素**である。一方，われわれ一人ひとりは，一つの対象として自己を世話する自分流のやり方のなかで，両親の変形性対象が機能することで作り出された基本的なパラダイムを受け継いでいる。そうしたことで，親の陰性幻覚によるそこにはない要素は，規範的な人の間主観的生活におけるそこにはない要素の断片となるべく，子ども自身に本来備わっている防衛（たとえば，否認）と結びつく。子どもが思春期になり，あまりの心理的苦痛に悩んでいるとすれば，自分の痛みを象徴化できないという恐ろしいジレンマの只中にいると考えられる。一方，規範的な子どもは陰性幻覚を体験していて，それはただの空白であり，持続する健忘を生み出す省略記号みたいなものである。この場合，子どもはいっそう苦悶することもある。というのは，子どもが，自分に当然必要なものを全て持っているはずと見えたり，両親が，イディオム的な行為に積極的に無関心であったりするからである。

規範的な破綻

　精神病が，現実見当識の断絶や現実社会との接触の喪失で特徴づけられるとすれば，規範病は，主観性の極端な破壊や，日々の主観的要素の完全な欠如によって特徴づけられる。精神病が，空想と幻覚の世界にのめり込んで内に向かうことが際立つのに対し，規範病は，具体物に没頭して外へと向かい，慣習的な振舞いへと方向を変えることが特徴である。規範的な人は，夢のような人生や主観的な心的状態，想像力に富んだ生き方や，好戦的な1対1のゲームから逃れる。精神的なものを発散することの方が，象徴的過程や本当のコミュニケーションを要求されるような，考えを練っ

　訳注11）陰性幻覚：あるものがないという幻覚。

てはっきりとそれを言葉で言い表すことよりも優先される。もし精神病が「深淵に向かう (gone off at the deep end)」ものなら、規範的な人は「浅瀬に進む (gone off at the shallow end)」と言えるだろう。

　規範的な家族は、物欲的な快楽と個人財産の所有をよりどころにして、かなり長い間うまくいくこともある。個人的な幸福を高めていくには、具体的対象を補給しておく必要があるので、他のタイプの人たちよりはるかに、経済生活の絶え間ない変化に左右される。たとえば、両親のうちの片方が失業することは、単に解雇されたというだけに留まらない。精神の破綻の恐れがある。親が失業しても、家族が自分たちや自分たちの人生についての理解や情緒を深めるようにはならない。父親は、家から立ち去って家を空けるか、長時間テレビの前に座っていることで、文字通り、不在になる。これは、おそらくうつなのだろうが、家族間では、「お父さんを1人にしてあげなさい」という体験になる。これは、「お父さんに関心を抱いているあなたの心の部分を、無視しておきなさい」と心的には同等である。そんな発言にあふれていて、このようにして、心がだんだんと締め出されていくのである。

　母親は、家庭を徹底的に掃除するべき対象に変えてしまうだろう。彼女の幾分活気のない、強迫的な行動はわれわれには印象的だが、家族には「お母さんは役に立っている」と描写されるだろう。これは、「もしあなたが家族に苦痛のサインを見つけたと思っても、その考えは捨てて、あなたの眼前の行動を観察することに置き換えなさい」と、心的には等価である。もし父親に再び仕事が見つかれば、このエピソードはすっかり否定され、恐らくは、陳腐な決まり文句の中で言及されるだけである。「いやはや、本当につらかった」とか、「やれやれ、山あり谷ありなんだ」とか。しかし、もし事態が改善しなければ、今までの光景全体にひずみが生じ始め、規範的な防衛がうまく持ちこたえられなくなる。

　破綻の最も一般的な形は、アルコール依存である。精神的な痛みを感じたり、運命に導かれて主観的体験をますます被るようになると、彼はそれを拒み、酒を飲んで心に麻酔をかけてしまう。あるいは、超人的なほど長時間会社にいて、もっと熱狂的に仕事に身を投じるようになるだろう。他の活動に加え、1日10マイル走るなど、取りつかれたように運動することもある。もしうつになったり、仕事や運動が出来なくなったら、自分自身を機械に喩えて描写する。彼は単に、「ぼろぼろで使えなくなった」「故

障」か，「整備不良」なのである。彼は自分の状態に対し，薬物療法による解決を探そうとするだろう。

　ある種の心身症や摂食障害は，規範的な人の破綻の形態なのかもしれない。彼らは悩みの主観的な起源を内省的に確かめることを巧みに避け，むしろ，具象的な破綻を焦点とすること，例えば，身体の一部の痛みや機能障害，食事へのとらわれ，体型の監視などに焦点を合わせる事を好む。

　上述の過程は，規範的なパーソナリティにすべて親和性がある。それらは，規範的なパーソナリティに留まるための努力である。しかし，何らかの同性愛の障害は，反規範的なパーソナリティ形成として理解されよう。主観的要素を誇張して表現するような，同性愛者の外面性の誇示は，規範的な生き方への反抗だろう。規範的な親が，「道理にかなった」考え方を強調する時，同性愛者は，反理性の優位性を信奉する。規範的な親が物議を醸すのが耐えられないのに対し，同性愛者は，議論を募らせることに夢中になる。それでもやはり，規範的な原則へのこういった防衛（統合失調症に対する強迫的な防衛に似ているが）には，アンチテーゼを意図した名残がある。というのも同性愛者の創造性は，単にごまかしかもしれないからである。換言すれば，主体性が装飾のためにあてがわれているのである。同性愛者は，強迫的に収集されたものとして存在することによって，昔からの欲望を取り戻そうとしているかのように，具体的対象になろうとしているのかもしれない。同性愛者間の乱交は，物質的現象の特徴を帯びており，部分的には，規範病の表現の裏返しである。

　規範的な人の人生において，もっとも脆弱な時期は思春期である。私の考えでは，上述の雰囲気の中で育った子どもが，耐え難い緊張を感じ，家族との生活の代替案として薬や自殺に向かうことを，しばしば観察することができる。規範的な両親が，家を掃除でもするかのように，思春期の子どもを自分たちから追い払おうとしているのを見れば，家族力動をより明白に目の当たりにすることができる。

ト　ム

　いつだったか，私はある大病院に招かれ，精神科部門のメンバーの前で患者に面接をしたことがある。私はこのような経験には慣れておらず，幾ばくかの遠慮や不安を抱きつつ，楽しみにしていた。

第8章 規範病

　30人ほどがいる部屋に患者が入ってくるのに先立ち，われわれは家族療法士から，その患者は自分の手首から肘までリストカットをして自殺しようとした思春期の症例だと聞かされた。この出来事は，彼が学校で自分は皆の期待を裏切った人間だと感じて絶望した後に起きていた。絶望して数日後に，彼は「夢幻様」になった。この変化は，彼の友人にも家族にも目についたし，家族には特に明らかだったのに，誰もそれに触れようとはせず，彼の気持ちを詳しく探ることもなかった。そして彼は自殺を企て，発見されなければ確実に死んでいただろう。病院で数週間を過ごし，彼はずっと良くなったように見えた。熱心で共感的で，ちょっと垢抜けていないにしても，そんな若い精神科医を，彼は慕うようになった。医師がその少年を深く気にかけたことは確かだった。

　病院で頻繁だった彼の夢幻様状態は，臨床的なうつのエビデンスと判断され，抗うつ薬が投与されたと伝えられた。1カ月にも満たないで，彼は退院した。しかし，数日もたたないうちに，別の重篤な自殺企図で再入院した。彼はあの精神科医との関係を再開し，われわれが彼と何をすべきかを議論することになったのである。少なからぬ問題点は，特に病院管理者の心情としては，患者は自分の持ち時間を越えて長居しつつあるということであった。

　患者に出会う前の私の想像では，彼はかなり精神的に沈んでいて，絶望した若者であった。面談は難しくなるだろうという気がした。どうしたら彼から自分のことを話してもらえるだろうか。彼が部屋に入って自分の椅子まで自信たっぷりに闊歩しているのを見て，私はすっかり驚いた。私の隣に着席したのは，ハンサムで筋骨たくましく，健康的に見える若者で，綿パン，テニスシューズ，おしゃれな半袖シャツをこざっぱりと着ていた。彼は，幾分普段とは違うこのイベントがどのようなものかについて，場をわきまえつつ，ちょっとしたユーモアのあるコメントをし，彼のコメントで会議が始まった。彼は何で私がいるのかはっきりと分かっており，私がどんな技術を用いようともそれに応えるつもりでいた。

　私は彼と面接したけれど，彼と出会った衝撃を決して克服できなかった，と述べるのが的確だと思う。これはコンサルテーションの中で，幾分明らかになった。というのは，ごく最近の病歴では，彼は振舞いからは，何も珍しいことがなかったのである。腕にはひどい傷跡が目立っているのに，彼はそれを自殺企図と関係づけることはなかった。しゃべりだして5分後，

私は彼に，どう考えても君は苦しんでいるにちがいないし，そうでなかったなら自殺しようなんて試みることはなかっただろう，と言った。彼は「そうだね」と答えて，私をていねいだけど素気無く拒絶した。自殺企図につながる出来事について，私が質問したことに彼は答えたし，新しい学校に移ってからはずっとひどく孤立していたし，友達を見つけるために陸上競技に参加したことは明らかだった。彼は，前の学校からの友人を失ったことを嘆き悲しむ事が許されなかった。というのも，彼の父親は，強い人間は過ぎたことは済んだことにして忘れるという決まり文句で，家族を引っ張ってきたからである。面接が進むにつれ，トムの家族が，自分たちがどんな苦難をくぐり抜けてきたか**考える**のに徹底的に失敗していることに，われわれは皆心を動かされた。彼らは，このような混乱の苦痛と折り合いをつけるために，精神的な作業に取り組むということがなかったので，それを家族でお互いに話題にすることがなかったことは言うまでもない。
　私が彼の引越しにまつわる経験を話し合おうとすると，彼は決まって，父親の発言をあれこれと持ち出した。「何でも一番良い結果に収まるさ」「人生で成功するには，前向きに進まなければならないんだ」など。
　家族療法士からの報告で，トムの父親は技師として働いていて，愛想は良いが浅薄な人であることを，われわれは知っていた。不当に厳しいとか高圧的ということはなく，かなり多くの時間を子どもたちと過ごしたが，決まって野外活動，フットボールや水上スキー，バスケットボールをした。しかし，どの子に対しても，どんな事でもいいから，2人きりで座って話し合ったという印象を残すことは決してなかった。
　トムの家族は，多くの家族同様，理想的に見えた。彼らには公共心があって，多くの地域活動に参加した。きっと友人たちからは，地に足が生えているくらい真面目な人，と見なされているだろう。トムが自殺しようとした時，家族の友人たちの反応も家族と同様であったに違いなかった。彼の行為は信じ難いことであり，常識の範囲を超えていた。それは考えられないことであり，不幸な出来事として分類されるべきだった。「本当に遺憾な事」だが，トムがそれからさっさと抜け出せば，終わるのである。
　トムと座っていると，私は，探求や内省の余地のない心と対峙している気がした。しばらくして，自分のことを他人に話すという事がこの時点では彼には出来なかったので，それ以上尋ねてもどうやら役に立ちそうにないと分かった。そこで，私は自分が思春期をどのように経験したかについ

て彼に話すことにした。自分の人生がどう展開していくのか，時折恐ろしく先が見えないと感じていたことを話した。私は高校でのスポーツの思い出にふけり，試合でうまくいかなかった時は，どんなにイヤな気分になったか，自分のせいでチームが負け越したときはさらに輪をかけて悪かったかを思い起こした。当然の運命としてそういうことをしでかした，と私は言った。こんな具合でしばらく続けてから，私は思春期であることについての不確かさや疑い，怒りが，彼自身の中にあまりにも現れてこないという事をやり過ごすわけにはいかないと言った。ユーモアを交えつつ，彼からは，彼の実年齢である16歳よりも彼の父親の50歳の同僚を連想させると言ってみた。私は彼が何かあり得ない基準に従って生活しようとしていたのだが，そのせいで折に触れて自分を無能と感じて逆上し，もしこれを一生続けなければならないとしたら，自殺したって構わないと考えていたに違いないと伝えた。

私が自分自身について話し出すと，彼はずっと興味深げに見えたが，同時にもっと不安でためらっているようにも見えた。というのは，思春期のどこにでもあるような恐れや不確実感について，大人から話を聞くことに明らかに不慣れだったからである。彼は私自身とは対照的に，面接の初めから終わりまで，冷静で礼儀正しかった。今では私も振り返ってみて気がついているのだが，いつもの自分と比べても，私は必要以上にぞんざいだった（彼がまったく礼儀正しく座っていたのに対し，私は自分の椅子でだらけて前かがみになっていた）。そして私は言葉に詰まった（彼はすべての質問に答えていたのに）。言い換えれば，私の方がトムよりも思春期の経験に肉薄していた。一方彼が身につけていたのは，正常な行動の特徴と彼が思っていた人生への事務的な姿勢だった。

私の意見では，トムの破綻は，規範的な文化の内側だけで生きることへの無言の拒絶である。もっとも，自殺企図の時点ではまだ，自分の感情を表現する別の道を見つけていなかった。精神療法でその道が手に入ればいいのだが。

自己をそらす

ここまで議論してきたように，規範的な人は，親が子どもの自己の核心に応じるのを避けている環境下で育てられる。健全な状態では，親は子ど

もとの遊びのなかで，情緒的な関与や想像的なミラーリング，言葉での論評を介して，その体験を練り上げるようになる。そうすると，子どもは遊ぶことから話すことへと，言葉によって充実させられ，高められた感情へと展開していく。規範的な家族の場合，子どもの遊びは，それが一つの対象としてコメントされる以外は，コメントのないまま続いていく。そのコメントは，椅子を指さして「椅子がありますよ」と言うようなものである。親は子どもの空想的な作り話に触れ合おうとせず，意見を述べて子どもの想像上の産物を推敲することもない。よって子どもは，親に反射される (reflect) ということがない。子どもは親に映し出される代わりに，**ゆがめられる**。こういったことは，子どもが内面や精神に向かうのを，客観的で物質的な方向に迂回させることによって達成される。

　規範的な家族は，具体的対象のライブラリーを作り上げる。子どもが何らかの内的で精神的な問題や関心に取り組んでいたとしても，そういう家族には大抵，精神を物質に置き換えるのに有用な，外界の具象物がある。想像してみよう。4歳の子どもが，自分のペニスへの関心を，異性との性交における，武器として，今にもふざけて実演しようとしている。彼は宇宙ゲームを考え出す。彼は自分の餌食になる男の子や女の子を招待し，おまけに，彼が剣で統括すると決まっているカプセルに閉じ込めてしまうのである。私が，今にも演じようとしていると書いたのは，規範的な親は，彼がこのゲームを始めるまでに，関心をどこかよそへと向けさせてすでに邪魔してしまっているからである。彼は，遊びたいならボール投げや自転車遊びにしなさい，とか，友達には親切にするもので，怪獣みたいに振舞ってはいけません，と言われるだろう。友達と行儀よく座ってテレビを観るように言われるかもしれない。このような例から描き出されるのは進路を逸らされた，つまりよそに移される自己，という発想である。これは，ウィニコット (1960a) がスキゾイド性格に関する著作の中で言及した解離行動とは根本的に異なる。というのも，その場合には，偽りの自己によって隠され，守られた，私的な内なる自己が人目につかずに存続しているからである。スキゾイドの人には，複雑で，ともすれば実に豊かな内的な空想世界があるが，自発性や生き生きしていることが欠落していることに悩んでいる。規範的な人は，ほぼきっちり正反対である。かなり外向的で（真に自発的なものではないが），具体的対象を利用するに当たっては達人なのだが，内的な精神生活はほとんど持てない。

第8章　規範病

　規範的な人の内的世界に広く行き渡っている空気を描写するのは困難である。実際，詳細な臨床例から離れてこの問題を議論することによって，多少単純化しすぎる形で，複雑な現象を一緒くたにしてしまうリスクを冒すことになることは，私もよく承知している。それでもなお，私は，これらの人々の内的生活の特徴について検討することは可能と信じている。

　規範的な人というのは，相手に理解されたり，相手から映し返されることがないので，洞察の技術に欠陥がある。また彼は，対象の取り入れがどちらかといえばできない方なので，誰か別の人に自分を重ね合わせる事ができず，共感する能力が見られない。彼の内的世界には不思議なことに対象がない。こういう人は他人について考えない。自分にとってある人がどのようなものであるかについて，描写することがない。分析で会ったある患者は，どんな人についても，そういう人の際立った性格特徴のどれについても，話すことはめったになかった。その代わり，彼女は日常の出来事を**列挙して**いったが，それらはすべて真空で起こっているように見えた。彼女は相次ぐセッションで，その日に起こったことを得意げに声高に笑って話したので，私は彼女の精神生活の質を理解するのに四苦八苦した。彼女が空虚ではないということは，確信をもって言えた。出来事の説明は彼女からあふれ出るのだが，それらはしばしば完全に無意味であることで際立っていた。私が彼女の内的世界の特徴について輪郭を示せなかったとしても，その特徴を示すことはできた。というのは，そこからある種のラジオの討論番組が連想されたからである。そういう時われわれは，複雑で重要な問題を巧みに矮少化しつつ，意味のない話に花を咲かせているホストと電話の一方の端にいる誰かの会話に耳を傾けているようなものだということに気づく。この患者の内的世界は背景に流れる雑音のようであり，取るに足りない観察や列挙に満ちていた。

　もしそのような人が対象を取り入れることも，自分自身を対象に投影することもないなら，彼女の内的生活は，どんな心的構造によって特徴づけられるのだろうか？　私の考えでは，彼女は取り入れではなく体内化を，投影ではなく体外化（excorporate）（Green, 1981）をしている。取り入れと体内化の違いについては，差し当たり臨床場面で考えてみれば，ここでの使われ方の違いが明らかになるだろう。もし患者が分析家を五感を通じて取り込んだのなら，それは分析家の体内化であって取り入れではない。分析家や部屋の匂い，カウチの感触や，分析家の声や相談室ならではの音

と同様,分析家の姿や相談室の光景は,そういう人には,普段のまずまずの食事みたいなものである。それ自体の中に体内化されたり,それ自体を体内化することは表象的なものではなく,内的対象としての分析家は,相対的に無意味なものである。その一方で,患者が分析家の言ったことを考えるなら,すなわち,患者が自分の分析家をイメージし,彼との内的関係を展開させる場合には,われわれは取り入れという用語を用いることができる。ここで使われた言葉のように,取り入れという言葉は,患者の自己の一部との力動的な関係の中で,対象のパーソナリティ(もしくはその一部)を内在化させることを指している。体内化する患者は,感覚表出のみから取り込み,取り込んだものは表象ではないレベルに留まる。これは,ビオンのいうβ機能のレベルと同等である。

体外化は,おおよそ体内化と同じで,対象を排除する動きのことである。ここでも,ビオンの定式化,特に「機能の逆転 (reversal of function)」(1958) という概念を考慮に入れるのが有用である。われわれは目を介して対象を取り入れるだけでなく,目を介して対象を追放する。同様のことが,聴く,匂いをかぐ,触れることにも当てはまる。臨床場面でずっと頻繁に起こる体外化の形として,患者が咳やあくびをした時,寝椅子をコツコツ叩いた時,ため息をついた場合などがある。

規範的なコミュニケーションとはどのようなものなのだろうか? 私の考えでは,規範的なコミュニケーションは,ビオンのβ機能の法則の特に,対象が投影同一化を経て操作される形式,ではない点で,従わない。ほぼ正反対のことが起こる。あたかも言語の「変換機」でも使っているかのように,意味のある全てのコミュニケーションそのものが浄化されてしまうが,このようにして,葛藤は気化され,完璧に標準的な人になったと思わせる。こういった事柄が起こってくるのは,それ自体には意味がある言い回しが体内化されるのだが,あまりにも繰り返し用いられるために,結局のところ自分たちの内から生じる主観性が失われてしまうためである。私が言っているのは,その人におなじみの言い回しを使うということで,実際には語彙が制限されることであり,ある人と知り合っていく中で,時間をかけてようやく観察することが可能になる言語が排除されるのである。たとえば,規範的パーソナリティ障害の人は,自己から意味を取り除いた慣用句を表現手段として使っていることに気づかされる。それは「それは大変だ」や「フンフン」「うん」とか「うわあ」といったものだが,重要

性を認識しているように見えていながら，意味が全くないものである。あるいは，「おやっ，本当にびっくりした」とか「これはたまげた」などといったもっと複雑な言葉遣いもあるが，間主観的なやり取りから離れて意味を歪めているのである。

潜在的な意味から，無意味なものへと変形させてしまう機能は，両親に由来しているのだが，そのプロセスの一部を形成するものとして，子どもの自我に組み込まれてきた。この自我機能は，あたかも早期の父親や母親の記憶となるが，親は，変形性対象としての機能の中で，子どもの表現から意味の機能を絶えず剥ぎ取っていたのである。この相互作用的な枠組みは，子どもの性格を成す多くの法則の一つとなる。

私が示唆してきたように，このような境遇の顛末は，実に素晴らしく外向的で有能そうに見える人ということになる。彼はどんな苦難に直面したとしても，葛藤がないように見える。そういう人は，苦痛を「言語変換機」を使うことでやり繰りしようとする。そういった言語変換機は，意味を排泄する慣用句を表現手段として活用することで，意味を無意味に変えてしまう。

主体から客体へ

規範的な子どもたちは，自分たちを対象のように感じている。誰かにとって良い対象になることは，大事な仕事である。そういう子どもたちの振舞いを好意的に捉える親によって育てられることで，子どもは，親のように，完璧に普通に見えるかどうかを気遣うようになる。これはスキゾイド的な分裂，少なくともわれわれが普段理解しているようなものを起こすことではない。というのも，そのような子どもにとっては，偽りの自己の方向で成長していけば具体的な見返りがあるし，そういう子どもたちは，模範的な人間の一員となることを本当に喜ぶ人たちだからである。

家族メンバーは，自分たちが皆高く評価している具体的対象と似た境遇の，堅固として慣れ親しんだ品物として，互いの気持ちの中に設置されることを望む。こういった家族は，既知でおなじみのアイデンティティ（たとえば，アメリカ人かイギリス人か，等）を明確に表現することを誇りに思い，相手がそういう形で自分たちを認識したことを見出すことに，喜びを感じる。規範的な人は，「いい奴」とか，「そばに居て欲しい人」である

よう心がける。自己は，日常的な物が頭に浮かんでくるのと同じように，形ある物として心に描かれる。自己の価値は，自己の外的機能によって決まり，規範的に見えるかどうかである。自己を一つの物のように扱うやり方は，品質管理部門が製品の機能的な品質に関与するのと同じである。

規範的パーソナリティを維持することに成功している人は，物と交わり，日用品からなる対象世界に同一化できる能力のおかげで，孤独感は和らぐ。たとえば，車の運転を誇りとしている人のなかには，自覚のないまま，それが結婚生活の一幕になっていることもある。こういった方法で，製品が家族の一部となり，物でできた規範的な家族は，物質的な対象世界の至る所で自分たちを拡張していく。「家族」という感覚が浮き彫りになるのは，規範的な人が見知らぬ環境にいる場合である。旅行していると，見慣れた品物や家族と関連のある物を見つけることができないので，規範的な人にはかなり不満なこともある。縁もゆかりもない物の世界の中では，自己や幸福に関しての，自分が慣れ親しんでいる内的感覚を維持しようとして，精神的緊張が増す。そこで，コカコーラのような，おなじみの品物が見つかるだけで，無邪気に好意と称賛で迎えられる。そういった好意と称賛は，他の人なら，生ける人のためだけに取っておくのだが。

結　論

われわれ精神分析家が論文を書くときに軽視してきたパーソナリティの様式がある。われわれが見過ごしていたのは，ウィニコットが示唆したように，この障害が，健常者の軸に沿って横たわっているからである。しかし，ひとみを凝らせば，異常なまでに正常な人がいることに気づく。彼らの思考や願望には，客観的であるということが，並外れて深く染み込んでいる。彼らは，自分自身の人生において客体になることに邁進するなかで，主観的に生ける自己を絶やしてしまうことで，異常なほどに正常な状態に到達する。

規範的な人は，有形の事象を洗練させるなかで，自分自身のためにも他者のためにも客体となっていったのである。それは主体のない客体，物質世界で生き生きとして幸せな客体なのである。そんな人にとってみれば，心とは，特に無意識とは時代遅れなものであり，人間の進歩のためには置き去りにされるべき事柄なのである。

第9章　抽出的取り入れ

　人間関係における創造的な相互性は，数あるうちでもとりわけ，精神生活の原則や様々な機能をわれわれが共有しているという前提をよりどころとしているものである。ＡがＢに親を失った悲しみを語る時，Ａは，Ｂが悲しみの何たるかを知っていて，自分の問題をＢと「分かち合える」と知っているはずである。ＡがＢに，自分には興味をなくしてしまった夫への性的な欲求不満を打ち明けて相談するのは，Ａは，Ｂが性的な欲求充足の必要性について知っていて，欲求不満が如何なるものかを理解できるということを前提としているはずである。
　日常生活の中でそんなことが話せるのは，カップルや夫婦は，労苦を共にすることで，精神生活の原則や様々な機能を分かち合っているからである。結婚生活では，夫が外の世界との「マネージメント」で本領を発揮するのに引きかえ，妻は，どちらかと言えば，子どもへの心温まる身体的ケアという得意分野に取り組むと言ってもよい。現代の生活で，パートナーは，こういった持ち前の役割を２人の間でパスし合う。健康な夫婦は，お互いが適所に携わることを高く評価し，理解している。
　けれども，現代の児童相談所や精神科病院，世間から隔絶された精神分析の場では，精神分析家は相互関係の失敗，特に，あたりまえの精神的要素や機能を共有したり理解したりする際の破綻に気づくことが多い。
　クライン派の精神分析家は，とりわけ，精神生活の特定要素を自分自身から除去する一つのやり方に焦点を当ててきた。人は誰かよその人にそれを押し付けることで，取り除いてしまうのである。父親が，衝動買いに対しての罪悪感や，衝動的であることによって内面に圧迫感が生じるのを感じているとすると，彼は子どもにありがちの衝動性に関して子どもをけなすことで，こういった衝動や衝動性に端を発した罪悪感に，自分自身が心理的に触れることを遮断してしまうことがある。親が自分自身の望まざる部分から無意識的に逃れたままで，あまりにも口やかましく子どもの衝動性にかかずらっていると，「望みどおりの」結果がもたらされることにな

るからである。父親のあら探し好きのやり方に耐え切れず，子どもはますます衝動的になる。対人関係研究のなかで，自分自身の好ましくない部分を無理やり他人に「かつがせる」のに気がつくとき，われわれはそれを「投影同一化」と呼ぶ。

　私は，相互関係の本質を冒涜することにおいて，投影同一化と同程度に破壊的になりうる過程が存在すると思う。私の念頭にあるのは，まさしく，投影同一化の正反対である間主観的な手続きであるが，これを，私は**抽出的取り入れ**（extractive introjection）と呼ぶことを提案する。抽出的取り入れが起こるのは，誰かが，一定期間（数秒，数分の間から一生まで及ぶ），別の人の精神生活の構成要素を私的に盗用している時である。このような間主観的な暴挙が起こるのは，侵害する者（以下 A）が，A の思い描く心的要素を，侵害される者（以下 B）が精神的に体験する事はないと，勝手に決め込んでしまうときである。こう思い込まれた瞬間，搾取行為がなされ，B は一時的に麻酔をかけられてしまい，盗まれた自己の断片を「取り戻す」ことは出来なくなるだろう。もしこのような抽出を親が子どもにしているのなら，B が盗まれた自己の断片を取り戻すためには，長い年月の分析が必要となる。

いくつかの例

　よくある出来事。5歳の B は両親と席についている。彼はミルクを取ろうとして床にこぼしてしまう。親 A は，「間抜けで困った子。どうしてちゃんと見ていないの！」と声を荒げる。そのように言われる寸前に，すでに B は自分の失敗に動揺し，自分に腹を立てて不機嫌になっている。しかし A が意見したことで，B はショックを受け入れたことや，自己批判，その場の人たちへの償いを言い表す機会を奪われてしまった。ある意味では，A によってこれらの要素が持ち去られてしまった。今となっては，B は親の言葉にさらに愕然としているのだが，親は，B がうろたえることも批判的になることもないし，家族と仲直りしたいという願いもないと，てっきり決め込んでいる。A が，ショックや批判や償いといった要素を自分自身だけのものにしてしまっているので，こういった**想定**やその表現こそが，B への暴力を意味し，抽出的な取り入れを構成する。もし，「まあ，ごめんなさい，B。そうね，それでくよくよしているのね。こんな事は誰

第9章　抽出的取り入れ　159

にでもあるわ。心配しなくていいから。さあ，別のミルクをどうぞ」みたいなことをAが言っていれば，言うまでもなく，すぐにBはこれらの要素を取り戻せるだろう。その上，Bは，ホッとして自分と出会いながら，「失敗してごめんなさい，A」と言えるだろうし，その瞬間，ショックや批判や償いといった要素が処理される。後で，私は抽出的取り入れが維持されることで，心的要素の間主観的機能がどのように改ざんされてしまうかについて検討したいと思う。犠牲者は，批判的要素から自分自身を徹底的に切り離して考えるということもあり得る。なぜなら，批判的要素の機能は，家族の世界から彼が孤立することだからである。そのような境遇の下では，グループの一員であるために，彼は家族の道化師となることを喜んで受け入れることで，自分の大切な心的要素と触れ合うことをあきらめてしまいかねないのである。

　4歳のBは遊んでいる。彼は小さなフィギュアをあちこち動かして，自分だけのドラマにふけっている。それは，実在の物を介してでなければ，叶えられないのだけれど。その空間にAが入って来ると，気が逸れてBの遊び心は失われてしまう。これは極くありふれた出来事であり，特にAが4歳なら尚更である。しかし，Aが母親か父親である場合を想像してみよう。Bがおもちゃにする小物を準備する度に，親がその場面に入り込んできて子どもにどんな遊びなのか語らせることで，その遊びを横取りし，時期尚早に遊びに関わろうとする。Bは遊び続けるかもしれないが，自発性の感覚が損なわれ，あらかじめ想定された遊びに置き換えられる。もし，Bが自ら進んで遊び戯れている時に毎回，父親や母親が自分たちの「遊び」で子どもの遊びに尾ひれをつけるようなことをすれば，子どもは自分の本領，すなわち遊ぶ能力を抜き取られてしまうと体験するだろう。

　Bは生徒で教室にいる。5歳でも25歳でもどちらでも構わない。先生Aは博識で情熱的である。いつもなら，Bは自分の意見を分かりやすく説明する事に慣れている。しかしAはこれを許さない。AはBの議論の不備をひっきりなしに見つけ，理路整然とした考え方を提示しようと努める。Bは必要以上に混乱し，当惑する。Bはそんなに遅れをとったわけではない。しかし，Bがはっきりしなければしないほど，Aの理路整然とした明確さや博識はますます極端になる。Bが単にAの優れた思考の素材を提供するだけの存在になるにつれ，Aはだんだんと批判的見解という働きを全面的に負うようになる。このプロセスは，抽出的取り入れの性

質を帯びている。というのは，この例では，明確に考える能力や考えを言葉に置き換える能力といった，Bの能力であったものを部分的にAが自分自身に取り入れてしまっているからである。

　成人であるBは，極限られた数の同僚と一緒に働く状況にある。ある日，彼は多少無神経なことを言ったとする――実際に，過度に同僚を批判したのである。彼はこの事で密かに落ち込んでいたのだが，事が起こって1，2時間経つうち，彼は同僚Cの気持ちが理解できるようになる。彼は本当に気の毒に思い，同僚の見解は全般的に見れば実は最も本質を衝いていることにも気がつき，詫びることを計画する。Bは昼食時に同僚に謝るつもりで控えていたが，彼がそうする前に，Aがその場に踏み込んできて，Bの押しの強さを咎めて叱る。Bは，最初は頷き，「その通りで，あまりに思慮が足りなかった」と同意する。Aはまくしたてる。Aは，自分が言ったことをBが受け入れていないと言わぬばかりに話をまとめてしまう。まったく，続けてAは気分を害した同僚Cを褒めるのだが，そうすることによってCが中傷されているとほのめかすのである。Bの内的な感情体験としては，Cに対する自分の私的な感情，認識，好意的評価や償いは，そういった能力を持ち合わせているのは自分だけだということを主張するためにその状況を利用したAによって無理やり抽出されてしまった。この場合もやはり，Aの思い込みやその暴力的な表出こそ，本来あったはずのものをBから抜き出してしまったのである。

　Bは部屋に1人でいて，個人的な内面の問題についてあれこれ考えていた。Aがルンルン気分でやって来る。どうしたのかとAはBに尋ねる。BはAに，心に浮かんでいることについて少しばかり話す。AはBが懸念していることを，無理に聞き出し，とても早く，激しく，Bの個人的な気掛かりを誤った方にまとめてしまう。AがBの心的状態を「有意味」に体系化すればする程，Bは自分自身に触れていないと感じるようになる。もしAが躁的パーソナリティの持ち主であれば，Bは徐々にぼんやりして鈍く感じられるようになるだろう。なぜなら，BはAのパーソナリティの違った局面の特徴である分裂された無感覚な状態を担わされるからである。この例から見て取れることは，抽出的取り入れと投影同一化が一体となって働くということである。AがBの内的作業の感覚を無理やり抽出してしまったので，Aはその空いた場所に彼自身のパーソナリティの分裂排除した要素，すなわち無感覚を預けるのである。

第9章 抽出的取り入れ 161

　精神科病院での治療共同体での出来事。部屋には約30人の人がいる。議題は割と自由で，生じてきた気持ちや意見を披露することが十分許されている。毎回のミーティングにおいて，無意識的なテーマとなっていたことの一つは，誰一人として，個人的にしっかりと傾聴されていると感じるには，どうしても十分に時間がないということである。このように，このミーティングには付き物の不具合のせいで，おのおのはある程度は無視されていると感じたり，イライラしている。しかしAはこれに耐えられなかった。Aは激昂し，椅子から立ち上がって，「あなた方は欲求不満で腹立たしいとどんな気持ちになるか，わかっていないんだ」と怒鳴った。そしてドスンドスンと足を踏み鳴らして部屋を出て，バタンとドアを閉めていく。その瞬間，Aは，それぞれの焦燥や欲求不満，怒りの体験を首尾よく抽出したのである。乱暴なかんしゃく発作によって，そのグループはショックを受けて言葉を失ってしまう。かなり経ってから，メンバーの各々は，自分たちの下に戻ってきた，憤慨する権利を競い合うことになる。
　別の会議にて。今度は会社役員が集まり，難題解決に取り組んでいるとしよう。グループのメンバーはそれぞれ異なった意見を述べ，建設的な問題解決に向けて考えている。今まで沈黙していたAが，もしかすると同僚たちの創造性に嫉妬しているのかもしれないが，以下のような話をする。「われわれはこの問題を**深刻に**受けとめなければならない。軽く構えていられる事態ではない。われわれは重責を担い，もっと慎重に振舞わなければならない。」この瞬間まで，軽率だった訳でも，真剣味を欠いていた訳でもなく，たしかにそのグループは真剣に考えていた。しかし，間違いなく自己愛的なこの発言のせいで，深刻さ，責任，注意といった要素を，Aが私物化してしまった。この時点で，他の誰も自分の考えを表明する事が難しいことになる。というのは，Aの態度は，自分が発言するまでの着想はすべて，どうも信頼できないことを示唆するからである。実際，Aのグループにおける影響力の大きさに左右されるとはいえ，グループは黙りこんだり，考えていく中で，あまりにも用心しすぎるようになる可能性が十分にある。
　Aは何とかしてBの生活の個人的なことを細部にわたって聞き出そうとする。好奇心や愛嬌を織り交ぜながら，でも相当しつこく。それで，Bは大切な感情や自己の状態，生育史の出来事を吐露する。これで，孤独の必要性は打ち砕かれてしまった。次に，Aは語りとして権威や権限があ

るふりをして，Bが対象としての自分自身と関わることを取り上げてしまいながら，Bの生活や自己を理路整然とした説明にまとめてしまう。Aの物語中のBは，もっと「偉大」である。つまり，もっと手際よく，情熱的で，理解力があって信頼できる。Bと，対象としてのB自身との関係が，Aによって乱暴にも抜き出されてしまった。この手の間主観的な暴挙は，患者と，対象としての患者自身との関係を絞り出されてしまうリーダーが率いる，いわゆるエンカウンターグループによく見られることである。

　男性Aと女性Bは最近になって一緒に住もうと決めた。AはBがとても好きで，彼女の性的魅力に惹かれているが，実のところ，Aは同棲についてはかなり両価的だ。彼は誰とであれ場を共有するのが好きではないし，彼女はAをカンカンに怒ることもあるからである。自称モラリストであるAは，自分がBの存在に苛立つことを居心地悪く思っている。彼はこれを超越しようとする。暮らしの中でもっともAを苛立たせる厄介なものの一つが，Bのペットだ。Bは動物好きの面倒見のよい人で，彼女が共同生活と同時にペットを持ち込んできたのである。実際，AがBとの同棲を自分自身に言い聞かせたのは，彼女が愛し，育てる人間であることが一つの理由だったと言えよう。しかしすぐに，Aはペットに我慢できなくなり，追い出す策略を思いつく。彼は優しく，ペットに強い関心を向けているが，しばらくすると明らかにしょんぼりとして，Bに，自分としてはこんなに可愛いペットが小さな部屋に閉じ込められなければならないのが耐えられないと言う。AとBは共働きであり，日中はペットだけ取り残されている。これをBは悩んでいた。Aはもし本当にペットを愛しているなら，こんな仕打ちは許されないはずだ，と持ちかけ，自分はもう耐えられないとBに言う。つまり，世話をする時間のある人のところにペットを送り出さなければならない，という。Aが愛情に満ちた気遣いという機能を装ってしまっているので，とても動物を愛してきたBの方が，罪悪感（愛ではなく）や不安（これからペットに何かが起こることを知っている）を感じている。彼女は動物をあきらめる。実際は今まで愛し続けていたのだが，このときには，自分は最初からずっと残酷だったと考えている。Aが愛や心配といった要素を抽出的に取り入れ，失敬してしまったので，Bにはひどい不快さが残されることになる。

考　察

　これらの例で，私が抽出的取り入れと名づけた間主観的過程が明確になったことと思う。それは，他者の心に侵入し，精神生活上のある要素を自分のものとしてしまう流儀のことである。抽出的取り入れの犠牲者は，自己の一部が剥ぎ取られたように感じるだろう。この過程が幼少期に起これば，子どもである犠牲者は，なぜ自分には精神生活における特定の要素に対する，当然の権利がないように見えるのか，はっきりと認識することができないだろう。たとえば，子どもの落ち度に批判的な親によって絶えず攻撃されている子どもは，大人になると，罪悪感を抱くことの重要性を過少評価するようになる。罪悪感を持つという構造自体に癒しをもたらす意義があるが，無慈悲な親がこれを持ち去ってしまうので，そういった人は罰や手荒い扱いを求めるようになる。上述の罪悪感の構造により生み出されるのは，悲哀感という自分を立ち止まらせる感情に注意を向けることで，破壊的になりうる過失を和らげるという心理過程である。その悲哀の感情によって，傷つけられた人と一体感を持ち，自分の痛手を修復する能力が保証されるのである。批判的な親によって罪悪感の構造が取り除かれると，その人は不安になるが，悲哀や共感，償いといった感覚を持つことはほとんどないだろう。彼は，「成功する」ということが決してないだろう。

　われわれは患者の投影同一化を分析するとき，従来とは異なる説明として抽出的取り入れの影響と，これら二つの防衛機制の相互作用の両方を，同時に考慮に入れるべきだろう。たとえば，ある患者は投影同一化を通して，自己の一部を明け渡し続けてきたので，うつろで空虚な気分のまま取り残され，内面では傷ついている。このような患者は，破壊的要素を含んだ心的内容物や精神構造を分裂排除し，投影しようとするので，結局のところ，分析家がかなりの心的圧力を感じつつ，これらの排出物全てに耐えることになろう。やはり空っぽという患者の中には，非常に異なったタイプの人がいるが，彼らは，投影同一化のせいで空にされてしまっているのではない。私が引き合いに出しているのは，他者から積極的に侵害されることで空虚になってしまった人で，内的世界が抜き取られてしまっている人のことである。分析の中で分析家は，このような被分析者の望まぬ部分を自分自身に取り込むよう迫られることはないだろう。逆に，被分析者は，

分析家に投影することがほぼ不可能なように見えるだろう。それどころか，被分析者は，寄生的な転移を発展させるのだが，それは（破壊も含めて）人生を高めるもの全てが分析家の内部にあると彼らが頭から決め込み，できるだけ分析家に密着して暮らしていく気になるからである。

　最終的には，病的な間主観性の作用を考慮することで，疾患の種類を分類することができるはずである。たとえば，母親や父親が，自分自身の好ましからざる要素を分裂排除し，子どもに投影同一化すると，その子どもは高度に複雑で混沌とした内的世界に苦しむようになる。こういった人は，成人しても，彼に本来備わっている自己と，親による望まれぬ投入の部分とが，照合しあって統合されることはないかもしれない。これは境界例に当てはまる。別の母親や父親の場合には，子どもから，心的内容物や構造を抽出してしまい，子どもは心の葛藤の処理に必要な中身も構造も奪われてしまう。その場合，大人になると，心の葛藤で過剰な負担がかかるというよりも，精神的に正常な機能が果たせなくなったり，貧困化するように見えるだろう。私が先の章で述べたような人，すなわち「規範的な」人は，ある種の抽出的取り入れに苦しむ人といえるかもしれない。そうだとしたら，私の考えでは，規範的な子どもとは，両親に盗み出された心的要素を抽出したり，それに（思い込みによって）同一化していた目撃者なのではなく，心的構造が蒸発したことに続く，抽出過程への参加者‐犠牲者（participant-victim）なのである。

　疑いもなく，それぞれの抽出的取り入れには，対応した何かしらの投影同一化が伴う。他人の心を奪い取っていくと，そこには隙間や空白が残される。そこには，盗んだ物の代わりに，絶望と空虚を積もらせる。状況がさらに複雑になるのは，一貫して抽出的取り入れの犠牲者となっている子どもは，攻撃的な親と自分を重ね合わせ，自分のパーソナリティの中にこの同一化を組み込むことを選ぶかもしれず，これが偽りの自己として機能する。すると，彼は同様に攻撃的で貪欲な態度で振舞うようになり，他人から精神生活を構成する要素を抜き出すだろう。しかし，この偽りの自己は，偽りの行為，空虚な盗用，ただそれだけである。こういった人は，盗んだ要素を本当に私物化するわけではない。彼は自分がしているかのように扮するだけである。ここで，他人の心の状態を侵犯はするが，他を圧倒したり，支配するために，盗んだ物を長い期間かけて使うのではないある種のサイコパスのことを思い浮かべてほしい。彼らの盗みはすばやく，つ

かの間で，空虚なのである。

　私は，抽出的取り入れは，4つのタイプに分けることができると思う。心的内容の盗用，情緒過程の盗用，心的構造の盗用，自己の盗用である。

　心的内容の盗用：われわれは独自の着想や心的表象を持つ。たとえ他者と共通の着想や心的表象を抱いていても，それらはある意味でわれわれの作品である。もちろん，それらはわれわれと他者によって改善され変更される対象となる。アイデアを盗用するということは，抽出的取り入れの1つの形であり，しばしば強奪という行為によって特徴づけられる。BがAに，ある話題について最近の考えを話すとする。Aは，「ああ，もちろん」とか「そのとおり」とか，「当然」と答えている。それから，「そこでさらに」とAが続けて言う。まるで，AはBが思いついたことをすでに考えたことがあって，はるかに多くを付け加えるかのように振舞う。このようなやり取りは，とてもありふれている。そして，これ以上Aと話すことに，Bが幾ばくかの苛立ちや，もしかすると気が進まないと感じるにしても，その影響は，たいてい比較的当たり障りのないものである。

　情緒過程の盗用：人は過ちを犯すと，以下のような一連の感情が相次いで起こってくるのが普通である。それは，驚き/衝撃，自分への怒り，悲哀，罪悪感や責任感，補償，心の平穏の回復である。このような情緒的過程は，人生における個々の主体的経験の本質的な特性である。しかし，それは別の人によって干渉されうるので，情緒過程は遮られたり，改ざんされる。情緒過程が妨げられると，代わりに，驚きと衝撃，急性の不安や恐れ，屈辱，隠蔽や恐怖といった情緒体験をする。AがBからこの情緒過程の要素を抜き出してしまい，それによって，情緒的体験の成り行きが様変わりすると，Bの感情的な生活の性格は，恒久的に切り替わってしまうかもしれない。ここでのダメージは，心的内容の盗用よりもずっと深刻である。

　心的構造の盗用：心の中で，われわれが超自我と呼ぶ部分の構造が果たす役割をAが担うことで，Bの心の構造が損なわれていく。その方法は次の通りである。Bは，内側から責められたと感じる代わりに，外部から屈辱を与えられることを予期するが，やがて自分自身を咎めることをやめてしまう。というのも，Bにとって重要なのは，自分の外部にある超自我を喜ばせることか，欺くことのいずれか（もしくはその両方）だからである。こうなると，精神構造の重大な喪失が起こっていることになる。とことんまで自分自身のことを考え抜くというBの能力を，Aが傷つけ，そ

の考えるという機能をAが不当に自分のものにしてしまえば，合理的思考や問題解決を可能とする心的構造は撤去されてしまうだろうし，Bは自分が問題を解決できないように感じるだろう。事実，Bは，思考それ自体にほとんど確信が持てないまま，茫然自失で取り残されるだろう。というのは，彼には，考えるということが，不安や脅威を感じさせられるような，物騒で困難な営みに思えるからである。Bは二次過程思考をあきらめ，一次過程で話すようになるだろうが，それは，いわば愚人かイディオ・サヴァン[訳注12]のようで，狂気であるということを口実に，ひそかな考えに走るのである。

自己の盗用：自己は多種多様な部分からなり，当然のことながら，人によって違う。私はここでそれを概観するつもりはない。しかし，われわれ一人ひとりには，無二で個性的な歴史がある。この歴史は自己の文化の後ろ盾となる。自己はたくさんの自己によって構成されるのであるが，おそらくわれわれにとって最も価値ある財産であろう。自己の一部を失うことは，意味や役割，営みを失うばかりでなく，自分自身であるという感覚を失うことである。この性質の喪失は，自分の歴史を破壊することになるのだが，自分のパーソナルな歴史の喪失は身の破滅であり，そこから立ち直ることは決してできないだろう。

喪失，無意識の悲嘆，そして暴力

子どもの頃に，心の大切な要素や機能を常に抜き取られてきた人は，ある種の喪失の感覚を体験するだろう。彼らは根本的な不正が起こっていて，何者かによって危害を被ってきたと感じるかもしれない，エイハブ船長のように，報復的解決を探し求めるかもしれない。なるほど，この手の復讐心は，苦々しく，絶望で心を乱すもので，意識されない悲嘆の一つの現れであり，あたかもこの喪失が，いわゆる，目には目を，脚には脚をという，復讐法でしか白紙に戻せないことを示しているようである。この点で，復讐法は，相手に乱暴に侵入する事によって，自己の失った部分を償おうとする無意識的行為である。すなわち，かつて自分自身から盗まれた物を取り戻すのである。

訳注12）イディオ・サヴァン：利巧馬鹿。サヴァン症候群の事。

自分たちの精神生活の大事なところを盗む親にずっと冒瀆されてきた子どもたちのなかに、それに関連した行動パターンが展開してしまうことに気がつくこともある。押し込み強盗する人は、家族の内的対象を盗むために家庭を乱すこともあるが、その瞬間、彼の行いは、子どもの頃の自分自身の体験をそっくり映し出しているのであり、暴力的に補償しようとすることで、自分の人生のパターンを強迫的に反転させているのである。

ある人が他人の精神的領域に入り込む時、投影同一化によってそうするように、自分自身の好ましからぬ部分を預けるだけでなく、ある点では、何かを持ち出すのである。少なくとも、彼は受け手の心の平安を盗み出してしまう。これはまさに、投影同一化の一つの機能である。自分自身の好ましくない部分を他人に置いてくることで、投影する側の人は、制限つきの心の安寧を楽しむのだが、それは、混乱の中に取り残された受け手から抽出された精神状態なのである。

必然としてのパラノイア

精神分析家が重度の精神障害をもっている人と作業をする際に、鑑別診断すべき最も重要なことの一つは、その患者の心の喪失が、元来、投影同一化に起因するのか、すなわち、原初的な絶滅不安を防衛する操作として心を追放したためなのか、それとも精神生活の本質的要素を他者に乱暴に抽出されてしまったことで、精神的な全体性を欠いてしまったことによるのか、ということである。

他人に心を抽出されてきた子どもには、抽出的取り入れの犠牲者という自分の体験を処理する力がほとんどないので、自分に何が起こっているのか、幾ばくかでも根底から理解するということがほぼないだろう。理解するとは、すなわち、自分が経験した間主観的事象がどのようなものであるか、心の中で表象することができるという意味である。第6章で前述したように、心の喪失は了解を超えた人生の決定的出来事としてしか、個人の記憶にしまわれないだろう。彼は、極端に空虚で自分の存在に頓着しないか、もしくは全く正反対で、怒り、落ち込み、妄想的になるだろう。しかし、こういった人の妄想過程は、個人の好ましからぬ要素を他者に投影するパラノイアとは違う。パラノイアは、その人の外界との関係の中に不安を投げ込む。抽出的取り入れの犠牲者にとっての妄想状態とは、悲嘆、つ

まり，「なくなったもの」への喪失感の結果としての心的態度であり，敵意を抱く「外界」の何者かが，心の中から何か価値ある物を奪っていくという信念を築く。そのような人は，妄想対象から隠れて生きるのではなく，むしろ反対で——エイハブのように，別のやり方を模索する。彼は失われた物を自分のところに取り戻すため，もしくはそれに自分を近づけるため，それに向かって旅をする。彼は，自分から追い出すためにそれと一体化しないのではなく，かえって抽出過程を続けるために一体化するのである。

　転移と逆転移のありようを調べることで，われわれは，力動的に見て投影が主体のパラノイアと，子どもの精神を親が抜き取ってしまった結果としてのパラノイアとを，見分けることができるかもしれない。悲嘆に苦悶するタイプのパラノイアは，他の精神の構成要素とともに，本国に帰還しようと努める。彼らは転移の中で，分析家は大事な精神過程を保持しているのだが，自分もこれらの才能を獲得するものと運命づけられていると確信している。分析家は，精神生活の構成要素を被分析者に返すようにとのプレッシャーを受けるようになるかもしれないが——これは患者の交流の無意識のテーマである——分析家は，もっと一般的な妄想過程の力動的特徴によって，自分自身が悩まされているのではないとわかるだろう。言い換えると，分析家は患者の心の望まれない部分を持たされたり，それに耐えたりする必要がないのである。全く逆なのだ。患者は自分の心を再生しようとする。分析家は，患者が情動や心理過程，ひいては精神構造を思い描き，再び手に入れるのを助けるので，被分析者は，ある種の対象飢餓のようなものや，やがては愛で，分析家の変形機能に応えるようになる。

　この章では，抽出的取り入れという概念で私が述べたものを考察し，それを明確にするためのビネットを提示した。私は，なぜ一部の人は，他の人に比べて抽出的取り入れを受けやすいのかを検討していないし，通常の抽出的取り入れと病的なものとの区別もしていない。しかしながら，抽出的取り入れは，間主観的過程の一環として誰もが使っていて，欠くことのできないものだということは明確になったのではないかと思う。

　投影同一化と，抽出的取り入れとの相互作用をもっと詳しく検討することは，先送りにしようと思う。また，主体の投影同一化よりも，むしろ他者が心を抽出してしまった結果内的な空虚感を抱えた患者に働きかけていく際に，精神分析的技法に予想される影響を十分に議論することも同様である。

第3部　逆転移

第 10 章　虚言者

　私の患者の 1 人であるジョナサンがしばしば報告していたある情景が，私がこの章で取り上げようとしている現象の典型例である。ジョナサンは妻と言い争ったために仕事に遅刻した。彼の上司がその理由を尋ねた。その朝自分の身に何が起きたか信じてもらえないだろうけれど，と彼は話し始めた。彼はいつも通りゆとりを持って職場に着くように出発したのだが，パトカーに路肩に車を停めるよう指示された。警察官は無線で応援を呼び，間もなく彼の車は数台の警察車両に取り囲まれた。彼は恐怖で凍りついたが，この奇妙なできごとが好奇心をひどくくすぐらないわけはなかった。憤懣やるかたない気持ちは，このできごとの不可解な理屈の下では身を潜めた。彼はパトカーに押し込まれ，手錠をかけられた。無言のまま，警察官は彼を地元警察署の留置独房に連行した。おそらくは 1 時間ほどだったが，彼には永遠に思われた時間の後，きちんとした身なりの刑事が独房に入ってきた。刑事は間違いが生じたことを詫び，彼は解放された。彼は覆面パトカーで送ってもらい，誤認逮捕された現場に置いたままだった自分の車に戻って職場に向かった。彼はこの嘘を私に語りながら，上司があまりにだまされやすく，信じられないことに，この説明を真に受けたと述べた。「この物語は，陳腐な刑事ものの映画か，カフカの安っぽい二番煎じのようなものだ。自分でもどうしてそんな風に言ったのか分からない。タイヤがパンクしましたと言うことだってできたのに。だけど，そのかわりに私はこの変な話を選んだんです。気の毒なお馬鹿さんは私を信じました。彼は，私を信じたんですよ。こんな風に切り抜けていける限り，私は何も恐れなくてすむんですよ。こんな風にできてしまうなら，真実って一体何なんでしょう？　いやな厄介ごととは無縁でいられるんです。」

　これは，現実を否認するという，サイコパスの虚言者の嘘の機能なのだろうか？　本当のことを述べるのと同じくらい，もしくはそれ以上に嘘をつくサイコパスが，もし彼の嘘をうわべの正気さで装うとしたら，彼の言動の何を狂気というのだろう？　どこを狂気と見ればよいのだろうか？

嘘の内容の中にだろうか？　対象としての嘘との関係性にだろうか？　それとも，嘘をついた相手と虚言者の関係性にだろうか？

　私たち精神分析家は，他のサイコパスの虚言者の時と同様，ジョナサンとの間でもちょっとした皮肉めいた矛盾に出会う。虚言者の嘘が彼の心的現実の表現形であるなら，その嘘は，私たちが極めて高い価値を置く心の真実の明確な表現だということになる。ジョナサンは，現実に自分に起きたことについては確かに嘘をついているが，自分の心的現実においても嘘をついていると言えるのだろうか？　彼の妻がもう出て行くと脅したために彼が仕事に遅れたのだと知った上では，彼の嘘は妻の脅しに反応した恐怖心を表していることになる。おそらくその脅しによって，彼によく浮かぶ考え，彼女を殺して子どもを手元に置いておこうとする衝動が生じたのだろう。彼は殺人のため逮捕され裁判にかけられるだろう。しかし，例の嘘の中では，彼は釈放される。無実が証明されるのである。何も起きなかったことになる。潜在的にありうる投獄から彼を解放する身ぎれいな刑事は，転移性の認知の人格化であるかもしれない。彼はしばしば私のことを彼を狂気から解放してくれるかもしれない，現実に確固と根ざした人物とみなしていたからである。

メタファーとしての嘘

　ジョナサンは自分の嘘はまったく意図せず出てきたものだったと述べている。それらの嘘は，意識的主体としての彼がそれらに明確な影響を及ぼす前に口に出されたものである。彼はもちろん嘘をつくことで危険にさらされる可能性があることには気づいているが，この能力から恩恵を受けていると感じているとも述べている。彼は嘘を通じてしかパーソナルな現実を感じられないと確信している。嘘を通してしか現実感が湧かないのである。

　このように，虚言者の嘘（以後，サイコパスの虚言者の嘘をつく行為に限局して述べることにする）は，メタファーなのである。既成の真実や，真実を述べるための既成の考え方は，このメタファーの革命的な論理で打ち破られる。直喩とメタファーを単純に比較すると，直喩に比べてメタファーの表象がどれほど撹乱的で感情を喚起するかがはっきりする。ジョナサンは仕事に向かう道のりについて，警察にひどい監禁にあった**ようなもの**だっ

たと述べることで，現実のできごととそれに対応した心的現実に由来する感情や思考とを，はっきり対比して描こうとしていたことになるのではないだろうか。しかし，直喩によってもたらされる「かのような（as-if）」連結をメタファーの論理が省略することで，現実との関係から作り出される真実の表現はその通常の形式を失う。

　メタファーは喚起する様態（mode）である。日常的でないイメージや不可能な並置が，現実的で説明的な散文に組み込むことが困難な真実を語るために用いられる。メタファーの論理とその感情喚起機能を分けることは間違いである。それは対象をゆさぶり驚かせる。その点では虚言者の嘘も同様である。それはまた，メタファーの論理を通じて語る主体や，嘘を通して自分の真実を明確に表現する主体に好奇心をそそる感覚をもたらす。メタファーの表象の有する乱暴な挑戦的性質は，重要な無意識的意味とその意味と連結した情緒の双方を表出する。サイコパスの虚言者の嘘は，自分は本当に真実を述べているのだと信じることを可能にする。というのは，嘘をつくことが避けられないくらいに自分が無力であるという現実で体験しているできごとよりも，彼が述べることの方が彼にとってずっと真実に感じられるからである。

現実の再構築

　ジョナサンは，現実との関わりを嘘を通じて変化させる。彼の身に起きたことについて嘘をつく際にも，彼の身にその先何がおきるかを偽る際にも，彼は過去や未来の現実が対象世界の万能的な操作の表現であるという錯覚を維持し続ける。彼は嘘をつくことで他者がだまされるかどうか見極めることによって，このことを確かめ続けるのである。とてもうまく嘘をつくことができれば，彼は自分が望んだように現実を作り出せるという確信を持ち続けることになる。これは単に，嘘を通じて安全を見出そうとしているという問題ではない。確かに彼は守られているように感じるが，彼の嘘の本質は，そうでもしないと手の届かない外界への情緒的で想像豊かな関係をもたらしてくれるところにある。それはまるで，解離した自己の体験を現実化するために噂を必要としているようである。これが可能となるのは嘘の内容によってではなく，嘘をつく過程そのものによってであり，それは彼が，現実を再構築する行為で，ひどい束縛として経験していたこ

とから解放されるからにほかならない。彼は感情を表出する自由を与えられるのである。

　しかし，どうして真実を語らないのだろうか？　なぜ真実を経験するために想像力が用いられないのだろう？　真実を述べることは，人が虚ろになっていったり，不平不満を述べることを意味するわけではないのに。批判的な立場をとることは可能ではなかっただろうか？　ジョナサンや多くのサイコパスの虚言者にとってはそうではないのである。真実を語ることが主体の感情や思考を表現するうえで極めて重要であるこうした状況では，真実を表現することは狂気の沙汰であり，全く不可能なことに思えるのである。実際のところは，ジョナサンは恐怖症的に他の人たちとの距離を十分にとっているので，破滅的と感じられる特別な真実を避ける嘘をつかなくてはならないところまで追い込まれることはめったになかった。ゆえに，彼の嘘のほとんどは全く不必要なものに思えるのだが，それにも関わらず彼が嘘をつく不可思議さはどう説明すればよいのだろうか？

　嘘には二つの階層（order）があるようである。一つは，自分が罠にはめられたと感じ，真実が破壊的だと感じた場合につく嘘。こうした体験は常にとても強烈なものなのだが，彼のこうした類の嘘への関係性は，不必要な嘘への関係性とは質的に異なったものである。何かしら恐ろしい現実が生じるのを避けるために語られる嘘は，彼を恐怖から解放するようには見えない。その時彼は，嘘によってすっきりしたようには感じていないのである。彼は通常ひどく不安を感じ，自分の嘘が通用しないのではないかとおそれている。数日の間，彼は何か恐ろしいことが起きるのではないかと恐怖を感じながら過ごすのである。大分たってから，ようやく彼はそこから回復し，もう二度とあんなふうになるのはごめんだと（自分を慰める意味で）誓うのである。

　二つ目の階層である一見不必要な嘘には，生き生きとして勝ち誇った感覚と自信が伴う。この嘘にはきりのなさがある。彼は1日に何度もこうした嘘をつき，場合によってはそれらはとても複雑なものとなり，かなり長期間維持される。

　たとえば，こんな話である。あるとき彼は，駅に向かう途中で，ある少年に少し年上の少年が近づいていくところを見かけた。彼らはいかがわしい関係を持とうとしているように見えたが，彼はそんなに気にも留めなかった。数日後，彼はその2人の少年を町の別の場所で再び見かけた。今度は

彼はそのうちの1人が麻薬用の注射器を持っているのをはっきりと見た。彼はこの嘘を職場の2人の女の子に話した。彼女達はその話に引き込まれ，かなり長いこと，何が起きようとしていたのかを思いめぐらしていた。翌日，彼は彼女たちに，自分が何を見かけたか信じられないと思うよと話した。昨晩彼が映画館にいると，またもや例の2人の少年が一緒にいるところを見かけた。彼らの1人が彼のところに来て，一緒に楽しまないかと誘ってきたので彼はとても驚いた。偶然の一致に恐れおののいて，彼は断ることができなかった。彼は仲間に加わることにして，映画の後で年長の少年の家に行った。そこで若い方の少年が彼を誘惑してきたため，彼は家から飛び出して自分の車に飛び乗って家に帰ったのだった。

　この話を聞いて，女の子たちは驚いた。彼女らは，彼の感じたひどいショックに共感した。1週間後，彼は彼女たちに，例の2人の少年のことを覚えているかと聞いた。そう，もちろん彼女たちは覚えている。彼女たちがその話をそんなに早く忘れるわけはない。そこで彼は，少年のうちの1人が彼に電話してきて，週末一緒に別荘で過ごさないかと聞いてきたのだと言う。またしても彼は断らなかった。彼は別荘に行った。信じられないことに，その別荘には高名な政府高官がいて，絶世の美女たちにポルノ映画を見せていたのだ。彼らはめちゃくちゃ退廃的だった。この話を聞いて，女の子たちは好奇心一杯に身を乗り出してきた。それでどうなったのと彼女たちは尋ねた。それからどうなっちゃったの？　それからジョナサンは，たっぷり時間をかけて彼女たちの質問に答えた。嘘の源泉は，彼という主体から彼女たちへと移っていく。彼女たちが問い，彼が答えで埋めていくのである。この特別な嘘は，他の嘘——ある架空の政治スキャンダルに彼が巻き込まれるというもの——に取って代わられるまでの間，6週間ほども続いた。彼は，毎週別々のいくつかの場所で働いていたので，そんな感じの嘘を5つか6つ維持することができた。それらは彼の時間を十二分に潰してくれる。実際，時に彼は嘘をつく以外のことをするひまがほとんどない時さえある。

理　性

　彼がこんな風にふるまう理由について，分析の中で私たちが理解したのはどんなことだろうか？　彼が大家族の長子であり，彼の両親が2人とも

第10章　虚言者　175

上昇指向が強く，実際仕事で悪名を馳せていたことは知っている。知性豊かで，ことさらに合理主義者の両親は，独特な雰囲気を家庭内に築き上げていた。家のインテリアはうまくデザインされていて，古代ギリシャ風趣味から全く自然に発展してきたと思わせるものだった。図書室は古典文学だけで彩られており，インテリアは白で統一されていた。彼の父親が，あたかも自分が古代の詩人や哲学者から特別に委任されたかのようにとうとうと語ったのは，とりわけこの空間であった。彼は歴史の重みに押しつぶされているのだった。どんな困難も，その解決に関わる者が忍耐し，理性の法則に従ってさえいれば全て解決可能なのである。かんしゃくなどといったあらゆる不合理な感情は，主体の意思疎通や合理性の能力の不幸な破綻の極みであって，可能な限り速やかに理性に引き戻される。だからといって，両親に感情が欠けていると言いたい訳ではない。だが，彼らのあらゆる情感は彼らの恐るべき知性の力に屈してしまう。かくして彼らは，語らいに夢中になることは可能なのだが，それは不合理な抵抗に出会った合理的観点の防衛においてのみなのである。

　幼い頃のジョナサンの養育方針について，この家族が決めたことがどのようだったかは，この枠組みの範囲内にある。生後2カ月の時，彼の母親は外国で開催される学会に参加するために，3週間彼から離れた。夫婦はそれを全く合理的なことと考えた。子どもは生まれてきて，生きていて，うまくいっているし，幸せそうだ。母親はすでに彼を終日乳母と家政婦に任せていて，彼女たちは母親が出かけても彼には何の悪影響もないでしょうと明言した。赤ん坊だったジョナサンは平穏と充足の権化のようであった。

　両親の養育機能を何人かの人々に分割した影響は，ある典型的な1日にジョナサンが人の手から手へとたらい回しにされることに見てとれる。母親は朝，おはようを言うと仕事に出かける。家政婦がお昼どきまで彼の世話をする。母親が数十分だけ帰ってきて，郵便物をとり，優しい言葉を二言三言彼に投げかける。午後になると乳母が彼の面倒を見る。彼女は彼をからかうのが好きで，ひどくサディスティックとしか言いようのないやり方で彼をよく泣かせた。夕方早く，父親が帰宅するが，彼は読書に耽りジョナサンとはほとんど過ごさない。父親が最も密に接する時間は夜中だったが，それは彼がぐずった時に部屋にやってくるのが，母親ではなく父親の役割だったからである。

二つの対象

　ジョナサンのパーソナリティ構造から私が推察するのは、乳幼児の頃、彼は対象について少なくとも二つのまったく異なった体験をしていたということである。その体験の第一は、客観的に認識された対象とのものである。彼は母親を見る。彼は家政婦を見る。彼は父親を見る。対象の第二の体験はより複雑で重要である。その**もう一つの**対象は幻想上のものである。それは現実に由来しているが、ジョナサンのニードと欲望の法則に則った対象である。特にこの対象との第二の体験は、両親対象との現実の生きた体験の欠落によって生じた、たくさんの間隙を埋めるものである。ジョナサンの対象として用いられる可能性を有していた両親が絶え間なく行う断絶は、彼を当惑させるものであり、そのため彼は代わりの世界を作り出さざるを得なかったので、彼が一つの対象との満ち足りた体験を発展させることができるのは幻想の中だけであった。

　重要なのは、対象のこの2種類の体験様式が相互に代替可能であり、ほぼ等価な実存状態にあるということである。ジョナサンの嘘は、対象の第二の体験様式から生じている。彼がサイコパス的に（自動的に）嘘をつくのは、自己と対象の体験様式のもう一つの階層として、虚言が現実の両親の不在から彼をいつも立ち直らせてくれるよう機能するからであった。ジョナサンにとって、両親との幻想上の関係を取り戻す機能は、実在の両親それぞれとの関係よりずっと大事なものとなった。ジョナサンにとって嘘をつくことは単に幻想することではない。嘘をつくことは現実との別の関係を生み出す。それを彼は、存在にとってきわめて自然なものであり、必要不可欠だと感じだ。実際、ジョナサンの虚言行為は、彼が外の世界と関わりをもつうえで、単に現実を吟味する方法であるというだけでなく、現実を用いたり現実がもたらす快適や喜びの要素を発見するための方法でもあるので、嘘を手放すことは現実検討の放棄に等しいと思える、というパラドックスが生じる。

嘘の機能

　サイコパスの虚言行為は普通の人の嘘とはその起源も機能も異なる。普

通の人の虚言行為は時にはまったく無害である。人は痛みを伴うであろう真実から誰か他者を守るために嘘をつくことがある。あるいは，自分の秘密が露見する恥ずかしさから嘘をつくこともあるだろう。それに，ひどい仕打ちを与えるためにつくときもあるかもしれない。現実のなまのできごとを話す時と異なり，ジョナサンの虚言行為は，彼に生きている実感を与え，彼に一貫性をもたらす。彼は私に，虚言行為は生きていることなので嘘をつくのだとよく言った。すなわち，虚言行為によってのみ彼は生き生きとしていられるということなのである。私は，対象の第二の体験様式から生じているものとして，この感覚が理解可能だと思っている。嘘をつくことは虚無に命を与える行為なのである。

つまり，ジョナサンの虚言行為は現実の両親対象**それ自体**と関係を持つこととは何のつながりもないことがわかるだろう。嘘は，幻想がより早期にはそうであるように，万能的にコントロールされうる幻想的な対象を構成するよう機能していると私は述べなかっただろうか？　原初の対象，つまり，小さな赤ん坊を幻想の補償的な慰めを通じて独力で生活をせざるを得ない状況に置き去りにした現実の対象との原体験の痕跡を私たちが把握できるのは，虚言者の他者との関係においてのみである。サイコパスの虚言者の狂気が位置づけられるのは，この，嘘をつかれた対象と虚言者の関係の中なのである。

ジョナサンの虚言行為には常にある特殊な感覚が先行する。彼は日々嘘をつくので，この感覚はほとんどいつも彼につきまとう。彼は環境に何か無慈悲なところがあることにうすうす気づいている。この無慈悲であるという感覚はどの特定の対象にも，予期されていたどの出来事にも，どの場所にも，布置されることはない。この無慈悲さが存在するという感覚は，嘘をつく衝動そのもののある種の投影同一化なのだろうか？　そうではない。この広汎な情緒的感覚こそが虚言をジョナサンがしなくてはならないと感じる源泉なのである。というのは，虚言こそが，危険性を秘めているもののいまだはっきりと同定できないでいる存在との受身的な関係の中で，彼を生かし，彼自身のどちらかというと生気のない自己との接触を維持してくれると信じられる行為だからである。私には，彼が，ある情緒的感覚を通して，自分からすぐ去っていこうとする原初対象との関係を拾い集めようとしているように思える。つまりこの不安は，自己－他者体験を保たせている感覚であり，保持されている対象の存在を示唆するものである。

小さい乳幼児として感じたに違いないものを拾い集める中で、彼は自分の存在そのものを常に疑わしいものと感じているのである。

ジョナサンは常日頃から、自分に対して非の打ち所のない論理が敷かれた恐ろしい状況が今にも起きるのでないかと感じている。私が思うに彼が嘘をつくのは、他者をバカにするためだけではなく、彼個人のパーソナルな状況を人間的なものにするためにでもあるのだろうが、それは彼が自分のことを無慈悲な非人間的なものに近いと感じているからなのである。彼は専制君主的な理性の出現を阻むために嘘をつかなくてはならない。どんなものであれ、抑圧的な力を打破した際のエクスタシーほど素晴らしい喜びはない。その時、彼は自分が全く不利な戦いに勝利したと感じるのである。

転　移

それゆえ、ジョナサンの原初対象の体験は、彼の気分の中や無慈悲な何かがそばにあるという感覚の中で、転移的に現れる。彼の虚言は原初対象との関係に由来する二つの機能がある。第一は、嘘をつくプロセスで自分をとりまく感覚として想起される、原初対象の不気味な存在に対抗するためにもたらされる機能である。もう一つは、彼が他者に嘘をつくときに、同時に無意識に、彼が両親対象との関係でいつも被っていた外傷そのものを再創造する機能である。つまり彼は、他者が本当だと思ってしまうような、別バージョンの現実を示すのである。実際、他者は気づかぬうちに、カプセルに包まれた**二人組幻覚**（hallucination à deux[訳注13]）に没頭することになるのだが、その事実は——そんなことがありえるとしたならだが——彼が話していたことが嘘だと彼らが気づくまで、露見しないのである。**虚言者の別バージョンの現実が、虚言者と他者が嘘という狂気を共有していたのだという真実によって破られるのは、まさにその瞬間である。**気づかれないでいた**二人組幻覚**であったものが、**二人組外傷**となるのである。この時、この**二人組精神病**の参加者それぞれは混乱する。何が本当なのだろう？　全てが作り物だったのか？　虚言者は一時正気になる。おそらく

訳注13）二人組精神病（folie à deux）とは、フランスのラセーグとファルレ（Lasègue et Falret, 1877）により名づけられた現象で、主に精神病者と同居している家族が、一緒に家に籠っている間に一時的に患者と同じ妄想状態を呈することをいう。

結局のところ，嘘の一部は本当だからである。しかし，そういった希望は少ししか報われない。他者は通常しばらくの間，愕然とした状態のままになる。知人らがジョナサンの嘘に気づいた時，彼らは何と言ってよいかわからないままなのが常であった。

現実というショッキングな離脱

　原初対象の体験が，無慈悲な存在への感情として転移的に実存するならば，虚言者が嘘をつくときに必ず存在する潜在的な外傷もまたそこに実存することになるだろう。虚言者が他者に向けて世界を創出する時，彼は彼自身その世界を信じきっているし，より生きている実感がおき，その世界を共有している相手をより近しくも感じる。真実が嘘を一掃すると，虚言者によって創り出された自己と対象表象の世界もそれとともに払拭される。そこに現れるのは共有された現実からのショッキングな離脱という外傷である。虚言者も他者も双方ともがひどく裏切られた気持ちなので，嘘が心的現実を語っていたのだと気づいたとしても何の慰めにもならない。

　この裏切りの感覚は，現実には，生き生きとして繊細な語りという実存，すなわち虚言者と他者を親密にさせてくれる「声」の喪失に対する反応だと私は思う。つまり，嘘は現実の否認だけではない。それは結果としてその外傷の再上演（re-enactment）を引き起こしうる，外傷の否認なのである。実のところ，嘘が打ち消そうと試みる外傷は嘘をつく過程そのものに潜んでいる。何の前触れもなく，気づかれないまま突然消え去ってしまうのはそのように媒介された現実の外傷である。虚言者が誰か他者に向けて嘘を創り出す時，すなわち，虚言者が他者に世界を創造し，媒介し，変形する際，虚言者は彼の実存の媒介者であり，語り手でもある母親の機能について赤ん坊が体験したことを転移する。この機能が消失した時に，虚言者の語りのプロセスの喪失により，虚言者の無意識の体験である母親の喪失が再-創造されるのだが，その母親は生後間もない頃，分離した対象ではなく変形性のプロセスとして気づかれた存在であると私は考えている。

　他者に一つの世界を提供する中で，その世界が，真実でないものに基づいていると気づかれた時にそれは目の前から消失するのだが，ジョナサンは他者に，赤ん坊の時の両親の不在という彼自身の体験と著しく類似した

体験を再創造することになる。

精神分析家の逆転移

ジョナサンと作業する中で，私は自分の逆転移が有用で，意義があると気づいた。私にはジョナサンが本当のことを言っているのか嘘をついているのか，わからないことがよくあった。そういう時，私は事実と作り話の区別ができなかった。彼が話しているのは本当なのか，それとも全くのでたらめなのだろうか？　そう思うと，私は彼の表象世界との連結を確立することが不可能になる。彼を信用することは困難になる。

彼が心的環境全体を転移していることに私は段々気づいてきた。彼は分析家の中に，彼の原初対象との早期の関係全体を持ち込んでいたのであった。幻想を創り出すものの，それらを現実として表象はしない存在になりながら，ジョナサンは母親を分析の中で表象していく。彼の語りが表象するものは，いかなる情緒的な現実とも十分長くは連結を保てないために，その語りは幻想にすぎないのである。他者（この場合は私自身）はそういった幻想的な存在の犠牲者になり，対象に対する狂おしいまでのあてのなさによって生じる不安を感じることになるだろう。ジョナサンは私に，現実の存在がないという体験がどのようなもの気づくように強いるのである。虚言者が自分自身の想像から対象を創り出し，現実の対象世界を操作して，生きていられる人生という幻想を創りあげるに違いないのは，こういった関係が不在であるためなのである。

嘘の露呈による外傷の後で他者に生じるこれらの感覚もまた，虚言者の原初対象に対する体験の断片である。嘘をつかれたことの外傷から回復するとすぐに，逆転移の中で私は欲求不満と怒りを感じることが多かった。やがて，私個人には自分は役に立たないのでないかという感覚が生じることになるのである。この患者に手が届くことがいったいあるのだろうか，といった感覚である。分析的な努力をすることはとても絶望的なものに思える。それに続いて私は個人的に悲しみを感じることが多かった。ジョナサンの虚言は，自分自身のために世界を創造しようとするものの，創るそばからそれから疎外されていく若者の痛々しい姿なのである。私の怒りや欲求不満，役立たずという気持ち，悲しさは，すべてある意味で逆転移感情である。彼の母親の行為の再‐創造と過ごしてみることで，そして，今

度は**彼女**の対象となることで，私は，ジョナサンであるということがどんな風かも理解するようになった。それは，不在であることによって起こるトラウマを感じること，幻想上でしか関係できないことで欲求不満を抱くこと，裏切られたことで怒りが生じること，何もないということより起こる不毛さ，そして（彼が母親の中に見た）ジョナサンの中に，自分がすることを止められない何かがあると知ることよって生じる悲しさを感じることであった。

こうした患者と作業していく上で，自分の逆転移との接触を維持することには，こういった患者と作業を行う分析家を癒すような性質がある。私が自分の感情を少なくとも同定できているからこそ，私は妄想を表明する虚言者のペテンの狂気から回復できるのである。そう理解することで，私はまた，それがこの青年が狂気の感覚から回復するいくつかの方法の一つであると学ぶのである。

逆転移精神病

分析中のある特別に緊迫した時期に，ジョナサンは精神分析における守秘性の実態について静かに尋ねてきた。彼は，彼が私に述べたことが完全に守秘されるものであるのかどうかや，状況によっては私が情報を提供することがあるのかを知りたがった。この質問は唐突に生じたように見えた。まるでこの時点までに私たちが考えてきた話題には全く不安がないか，それまで私たちが話あったことと全く関わりがないかのようで，無邪気な質問のようだった。

私は，彼が分析中のこの時点で知りたがったのはなぜかと尋ねた。彼は今は私に話したくないと言い，私が答えたらすぐに話すつもりだと述べた。私たちはこのことについて堂々巡りをし，そうしている内に私は落ち着かなく感じ始めた。私には，ジョナサンがこのことを持ち出す上での彼の主観性の基盤，すなわち何が現実なのかを見極めがたかった。彼との面接では，彼が報告することには毎回ある種のふざけたいたずらっぽさがあったので，私は今はこの問題を半ば冗談にとりそうになっていた。しかし，私はまだ落ち着かなかった。

その面接の終了時間が近づいても彼はこだわり続け，内緒にしていたきわめて重要なことを私に話そうと思っていると述べた。しかし，それは犯

罪に関わることで，彼は私に真実を話したいと思っているが，私が警察に行かないと約束してくれるなら話すという。私はその状況下で最善を尽くして，彼に，精神分析はどんなことが心に浮かんでも話すよう保証する設定になっているが，私が今居る位置は，何をするとかしないとか約束するものではないことを伝えた。私は，彼がたくさんの人を不快な状況に据えたことを喜んだように，私も同じような位置に陥れようとしていると思うと伝えた。彼はうなずいた。

　次の回で彼は，私に患者の情報をもらさないという神聖な誓いを守ってもらえると期待して，自分の心に何が浮かんだか話したいと述べた。引き続く何週間かをかけて，彼は極めて親しいある人を殺す計画を詳細に語っていった。それは初めのうち私には夢想に思えたが，徐々に具体的で確信できるものになっていった。実際，私はこの計画の詳細を気軽に示すことができないが，彼が殺人についてはっきり詳細に練り上げていったと言えば充分だろう。その間，私はどんどん不安になっていったが，このことを転移の中での殺人であるとか彼がこれを楽しんでいるといった解釈は役に立たなかった。彼は，どちらかというとそうしたコメントは，彼のことを私が把握できないために間の抜けたことを言っているか，殺人が実行された時に，私が本当にずっとそれを転移だと思っていたので彼が何をしようとしていたかまったく分からなかったと思おうとしているように感じられるという意味でしか自分の役には立たない，と私にうやうやしく言った。

　しばらく経ってから，私は訝しく思い始めた。おそらく彼は本当にその人物を殺そうと計画しているようだった。しかし，私がこの状況について悩めば悩むほど，どうすればよいか分からなくなっていった。私はこの一連のできごとを同僚に相談することに決めた。彼女は，親切に，かつ実もふたもない言い方で，「もし彼がその相手を殺したら，自分は確実に警察に話すと言うのよ」と簡潔に述べた。さらに彼女は，殺しの対象になっている人物の安全を図るために，その人に伝えるかどうかをどこかの時点で私が決めないとだめだと忠告してくれた。

　いくらか時間がたった今このエピソードを振り返ってみると，全てがすっかり尋常でなかったことが分かる。どうして私はそれほどまでに混乱した状態に至ったのだろう？　実際のところとしては，ジョナサンは虚言者の中核的苦悩をこの嘘に乗せて，逆転移の中に投げ込んだのだと思う。それは現実と幻想の識別能力がいくらか欠けるというものである。私が現実

と幻想の区別がつかなくなっていることに気づくという逆転移を通じて，ジョナサンが分析に持ち込んだものは，虚言という万能感に覆い隠されたこの精神病の性質なのである。

　この理解をもってしてもなお，殺人計画を解消するにはいたらなかった。そこで私は彼に，彼がそれでももし，その殺人計画を進めるなら，分析的な守秘性を放棄する覚悟があり，そうしてもまだ彼が殺人を犯そうとしていると感じたら，私は適切と思うあらゆる行動をとるつもりだと伝えた。

　興味深いことに，私がとったこの行動によって，精神病的と思われる行動（すなわち，殺人）は幻想に転換されたのだった。このことを伝えたことによって，真剣な殺人の意志と殺人計画が止まった。私の予想に反して，彼は私がした介入について私を責めなかったし，二度と私に「真実」を話すまいと決意することもなかった。

本当の自己と偽りの自己

　虚言者がみな，自己を守るためには嘘が不可欠だと感じていることは歴然としている。ある者は，自分が語る事を選んで，まるで真実であるかのようにフィクションを練り上げて，他者を気づかぬままの共謀者として嘘の生活に連れて行く。また，ある種の虚言者の嘘は省略行為である。彼らは真実を無視する。そうした人物は，陰性幻覚（negative hallucination；訳注14）における空間のような空隙に暮らしており，彼らが気づく真実を見たり，語ったりしないことを選択する。だが，これら双方のタイプの虚言者たちは，自己を形成するうえで重大な欠陥があることを補うために欺瞞を用いる。ジョナサンの虚言は入念に作り上げられているので，幻想の原基（matrix）からなる第二の皮膚（second skin 訳注15）を形成して，偽りの自己機能を担うのである。

訳注14）陰性幻覚（negative hallucination）とは，もとは催眠暗示下での現象を指す用語で，知覚されているはずの特定の対象が知覚できない，という現象。精神病症状としても稀に見られる。

訳注15）第二の皮膚（second skin）とは，クライン派児童分析家であった Ester Bick が1968年に提唱した概念。自我境界の機能不全を対象関係論から論じた。真の（第一の）心的世界の境界（心的皮膚）は防衛的な殻としてだけでなく，包み込んだり，内と外との流動的で建設的な交流をする機能も有しているのに対し，偽の（第二の）皮膚は防衛的な機能が中心で，堅く脆弱である。彼女はこの機構の成り立ちを，悪性の対象破壊性に基づく病的な投影同一化と取り入れによって説明している。

「どれが本当のジョナサンなのか？　自己のたくさんのバージョンの中で，どこへ行けば彼を見つけることができるのか？」という問いに答えることはできなかった。ジョナサンは，自分が失うものと言えば，せいぜいのところ，取るに足らない他者なのだと私に何度も話していた。彼は，そうした人物を失っても自分には何の意味もないと述べていた。私はこの言葉は部分的にしか真実でないと思うが，彼がこうした感情を誇張することで強調していたのは，想像上の対象群と生活していくために他者を忘れるというニードがあったからだろう。偽りの自己として機能する彼自身の側面から形成された，偽りの対象群の中で暮らすことによって，彼は自分の本当の自己が侵食されるのを避けているのである。彼が幻想の中でどのように本当の自己を喪失すると信じているかを特定することはできなかった。そして，この確信を正当化することができないという事実が，自分が狂気に陥っていることの，彼の知る限り唯一の客観的な証拠なのだと述べている。しかし，彼は誰かに理解されそうになる時はいつも（そこには彼の自己理解も含まれるのだが），差し迫った破滅の感覚が強烈に湧いてくるという極めて現実的な事実を示すことができた。

　そういった感覚は，同定することはまだその時点ではまったく不可能だが現実に存在する，狂気や破滅から無意識に派生した，転移の再創造なのである。この感覚は，「未思考の知」（第15章参照）を構成するものである。虚言者が嘘をつくのは，この想像することのできない破滅が統合されて現実化しないようにするためなのである。その一方で，彼は真実の情景から姿を消す。それはちょうど，真実を破棄する虚言者，現実の中で真実を表明したいという気持ちにつながる，自己に対する外傷を避けるため，破棄された真実と関係する自分自身の一部を破壊する虚言者と同様である。他方，彼は現実世界と全くかけ離れた世界を創るために，念入りな虚言を紡ぎ出す。

　もし私たちが嘘を単なる秘密を隠す行為とみなすなら，間違いを犯すことになると思う。確かに全ての虚言者は秘密を持っている。彼らは真実を知っており，他者を真実から遠ざけていることも知っている。虚言者の嘘の一部は真実に対するこの万能的な関係から生じさせるだろうが，それは埋め合せであって，主要なものではない。そう，つまり嘘による秘密の感覚は，サディスティックな衝動や他者への冷酷な操作を後押しするものかもしれない。それには，躁的な愉悦がいくらか伴っていたり，パラノイア

的な嘲笑（他者がバカにされている）がちりばめられているようである。これらの感情や行動は，自己の発展の感覚が欠落していることに対する観念的・情緒的な穴埋めであり，自分自身の安全や対象世界への信頼感と安定感が根底から混乱することを防衛する。

　虚言者の虚言が暗に示すものは，本当の自己は受け入れることができないという仮説なのである。内的現実を受け入れることができないために，リアルにみえるが実はそうではないものが生じざるをえないのである。もちろん，虚言者にとって，これは嘘であるし，嘘をつくことは本当の自己を隠蔽して守るための偽りの自己の機能を果たす。たとえばジョナサンは，彼の両親2人ともが彼の真の感情を生き延びることができないだろうと信じている。彼はこれをすっかり確信している。こうした感情は，相補的な万能感が投影同一化されたものなのだろうか？　それとも，無能であるという感覚を偽装し，他者の能力への彼の羨望を反映する仮面なのだろうか？

　私はどちらでもないと思う。彼が自分の真実を語った時に，両親がそれに耳を傾けていることに耐えられなかったというところに，彼の存在についての原理が表されている。この確信は本能の派生物でも，本能によって後押しされた不安でもなく，彼の乳幼児期の生活においては事実であったことへの確信を表象しているのである。その事実とは，理由はそれぞれ異なるにせよ，両親のいずれもが子どものニードを把握することができなかったというものである。彼らは，もし子どものニードを同定でき，自分たちがジョナサンの心的，身体的，存在論的な要求に対して無情にも無関心だったことに気づいていたなら生じたであろう，彼ら自身の罪悪感を扱うことができなかった。両親は心的痛みを避けるために彼ら自身の内的現実から逃避しないではいられなかったのであるが，こうした類の養育そのものがサイコパス的だったといえる。

　つまり，サイコパスの虚言者の狂気の本質は，その表現が，同定できない個人的な破滅と等価であるがゆえに，真実を語ることを反射的に回避すること，真実を語ることから自己と他者を迂回させることの内に暗に示されているといえる。虚言者の狂気は，彼が描き出した世界が現実ではないと他者が気づく外傷的な瞬間に，知らず知らずに明白となる。その狂気の瞬間，他者は，虚言者の持つ外傷を引き起こす原初対象による養育の深く解離された記憶を生き抜くことになる。現実には，そういった母親と過ごすということは，共有された現実へと変形性の発展を遂げるほど十分な長

さで持続しない存在のあり方と，それと同様に破壊的なのだが，時間を逆行して母親の客観的な現実にある種の幻覚的はかなさを付与する不在のあり方との，双方の強烈な過剰投与を経験することなのである。

第11章　精神分析家とヒステリー患者

　精神分析の中で，患者は分析家を独り占めし，対象の使用を通じて自らのイディオムに服従させる。強迫的な被分析者といると，患者のもつ感情的なかかわりのない対象となる結果，私は解決できそうもない欲求不満といらだちの感覚を覚えるかもしれない。躁的な患者といると，患者の誇大さがもつ残忍な性質によって，私はおびえを感じるかもしれない。境界例の被分析者がもつ混沌とした内的世界は，混乱と失見当が遷延する感覚を私にしっかりと保持させるだろうし，その一方で，自己愛的な患者は，彼の鈍さに抗って目覚めていようとしても，睡魔におそわれるようにするだろう。

　分析家にとって，患者の対象としての自分の経験を熟考することは，臨床の仕事における本質的な特徴である。患者の乳幼児期早期の対象世界を再構成するのに，逆転移を利用するのは有用であると，多くの分析家が信じている。たとえば，強迫的な患者の不毛な自己語りは感情のない母性の取り入れ，すなわち生き生きとしていない育児に部分的に由来する精神構造の転移であること，そして転移の対象としての分析家のポジションは，患者の母親体験と同じであることを，私は見出すかもしれない。この被分析者の母親という一つの**要素**に捕らえられている場合には，私の仕事は，**かつて彼がいたところに私がおかれている**ことを患者に伝えることである。分析家は，躁的な患者とのあいだにおける自分の逆転移が，彼の人生早期における次のような瞬間の記録の再上演であることを私は見出すかもしれない。それは，すでに枯渇した自己愛を高める活動や，養育することや世話される者を軽視するように導く活動に没頭することでしか，自分を抑うつ状態から回復させることが出来ない母親に見捨てられた瞬間である。私の逆転移の気分，とりわけ，まったく理解を超えた人，すっかり私を軽蔑している人と理解しあえるはずがないという麻痺するような無力感や恐怖は，肝心なときに不在で，軽蔑的でもある母親との患者の原体験の断片を再提示しているのかもしれない。患者が，このように私を自らの歴史のな

かへ拘禁することから生き残り，患者の一次対象へと話しかけようともがくことで，私は必然的に，被分析者の本当の自己との同盟に携わることになる。境界例患者との臨床の仕事から私が学んだのは，私の逆転移（ここでは，混乱と，患者の中に安定的な対象を見出せない無能感）が，しばしば養育環境の雰囲気を再創造しているということだった。

　知ってのように，ヒステリー患者ほど分析家を支配して楽しむものはない。フロイトは，分析家がたくさんの他者と立ち向かわされることになるヒステリー患者の劇場を経験し，記録した。そして彼は，ヒステリー患者が自らを内省へと導くことのないイメージによる強力な言語を通じて交流してくることを書き留めた。マシュード・カーン（1975）が書き記したのは，ヒステリー患者のエナクトメントのある局面が，他の者を証人 – 共犯になるように強いるというニードだったが，これは，ヒステリー患者が，ある種のパフォーマンスによって自分が取り入れたものをみるよう分析家に強いる三角関係化（triangulation）の一つの形態なのである。

　ヒステリーの被分析者はなぜあれほどたびたび自らを出来事のなかへと溶かし込んでしまうのだろうか？　そのことが分析家にどのような効果をもたらすのだろうか？　分析家の逆転移は，どのように，そういった喜劇への束縛の性質を明らかにし，ドラマツルギーによる支配を，分析的内省へと変えることを成し遂げうるのだろうか？

感覚の語らい

　優雅できれいな服を身にまとい，知的で，教養あるというよりは知識があるといった風で，やや薄ぎたないアパートに独りで住み，事実上いつも抑うつ状態にあった。彼女が最初に自分自身のことについて話したとき，彼女は芝居がかる素質を十分に用いたので，そのセッションは，これまでの人生でやってきたことの鮮烈な描写で特徴づけられた。私がいつもかすかな不安を感じたのは，誰かを自分のニードに黙って従うように無理強いするために，急に興奮した情況にすることができると，話のなかで彼女が暗に示したときだった。そのような残忍さの対象に私がなる番はいつになるだろうと思い，そのことで私は個人的に彼女を恐怖するようになった。彼女は1日の出来事を列挙するのだったが，それは非常に苦しめられる出来事で，彼女は涙なしでは語れなかった。そして彼女は落ち着くと恥ずか

しそうに私を見て，笑いながら唇を噛むのだった。彼女は分析的な解釈を難なく利用するのだが，それは，彼女がその意味について激怒する前に，彼女のニードを感知するという私の努力によるものだった。最初の数カ月が過ぎると彼女は失望し始め，分析的な洞察を知的には利用してはいたものの，事態がこのように進行するのでは自分は満足できないという警告を私に与えた。

　私にしてもそうだった。私は彼女の語りによって簡単に揺り動かされるようになっていたとはいえ，なぜか彼女の話を真剣に聞くことができないという自己観察に悩むようになっていた。というのは，彼女が語る生活のエピソードのあれこれが，相手を感化しやすい滑稽さをもつためだった。私はときおり，彼女の喜劇役者のような説明を笑わずにいられなかった。何回かは，彼女のこれまでの人生における不幸な瞬間についてのひどく悲しい話のために，私は涙しそうになることもあった。私が次第に気づいたのは，彼女は私を魅了しはするが，長続きするものではないことであり，それは彼女が，あまりにも即座に私の笑いや涙を誘うために，彼女の話していることについて実際に理解していると，私には決して感じられないからであった。

　だんだんと気づいたのは，私は彼女を外見的に魅力があるとみていることであり，彼女が感覚的に人の心を動かす人物であるというそれだけの理由で，彼女に会うのを楽しみにしているということだった。ときおり彼女は私をかなり怒らせるのだが，それは，とりわけ彼女が私に金切り声を上げて，自分を理解しないといって非難するときだった。彼女がこういうと，私が自分に苛立つことは確かだった。なぜなら，私は彼女が絶対的に正しいことを知っていたからである。たとえ自分に対して，自分は分析的に機能しているのだとときおり罪悪感を慰めていたにしろ，いずれにしても，以前ほどには効果的に治療を進めることができなかったにしろ，私は彼女を理解してはいなかった。さて，私はこの患者の転移に捕らえられているのだが，どのような方法で彼女は私を支配したのだろうか。

　感覚的に，である。

　ジェーンは感覚を通じて交流していた。彼女は魅力的な外見を持ち，そのことを自覚していた。彼女の身体言語は，私を彼女の内的生活について注意深く考えることから遠ざけるものであり，私は彼女のことを見世物としてみるようになった。ときおり，私は彼女が言っていることの内容に聞

き入る気がなくなり，それよりも彼女の発する声の音楽性に誘惑された。

彼女は目立って喜劇的な存在感を持っていたので，時として私は彼女の話に笑いをこらえるのがやっとのことがあった。ときおり私は彼女の極端な窮乏に心を動かされ，またあるときには涙ぐんだ。彼女は不意に自分の気分を変えることができ，そうした変化でセッション中にちがった身体的雰囲気を漂わせたので，その全体的な効果は，私を驚かせ，はっとさせるのだった。

どのようにして，ヒステリー患者が感覚を通して交流するかを強調するのは価値あることである。もしわれわれが，転移と逆転移を通じての臨床状況で，特殊な間主観的伝達手段が利用可能であると思うならば，特にそうである。どのような感覚によってであろうか。

われわれは，彼女をみる。見た目にも鮮やかに，彼女の語りにメリハリをつけるのは彼女の身ぶりである。ときおり，彼女のイメージと彼女の語りとが互いに引き裂かれたかのように対立するときがある。私は彼女の話していることに注意を払っているのだろうか，それとも，自己完結的な出来事としての彼女に注目しているのだろうか？

身体は刺激される。

われわれは，彼女を聞く。ヒステリー患者は，われわれがとても集中して聴くよう近づかせるために，ささやき声で話し始めることもあれば，見たところ世界の半分が彼女を聞けるような金切り声をあげて，オペラのような演説を始めることもあるが，とてもはっきりしているのは，ヒステリー患者がときおり，注目すべき聴覚の鋭さといった類のものを用いて，われわれに入り込むように，伝えたいことを吹き込む形態のひとつが，確かに，耳を経由するものであろうということである。

身体は受け取る。

われわれは，彼女と笑う。そのような瞬間ははかないかもしれないが，この人の喜劇役者のような要素は，分析家に笑いをもたらすのである。それは，たいていの場合，ヒステリー患者が転移を通じて分析家に提示する紛れもない感覚としての，情緒の排出である。患者は興奮と混乱を波乱万丈であることを通じて転移し，分析家はそれを笑いとして排出するのである。

身体は揺れる。

われわれは，彼女に腹を立てる。ひどいものは，ひどいのである。彼女

の不作法にあまりにうんざりし，彼女の気分の突然の変化にあまりにいらいらして，それを表現しようがしまいが，われわれは，実際とても怒っているのである。

身体は怒りに震える。

われわれは，感涙にむせぶ。ほとんど，いつものことである。しかし，ヒステリー患者が，人生の悲劇的なエピソードを語ることで，われわれに突然ハリウッド映画のような悲哀がやってくる。実際，彼女にある真の無力感や，彼女が人々や，仕事や，自尊心を失うことになる運命的な方法は，本当に心を動かすものである。

身体は痛む。

しかし，見ることは知ることではないし，聴くことは理解することではない。感覚による語らいは，真の交流をだめにするかのようであり，実際，身体言語は心的表象や思考することの代用のようである。

母　親

私はジェーンの激しい欲求の恐ろしさに気づいていたが，この認識によって私がはっきり理解したのは，自分が彼女から解放されることを望んでいるということであった。したがって，彼女のしがみつきが不可欠だったのは，私が無意識のうちに自分の内的世界に彼女を入れるのを拒んでいたためである。いかにしてこれは起きたのだろうか。

彼女は私の潜在的な雰囲気にいくぶん不吉な予感を抱いていたかのように，自分の母親について私に話した。明らかになったのは，彼女の母親はひどく自分のことに夢中な女性で，永遠に捉えどころがない社会的承認を手に入れたくて絶望的な努力をしており，現実の物質的視点から結婚したのだった。それゆえ何よりもまず，自分の娘にも恥ずかしくないようになることにばかり関心を持ったのである。ジェーンが思い出したのは，母親とつながっていると感じたのは，自分が激しい苦痛の状態にあるか，むせび泣いているか，とても怒っているときあるいは，彼女が母親を楽しませ愉快な気にさせようと決めたときだけということであった。そうでなければ，彼女の母親は決して彼女が感じていることや言わなければならないことにまったく興味がなかった。彼女が思い出すのは，まさに彼女が何を感じているかを話そうとしたそのときに，たいていかかわりを避けようと遠

ざかる母親であった。

　私への転移のなかで，彼女はこの関係の諸相を再創造していた。子どものとき，彼女は自分の感覚に声を与えることで，母親の注意を獲得したのである。彼女は見世物でいることで母親を誘惑するか，聴覚的に無理やり侵入することで，母親の心にもぐりこむのだった。私の逆転移の1つの局面は，扇情的なものを越えて，認知や思索に進む気がなくなるといった，転移された母性的取り入れ物の表象であった。つまり，「私は威圧を通じてしか人と関われない」というほとんど現実化しそうな前提が優勢な人物に，私は捕えられていた。それは，私が母親の輪郭の中に居ることを強制されていたためである。

　しかし，感覚のコミュニケーションを言葉へと変形すること，そして，ジェーンがしていたことを転移関係の文脈のなかで思索し熟考することによって，私は感覚と情動を，繊細な内省的思考へと持続的に変形することに由来する自我機能を，患者が潜在的に使用できるよう導入しつづけた。第1章で述べたように，母親のきわめて重要な機能のひとつは，乳幼児－子どもの変形性対象としての役割だと私は思う。母親はそれぞれ，絶え間なく赤ん坊の面前でコメントすることで，乳幼児の感覚と身ぶりの語法を言語へと変形する。赤ん坊の身ぶりにコメントすることで，彼女はまた頻繁に赤ん坊の環境を，彼の好みに変えるのであるが，こうすることで言語と環境の現実的な変形とを関連づけるのである。こうすることで，乳幼児は自然に話言葉を獲得する道を歩むのである。というのは，話すことは，自己の変形と結びつくようになるし，自己について他者に話すという必然に，暗に含まれる自己愛の喪失を，部分的に補償するものともなるからである。ジェーンの母親がほどよい変形性対象として機能したということはなさそうである。私が思うに，彼女は，とてもあからさまな方法によってしか他者と交流できない乳幼児として放置されたのであり，その結果，彼女は言語を習得したとはいえ，言葉は，われわれが通常考えるコミュニケーション手段としてよりも，他者を威圧するもの――感覚がほとんど止まるもの――として使われたのである。

　ヒステリー患者は，それゆえ，言語によって感情や意味が，交換できるとは信じていない。なぜならば，母親は，未統合で情動的で本能的な状態が，言語によって適切に変形されることを通じて見出されるという持続的な経験を，ヒステリー患者に提供しなかったからである。

外在化の目的

　ヒステリー患者が，注目すべき大事件となってしまう理由のひとつとして，母親が娘を内在化できないのを埋め合わせたいというニードがあるというのが，私の見解である。患者は，母親に認識してもらえるように，感情や思考の芝居じみた描写をすることで内的世界を自分の外側に置かねばならないのである。ヒステリー患者が確信しているのは，母親との間で積み重なった経験に根ざした自分の無意識的な確信，すなわち誰も自分たちのことを考えていないという確信のために，とにかく誰かに知られる唯一の方法は，他者に無理やり目撃させることである，というものである。ヒステリー患者による精神状態の外在化が起きるのは，母親が子どもを内在化することの失敗に対して子ども側が適応するためであると理解することができれば，ヒステリー患者が，自分のことを忘れられることがとても困難になるように，われわれの面前で大事件となるという切実なニードを持ち込む理由もより明確になると思う。われわれは，拒絶する母親の内側に自分の印象を植えつけようとする乳幼児の絶望的な努力を目の当たりにしているのである。そのような人々は，忘れえない光景を創造できるよう，分析家をつかまえることに全身全霊を傾けているように思える。そして，そのような意図は，思索すること，熟考すること，理解することに優先するのである。

　ヒステリー患者の母親は，子どもに対して，思慮深いというよりも，むしろ感覚的な影響を及ぼす，力強い女性であることがしばしばである。ジェーンの母親が彼女に教えたのは，ヒステリーの言語であり，そこで母親は，あてにはならないが鮮烈な気分と行動に，自分の子どもを無防備な状態に曝したのである。彼女は，暗い抑うつ状態から，元気はつらつの状態まで揺れ動いたのかもしれない。彼女は子どもたちのうちのひとりと，しばらくの間，思慮ありげにぐずぐず過ごしていたかと思うと，その子を見捨てるなどと考えたわけでもなく急に姿を消したかもしれない。彼女は子どもたちを詮索し，劇的な直感をもって，そして少しの理解もなしに，彼らのみてくれやパーソナリティに──彼らが理解できたとしたら──痛烈なコメントを加えたかもしれない。子どもたちはこの女性のことを様々な角度から知っているのだが，母親の「かき乱すこと」を通じて子どもたちの内

面に入り込む方法は少しも考えなかったのである。

　ヒステリー患者の母親が子どもに扇情的に介入して心的外傷を与えようとも，子どもたちが両親の注意をひくために感覚を濫用しようとも，大人のヒステリー患者の感覚による神経刺激は，自由を求める行動として理解されうる。それは少なくとも，かき乱されたり自分をかき乱したりすることを**拒む**方法であり，感覚の語らいはいつも自分を犠牲にしてなされるので，感覚や身体への彼女の攻撃は，人に**思慮深くあるよう強制する**手段となっているのである。それはまるで，彼女が誰かに話すことでの癒し（talking cure）をさせなければならないかのようである。

　セッションのなかで，ヒステリー患者にとって未回答の疑問の1つは次のようなものである。「ここで，かき乱されようとしているのは誰だろう。あなた（分析家）だろうか，それとも私（患者）だろうか」。彼女は，自分の感情と知性を食い物にして，自分のことを大事件としてしまうのだろうか，あるいは，分析家を詮索し，質問責めにし，金切り声をあげ，自分の苦痛と混乱を転移するのだろうか。しばしばカーンが示唆したように，そうすることで分析家のあがきを観察するために。

分析家の転換ヒステリー

　私がここまで述べたのは，逆転移のなかで，私は無意識のうちにこの患者の母親要素を付与されていたということであり，それは，患者によって転移された自我違和的な現象として今や私の中に内在化された物なのである。逆転移の別の側面は——患者の乳幼児的自己の断片となるよう強いられた私の部分だが——患者に対する微妙な，しかしながら永続的な，恐怖を通じて浮かび上がってきた。私は，ジェーンが何をしようとするのかはわからなかったが，理性的に考えれば，私が恐れるものはなかったことは確かだった。私の恐怖は，患者と私によって追体験された何ものかの1つの要素であり，患者の乳幼児期の自己-対象世界におけるある重大な特徴だった。私はこの恐怖をその対象に直面した際の麻痺として理解したが，その対象とは，理解することを通じては関係できず，また，その対象はセッション中，あまりに素早くとまどうほどに動くために，私はある種の心的外傷で苦しむように感じられた。

　どのようにしてわれわれは患者に支配されるようになるか，そして，い

第11章 精神分析家とヒステリー患者

かにして彼らがわれわれをつかむかについて熟考したときに，はっきりと認識するようになる事実は，われわれは患者のためにセッティングをしつらえるのだが，患者の対象になるのは分析家であり，他の周囲にある手段ではないということである。それぞれの患者は自分の転移における対象としてわれわれを違ったように扱う。私は，ジェーンとの間の経験では，きっと，母親と彼女の関係の要素が部分的に再創造されたに違いないことを徐々に分かってきた。そうした瞬間には，私が思うに，患者は，無意識的に想起した自分自身が一次対象によって扱われていた方法でわれわれを扱うのであり，私の恐怖と混乱は，予測できず拒否的な母親へのジェーンの恐怖を再創造したものだということである。

ヒステリー性の転換は今でも存在している。根本的な違いは，過去には，ヒステリー患者は心的内容を**自分の**身体の一部である無感覚な対象へと転換していたのに対し，今では，ヒステリー性転換の影響をこうむるのは分析家だということである。それは，私の心（共感的に分析的であるという私の能力）が被分析者によって無感覚にさせられたかのようであり，また，私（集中して患者を理解することに専念すべきである分析家）が患者の苦痛を目の当たりにして奇妙にも無関心でいるかのようである。

この転換が達成されるのは，ヒステリー患者が特定の情動や思考を表象的に異様なやり方で身体化するときであり，それは，逆転移のなかで，通常私が患者の思考や感情の本性を受容し，熟考する場所である潜在空間において，無感覚になるよう私に強いるのである。たとえば，ジェーンはボーイフレンドとの悲しいできごとを話すことであるセッションを始めた。彼女は，アイススケートリンクで2組の別のカップルと一緒に，彼と会う手はずを整えた。彼女はそのカップルとは最近知り合ったばかりだったのだが，彼らをかなり気に入っていたのだった。彼女のボーイフレンドは彼女と違った社会階級の出身だったので，彼女の友人たちに対しては，元来用心深かった。そしてこの場で彼の不安を鎮めるために，彼女は非常に骨を折ったのだった。そのできごとがいかに展開したかについての詳細を私に話しながら，彼女が私に伝えたのは，ボーイフレンドはリンクにあらわれると，急に明確な理由もなく彼女に対して攻撃的になり，彼女に屈辱感と当惑を感じさせるままにして，足を踏みならして離れたということだった。彼女の話がここまで来たときに，私は彼女に対してとても申し訳ない気持ちになった。しかし，彼女のいらいらした期待はだんだん大きくなって私

を問いつめるようになり，最終的には自分のパフォーマンスに対してある種肯定的な意見を要求するのだった。「さあ，私がたった今あなたに話したことについて，あなたはどう感じるのでしょうか」。物語のなかに全く純粋に含まれていた深い悲しみに触れていると感じるかわりに，私は攻撃されたと感じ，今や聞き慣れた激しい非難に備えるために，より警戒する一方で，私自身の共感的な心を閉ざしてしまった。私がまた気づいていたのは，彼女といることで増大した苛立ちの悩ましい感情であり，それは，ときおりかなり激しい憎しみで強調される持続的な感覚であった。熟考するなかで私が考えたのは，私は，精神分析的な沈黙のなかに隠れることで，自分の情動から隠れていたということだった。

　私がそのことを理解するにつれて，ジェーンは，ボーイフレンドに対する純粋な憎しみを熟考できなくなった。彼女は心的外傷を訴え，私を憎み始めた。私が，彼女への憎しみのわずかな痕跡のあとに生じるある種心身症的な無感覚を経験するにつれて，転換は私のなかで起こった。彼女が考えることのできないあの初期の情動（憎しみ）のオリジナルな場面を再-現することで，彼女は，私の憎しみを引き出すだけでなく，彼女の純粋な悲しみへの共感的な受容性を妨げもする，外傷を与え憎しみに満ちている対象（彼女自身）の前に私を置き，私は麻痺した感情に気づくのである。このようにして，ボーイフレンドに存在する，彼女を傷つける要素に場所と時間を与えることで，ジェーンは異様なイメージとなり，その一方で，私は，かつてジェーンがそうしたように，今や抑圧された彼女の怒りの対象の前に置かれる。私はアイスリンクとなるのである。

　ジェーンの中で抑圧されているものが，今や私のなかにあるのである。そうはいっても，患者を憎むこと以上に，私は感覚が麻痺していることにいっそう気づくにつれて，それは認知的に心に抱かれたものから，身体的な衰弱へと転換されているのであるが。**抑圧されたものが再び戻るのならば，それは私に起因するに違いない。というのは，ヒステリー患者の転換状態にあっては，抑圧されたものの回帰は精神分析家の逆転移からあらわれるためである。**私の例では，自らのこのような内的無感覚を解決するのに，私は，繰り返し自分の情動を自分自身に認識させるよう，もがかねばならなかった。当然，他にもまして，こうすることは，この方法で感じること以上に，自分の罪悪感を取り扱うことを含んでいたのだが，すぐに私は，彼女の転換された情動と，ボーイフレンドに対する残忍な感情を口

第11章 精神分析家とヒステリー患者

にすることができるようになった。

　ジェーンは別の，もっと普通に見られる影響を私に及ぼしたが，それは，頻繁に私が真っ白になって考えられなくなるというものである。彼女は人生における大事件を，詳細にわたって繰り返しものがたり，激しく芝居じみた態度で表現する。そして，彼女が自分の説明に対しての結論を探る目で私をみると，私は突然思考のつながりを見失って当惑させられるのである。私はいわゆる第三の耳で聞いていたのだが，突然耳が聞こえなくなる。彼女の感覚的な劇場が，思慮深さを妨げることや，本能派生物による対象への直接的な影響のほうに偏っていることを，心のなかで持ちこたえていると，そのような私の側における突然の認知の喪失は，逆転移のなかでの転換に由来するものとやはり思えるのである。感覚的なドラマツルギーが思慮深さに取ってかわられるときに，それは必ず起きる。その瞬間，私は考えることができない。そしてきわめて重要であると思えるその瞬間に私が空白を導き出すのと並行して，患者はだんだんかき乱されてくる。その時点まで悲劇的な運命として物語られていたものは何であれ，異様な形態を与えられることになるだろう。たとえば，ジェーンは自分の仕事生活において自信の喪失を感じて，前の週の間，わざわざ努力をして価値があるという新しい感覚を養おうとしていたとする。すると，セッションのある時点で彼女は私にこう金切り声をあげる。「あなたは私が話したことを理解してくれたの？　この2，3日の苦しい体験がどんなだったかわかっているの？」その瞬間，私は考えることがとても難しくなっていることに気づき，まったくの空白を感じるのである。

　それゆえ，私が確信しているのは，ヒステリー患者は未だにリビドー的なものを身体的な衰弱へと転換しているということと，転換は転移－逆転移の交流のなかで起きるのであり，その結果分析家の逆転移（精神的・身体的な事物の複雑な記録場所）が衰弱したものの位置を占めるということである。私が今となってよくわかるのは，いかにジェーンがいることに影響を受けていたかということである。同様に私がはっきりと分かるのは，まず私自身に抑圧されたものが回帰することの必要性である。それは，抑圧されたものの回帰は，ジェーンの自由連想の分析を通じてよりも，私のなかで生じる自己分析という形態で最初に起きるはずだからである。（私は第13章で，自己分析のプロセスを取り扱う。）

　ヒステリー患者が自分の心のありようを自己の劇的な使用（初めは同情

を誘う人物として，やがて苦悩する人格として，最後には怒れるいでたちで）を通じて描写するとき，彼女は分析家に独特の印象を伝えているのである。すなわち**不運な自己**である。これは，自己の様々な部分の不一致によって**苦しめられている**と思われる人物の描写なのである。分析家にこの不運な状況を示すことで，患者が分析家に示そうとした確信は，感情に身を任せることは，気が狂うことになるというものである。まさにこの瞬間，分析家は患者によって後押しされた自分の潜在的な狂気とたたかっているといえるだろう。それゆえ，分析家の衰弱（ヒステリー患者も使う自己のありよう）は狂気に対する防衛として機能するのである。私が思うに，この衰弱したポジションは，ヒステリー症の母親の子ども，すなわち，狂気の母親による伝染性の混乱から自分を保護するために，自己のありようを凍結した子どもによってとられる，あの**態度**なのである。

たしかに，転換のこの現代的な形態は，ヒステリー患者の早期幼児期の対象世界をより正確に描写するものであり，そのなかでは，（ヒステリー患者が自分の身体を他者として使用させられるときのように）たった1人の人物ではなく，二つの対象がその転換のプロセスを浮き彫りにするのである。そしてこのために，分析家は自己分析を通じて，ヒステリー患者の一次対象と関係することが可能になるのである。ヒステリーは，少なくとも2人の人物の創造物である——その2人とは本来は母親と子ども[原注7]である——そして以前に，神経症的創造物としてヒステリー症状に現れたもの，つまり1人の人物の苦悩が，いまや分析的状況において2人の人物の病となるのである。

原注7）私が父親のことに，特にヒステリー患者の欲望生活と，彼らの同一化のバランスとに，父親がきわめて重要な役割を果たすことに言及しなかったことに驚かれるかもしれない。しかし，ここでの私の関心は，ヒステリー患者が感覚的に対象をつかまえること，人格を大仰な劇場的なものへと移し換えられることにのみ専念することにある。この自己の外在化は，私の見解では，ヒステリー患者の母親との関係の特別の性質を表しているのである。

第12章　逆転移の表出的な使用：
自分自身から患者へ渡す覚書

　今日の多くの治療者と同様に私は，被分析者は様々な理由から，また様々な方法で乳幼児期の生活を転移の中で再現するものであると信じている。それは，断固としていて無意識的に熟練した方法で再現されるので，分析家は，被分析者に対する内的な反応である逆転移を通して，その乳幼児期の歴史の要素を追体験することを強いられるのである。患者は親の断片を再演するのであるが，そのような親の子どもであるということがどのように感じられるものかという体験を通して分析家がそのことを知るように無意識的に導く。そして皮肉なことに，私たちが狂った親となるのを期待するかのように，転移の中で再演される子どもはかなり激しく誇張されているのである。

　しかしながらこの章では，私たちがどのように逆転移体験を対象関係論的，発生論的視点へと組織化するのか，ということに焦点は当てない。私たちは自分の体験を分析的な準拠枠に変換しようとし過ぎているように私は思う。実際，逆転移の概念によって参照するものがその完全性を失わないならば，私たち分析家が逆転移を体験している最中，未知の領域にとても長くいるのかもしれないともっと率直に認めなければならない。確かに分析家は，患者の転移によって何らかの対人関係的環境にしだいに強制されているということに気づくかもしれないが，治療者が何にあるいは誰になっているかが**初めから**はっきりわかって分析が進むことはほとんどないのである。しかし，治療者の内的生活が被分析者の間主観的な要求の対象であるということについては，分析家にも患者にも同様に知られている。精神に障害のある患者や，非常に苦悩を負った心の状態にある被分析者は，自分たちが分析家を苦悩させているということに気づいている。それはまるで分析家の中に彼らのストレスを置く必要があるかのようである。

　治療者は自分の心の主観的状態を分析の対象として，それがどういう意味を持つかまだわからないにしても，患者にも自分自身にも使用できるような方法を見つけることが，きわめて重要であると思う。また，私がまれ

ではあるが非常に重要だと信じていることは，分析家は患者のいるところで患者の転移の対象として自分の経験を分析することもあるだろうということである (Tauber, 1954; Little, 1981; Ehrenberg, 1984; Coltart, 1986; Symington, 1983)。

逆転移に向けた準備

治療者の「様々なレベルで同時に傾聴することを可能にする自由で平等に漂う注意」と同様に，「患者の感情の動きや無意識の幻想を把握してぴったりとついていくためには，治療者には自由に湧き起こる情緒的な感性が必要である」とポーラ・ハイマンは述べている (Heimann, 1960, p.10)。もし分析家が自分自身の中での感情や幻想，ふと思い浮かぶ不適切で抑制された解釈，患者に対してのはっきりしない感覚の出現を，平等に漂う注意や中立性を妨げるものとみなすならば，ハイマンの見解にもあるように，皮肉にも分析家は患者の無意識との分析的な関係を終結することになる。精神分析の創始者もまた，分析家は「患者の変換された無意識の伝達に自分自身の無意識を受容器のように差し向けなくてはならない」と述べている (Freud, 1912, p.115)。

精神分析家が心的中立性を確立することは，私の意見では，内的な潜在空間 (Winnicott, 1974) を作り出すことと似ており，それは，枠 (Milner, 1952) として機能し，患者はその中で治療者の価値判断による混乱を招くような侵襲を受けることなく，乳幼児期の生活を改めて再現することができるのである。夢のスクリーン (Lewin, 1946) としての精神分析家の中立性の機能はそこにあるのだが，しかし，分析家の中の中立的でない感情や幻想，思考を記録した領域としてのみあり，それはちょうど夢がそれを映し出す内的なスクリーンと異なるのと同様である。

自由に喚起される情緒的な感性を養うことで，分析家は，直感や感情，ふとしたイメージ，幻想，思い浮かぶ解釈などから伝えられる自分自身の内部からの知らせを歓迎できるようになる。被分析者の自由連想のもう一つの源は分析家の逆転移にあるので，患者を知るためには分析家自身の中の患者を探ることが必要だということは，今日の転移理解の一つの特徴である。この過程は必然的に，セッションには2人の「患者」がいて，二つの相補的な自由連想の源があるということを示している。

自分自身の患者としての分析家

　分析家がセッションの中のもう1人の患者としての自分自身にアプローチすることは，患者の自由連想を補う分析家の内的な精神過程を促進することによって実現するのだが，それは患者の無意識的な生活の本質を見つけ出すために相互作用を用いるという規律のある精神分析の精神に沿っている。

　逆転移に向けた準備を確立することで，私は内的空間を作り出すのだが，それは，内的空間を閉じて，それを絶対的な心的中立性や科学的に距離をとるなどといった理想的な概念によって置き換える場合よりも，患者の転移がより完全ではっきりと表現されることを可能にするものである（これについては，次章でより詳しく述べる）。実際に，患者の転移を受けるための内的空間を維持することによって，分析家は，フロイトのいうミラー機能の概念が意図するところを満たすことになるであろう[原注8]。

　患者というところで分析家が感じ，想像し，自分自身について考えることは，いかなるときにも，投影同一化された患者の精神生活のある特定の要素であるといえよう。私はむしろ，ジョヴァチーニ（Giovacchini, 1979）の外在化という概念を用いたい。それは，患者と分析家が共に「生きること」を求める全体環境の創造を分類するためである。

　患者は環境を創造する。それぞれの環境はイディオム的（idiomatic）であり，それゆえ独特である。分析家は，環境の中での変動し変化している対象表象を満たすようにいざなわれるが，分析家の側のそうしたことの観察は，滅多にない逆転移の中で明瞭となる機会である。非常に長い期間，おそらく終わりはないのだが，私たちは患者の環境のイディオムへと連れて行かれているのであり，そして，かなりの長い間，私たちは自分が誰なのか，どのような機能を果たしているのか，患者の対象としての自分の運命について知らないままである。また，自分の存在と呼ぶものが自分に投影されたものなのかどうか，あるいは患者の環境の中で生きることに対す

原注8) 鏡にはその前で行われていることの情緒的な意図を記録する感情がないので，フロイトのメタファーはあまり適切でないように私は思う。分析家は，生き生きとしており，生命のないものではないからこそ，患者の転移の意図を促進することができるのであり，患者の転移性のコミュニケーションを記録するのは，分析家の生である。

る自分自身のイディオム的反応なのかどうかということも，私たちはわからない。なぜ私たちがこのように感じるのかということについての，この不可避で常に存在する**なくてはならない**不確かさは，個人的に継続する逆転移の考察に，ある謙虚さと責任を与える。

最も一般的な逆転移の状態というのは，知りえてはいないが体験しているというものである。私は自分が何かを体験しているプロセスにいるということはわかっているが，それが何なのかはまだわからず，このわからないものをしばらくの間，維持しなければならない。それは，患者といるときのばらばらの情緒や思考に気づかないということではない。もちろん，そういった精神生活は続いて，ある程度は明らかになるものである。それでも私は，自分がどこにいて何者で，誰なのか，どのように機能することが意図されていて，患者の精神発達のどの段階に私は生きているのかといったことが明らかになるには，何カ月も何年もかかることがわかっている。このなくてはならない不確かさを抱え尊重する能力は，患者に対しての最も重要な治療的な責任の一つであり，それは患者が展開する環境の中で治療者が自己を失うという能力を高めるものであり，**患者が転移的な使用で私たちを操作し，対象としてのアイデンティティへ導くことを可能にする**のである。もし分析家のアイデンティティの感覚が確かなものであるのならば，治療空間の中でそれが失われることは，患者の自己発見のためにはきわめて重要である。

分析家は治療状況において個人のアイデンティティの感覚を失うことが必要であり，それに耐えることができるならば，患者の転移を受け，記録し，アイデンティティを共に描くという欠くべからざるプロセスを達成することがよりできるようになると私は思う。対象として使用されることを受け入れることによって（Winncott, 1968），分析家は，被分析者の自己感のまとまりを促進する過程の一部となるのだが，この手続きが作用するためには，これは私の見解であるが，誰が使用しているのかについて分析家は患者に耳を傾けながら，逆転移の準備を最大にしなければならない。対象の使用は，使用の効果を通して発見される。「プレエディパルなレベルで，患者はどのように私たちを使用するのか？」という問いに答えるために，私たちは逆転移に向き合い自分自身に問わねばならない，「使用されてどのように感じるか？」と。

たいてい私たちは，自分の情緒を介して，つまり，私たちの内部に求め

第12章 逆転移の表出的な使用：自分自身から患者へ渡す覚書

られている感情を引き起こす患者を介して，使用される。多くの場合，これはちょうど赤ん坊が母親に「話す」ようなものである。赤ん坊は母親の中にある感情の認識を引き起こし，それは赤ん坊に代わって母親に何らかの行動を起こさせたり，赤ん坊の対象使用を言葉にするように導いたりすることで，精神内界の言語表象化への旅路へと乳幼児を誘うのである。しかし，成人患者にある乳幼児的要素は，逆転移を介して最もよく「見られる」ある種の対象使用によって分析家に語りかけるのである。成人患者にある乳幼児の部分は，患者が治療者に影響を与えることを治療者が許さない限りは言葉を持たないのだが，これは必然的に，分析家は患者に混乱させられなければならないということを意味する。

　もし分析家が十分に教育分析を受け，自分の自我機能や対象関係性に自信を持っているならば，その治療者はセッションの中で生産的な逆転移性の退行（以下および第 14 章参照）を受け入れる能力を有していることが多いと思われる。分析の空間や過程は，患者に対してと同様に，分析家の退行的な要素を促進するので，逆転移に逆らうのでなく逆転移を活用しようとする分析家は，時には状況反応的に病気となる準備ができていなければならない。患者の転移を追体験する分析家の受容性とは，患者の母親や父親や乳幼児としての自己の混乱した断片の表象が転移での分析家の使用の中で体験されるであろうということを，必然的に意味する。

　重篤な精神病患者との分析を行う多くの分析家と同様に，私の分析的な自我においてもある種の生成的な分割が生じる。私は患者が作り出す環境で生きることによって生じる自分の中のさまざまな「狂気」について受容する用意がある。しかし，自己の別の領域では，私は常に分析家をしており，必然的に病気となっている自己の部分を観察し，アセスメントし，抱えているのである。

　そのような状況では，誰が患者といえるのか？　私の意見としては，分析の仕事の大半は分析家の中で行われなければならないのだが（Feiner, 1979），それは，その状況反応的な病気のために，最も困っている患者は分析家だからである。実際に，被分析者の治療を促進するには，しばしばまず治療者は自分の状況反応的な病気を扱うことになるのである。たしかに，私は自分自身を手当てすることで，患者の世話もしており，それは，私の混乱というものは患者の転移を何らかの形で反映しているからである。ゆえに，もう 1 人の患者として自分自身に目を向けることで，私は，患者

の母親や父親の何か，あるいは，耐え難く感じている患者の心のある面を分析しようとしているのだと認識するのである。

分析家の主観の使用

　分析家は，被分析者との間主観的な対話を分析家の中で維持しているもう1人の患者なので，純粋に主観的で個人的な体験として分析家に生じているものは何かということを分析的な探求のために明らかにしようとすることは，きわめて重要なことである。こうすることが重要であるのは，多くの患者にとって，自由連想の過程は分析家の内部で生じるからである。また治療者は，患者と自分の中で見失われたものとを結びつけ，自由連想の過程により真正に関与することを可能にさせるために，内的な過程を伝える方法を見つけなければならないからである。

　一つ難点があるとすれば，分析家がまだ無意識的な意味に気づいていないとき，どのようにして患者にその要素を利用可能なものとするかということである。転移を介して患者がコミュニケートしているものが何なのかがわかるまで治療者が待つとしたら，言葉にするまでに数カ月はゆうに必要であろう。さらに，気づいたことについてのみ解釈を制限することになるので，無意識的な意味が消失してしまうということが起こりうる。

　分析家が自分自身に本来ある主観的な状態を患者のために使用するには，患者の前で何らかの方法で主観的であるように心しておかなければならない。そのためにはどうしたらよいのか？　その大部分は，分析家自身の感情や思考に対する関係性の問題なのである。患者を治療者に映し代えることなくしっかりとした立場を保ったまま解釈に尽力することは，そのような解釈が，分析家の権威からではなく主観から現れた思考として患者に伝えられることがなされるのであれば，まったく可能であると思う。ウィニコット（1971）が述べたように，分析家は患者と遊べることが必要であり，患者との間の潜在空間に存在する対象として，2人の間でやりとりされる対象として，思考を提示する必要があるのだが，その対象がもし患者によって使用されるものとなるならば，ある種の吟味に耐えうる客観的な対象として心に蓄えられるのである。ウィニコットの臨床例のどれを見ても，彼が高度にイディオム的なやり方で作業を行ったことが見て取れるが，それにも関わらず，彼は治療論の中で，侵入的でない機能をもった治療者，促

進的な環境としての治療者として自分が機能することに関心を持っている。どうしたら解釈をする中でそのようにイディオム的でいられるのか，そして，患者に対して外傷的でなくいられるのか？　私の考えでは，その答えはウィニコットが自分の思考をどのように捉えたかにあるように思う。彼にとって思考とは，主観的な対象だったので，彼は，無意識的な生活について公式の分析的解釈としてではなく，患者と分析家との間にある対象として，その思考を患者に提示した。彼のこの態度による影響は非常に重要である。というのは彼の解釈は，公的な真実を表すものとみなされていたのでなく，遊ぶもの——あれこれ小突き回され，混ぜ合わされ，細かく千切られる——だったのだから。

　もし精神分析家が自身の解釈に対し，真実を乞含できる対象として特別な関係性をもち，患者を新たな自己の体験へと解放する能力を持っているとしたら，被分析者に彼の主観的な心の状況を開示することは可能である。心の主観的状態を遊びの中へと放つ目的は，患者に近づいて，自分の内的なありようをまとめて練り上げることを促進する素材の一かけらを患者に提供することである。

　多くの分析家と同様に私も，主観的な要素を「私に思い浮かぶことは」，「私が思っているのは」，「私の考えとしては」といった表現によって伝えている。私の解釈が患者を混乱させるかもしれないと思われるときには，私は「さて，私に思い浮かんだことについて，あなたは興味がないかもしれないと思うのだが」と言ってから，自分の考えを述べるであろう。もしくは，私に生じているものが患者の語る表面的な内容とは著しく文脈が異なるときには，「これはあなたには非常におかしなことに聞こえるかもしれないが」と言ってから思うことを述べるであろう。当然，私は自分の考えを患者に伝えるときには，患者が追いつめられたと感じたり，精神分析的に公式な見解を与えられたと感じないような方法をとるように努力している。

　分析家の主観の利用は，実は解釈の全体像の一部でしかないのだが，一見したところ支持的でない言い方の価値に対する患者の信頼を増大する。もしそういった解釈が分析家によって責任と思慮深さをもって展開されるならば，分析家は逆転移状態の一部を推敲のために解放することができるので，分析の質は高められる。そうする中で分析家は，患者の分裂排除された要素を知り，分析のために利用可能なものとすることができるのであ

る。治療的場面での精神生活のかなりの部分は分析家の中にあるので，技術的な難しさとして，患者が失ったものをどのように返していくかということや，これまで患者が気づかなかった自己のその他の部分にどのように注意を向けるかということが，挙げられる。

分析家の中での自己との関係性

　私たちは皆，絶え間なく対象としての自己との複雑な関係性に関与している（第3章参照）。そして，患者のいるところで自分の解釈を理解し，述べるやり方を通して，分析家は自己との関係性の形を示すのである。例えば，患者に対する解釈の途中で，私は自分が少しズレているということに突然気づくかもしれない。そうしたら私はストップし，「ああそうではないな。何を本当に言いたいのかわからなくなってきた」といったことを言うであろう。もし自分が間違っていると気づいたら，私はそのことを言い，そして，「違う，私が言ったことはいかにももっともらしいけれども，正しくないように思う」といったことを伝えるだろう。私は，患者のいるところで，自己との関係性のある形態を現実のものとしているということに気づく。それは，分析の中での患者と同様で，私の一部分が素材の源として機能し，また別の部分では分析家として機能するのである。私がこうするのは，患者の気分がどのようであるかを言葉にするのは非常に難しいと思うからである。自分の主観的な状態を言葉にすることを率直に努力することは，特に重症の患者に対する，私の技法の非常に重要な特徴である。というのは，私の考えでは，私の中で自由に動いているが同時に患者によって生じた連想を少しずつ2人の間の潜在空間に出し，患者がこの努力に意味を持って取り組むことを可能にしようとしているからなのである。私が非言語的な転移を描き出そうとしているときに，患者は繰り返しそれに加わり，自身の要素について話すために言語表象を用いるのである。さらに当然のことながら，被分析者のこの過程の全体的な理解の一部は，分析家に記録されることを通して発見されるのであるが，それはしだいに精神分析過程のもう一つの特徴として患者が価値を見出すものである。

　患者の気分や意図について私が自分の主観的な感覚をこのように選択して時おり言語化することは，私が直接的な逆転移の利用をするという，比較的まれなことのために積み重ねられる極めて重要かつ必要な先行である。

主観的状態を言語化するにあたって、もちろん私は、逆転移のいくつかの側面をセッションの中で相互に吟味できるものにし、やがて、そういった介入を重要な素材の源として患者が利用できるようにするのである。

感じとること

　私は自分の主観性を、ゆるやかに外傷的でなく利用することを、特に重症の患者との分析において、きわめて重要な基本要素としている。毎セッションで私は、患者の情緒の核の部分を扱うことに特に関心を寄せているので、患者の連想の中で、本当の自己の活動を知らせていると思われるものは何かを特定できることが重要である。本当の自己の活動とは、すなわち自己の中核から外面へ自発的な表現として表れているものである。

　分析家が患者との作業の中で抱く感情、それは直感とか、より正確には感覚性（sense）といえるようなものであるが、それについてここで述べたい。患者に対して、「ご存知の通り、私が言おうとしていることが正しいのかどうか本当にはよくわからないのですが、でも、私が感じているのは……」、「あなたは感情を十分に体験することから逃れたように私には思われます。あなたが言おうとしているのは……のように思います」と言うことで、私は、被分析者の感情や生まれつつある自我発達の同定のために、中立的な語彙を確立することに力を注いでいるが、それは、分析家が直感的な感覚をもって仕事をすることができたときにのみ到達することができるものだと私は思う。しばしば気づくこととして、私が患者に対して、Xが本当であるとか患者がYを避けたというのは私の感覚であると伝えるとき（XとYは、知られていないが存在する気分や心の状態を表すために私が苦闘している言葉である）、そのようなコミュニケーションが重要な促進要素となり、患者は、失われていたり、放棄されていたり、あるいはおそらくそれまで彼自身に尊重されていなかった発展しつつある感情や思考、自我の力といったものを完成させることができるということがある。

　私の考えでは、これらの治療的な介入は、逆転移の間接的な利用である。分析家は、対象としての自分自身との関係性を利用して、自分の主観的状態を言葉に表すが、Xが何かを知る前にXについて（それが意味することについて）非常に滑らかに語ることもある。つまり、分析家は患者が意味するところを意識的には理解はしていないが、意味が存在するというこ

とは感じており，それの表現方法や分析の重要課題を見出すために分析家のサポートを必要としているということもわかっているのである。そのような介入は言うまでもなく非言語的あるいは前言語的な患者の自己の状態に対して，より適している。時おり分析家は，自分の感情や主観的状態を「取り上げ」，「扱う」ことが必要になるのだが，その間は，言葉になっていないものを意味ある繊細な言語表現へと展開させる作業に没頭しながら，明らかに自分自身に対しての変形性対象として機能している。そうすることによって分析家は，患者の無意識の身振りや乳幼児期由来の言語を探り，関わりながら，乳幼児との関係性における母親の機能の過去の痕跡を捉えようとしているということは明白である。

赤ん坊は声を出したり，自発的な身振りをするが，それは母親がその現象を言語化することによって映し出され変形されていく。赤ん坊は，「うー」とか，「むー」といった音を発するが，その発声は，おおよそ身振りとしての音そのものと大人のやり方の象徴的なコミュニケーションとの間にある。分析家が自身の主観的な状態について述べるのは，患者の中の幼児的な要素を反映し，また，それを何らかの言葉にすることによって要素を変形させるためである。

患者とこうしたことをする方法を見つけることによって，私は，無意識のテーマを自分1人で解釈するのではなく，何が真実かということについての自分の確信の感覚をもって被分析者と分析の作業ができていることを強く感じる。私の経験では，治療者が自分の主観的体験への信頼やゆとりの感覚のゆるぎなさによって患者は利益を得るのである。患者の中で何が真実なのかというアセスメントは，無意識のテーマを患者と治療者双方が過剰に知性化して解読して抽出したものではなく，セッション内で細部に触れたという相互の感覚に源泉があり，それは分析家にも被分析者にも，患者の本当の自己が見つかり，記録されたという適切で確信的な感覚を必然的にもたらすものである。

逆転移の間接的使用から直接的使用へ

ここまでのところ，自分の心の主観的状態を言語化して患者に伝えるという私の逆転移の間接的な使用の仕方については明らかになったことと思う。その方法によって私は，自分の主観を，分析状況において使用可能で

一貫した素材の源として確立している。これは、自由連想的な素材の別の源泉を構成する。分析家が思慮深く、治療的に賢明である限りは、患者のいるところでのそういった自己観察を使用することは、被分析者に、まだ知りえない主観的状態を表現する価値に対する信頼感を高めるのである。もちろん究極的には、逆転移の間接的な利用の目的は、それまで明瞭にされていない精神生活の要素、すなわち未思考の知の言語表現化を促すことである。いったん、患者の自己状態が言語化されたなら、それは分析可能となる。

　逆転移の直接的利用ということで、私は、分析家が対象としての自分の体験を描くときが念頭にあるのだが、それは例外的に分析的価値を生み出すことがあるものの非常に稀なことである。確かに、逆転移の間接的な使用と直接的な使用を区別することは難しいときがある。たとえば、患者があまりに迫害的であったり、触れることができなかったりして、自分の感情や自己状態についての分析家の観察の表現が、状況についての感覚を表現することと治療者が患者の転移の対象として感じることを表現することの間にあるようなときである。そのような場合、分析家がセッションの中で患者についてどのように感じたか伝えることは、逆転移の間接的な使用であり、一方、患者の対象としてどう感じるかを表現することが直接的な使用である。

　臨床例に基づいて私の考えを述べる前に強調しなければいけないと思うのは、逆転移の間接的利用、直接的利用いずれについても、治療者が軽率に情緒を解放することについては、ここでは何も主張していないということである。いかなる分析的介入においても、患者が介入を利用できるかどうかを考えることは非常に重要なことであり、だからこそ私は、分析家が状況についての感覚を徐々に表現するということが、逆転移の直接的な表現に必須な先行条件であると強調するのである。分析家の側のいかなる感情の開示も、患者にとって分析の過程の正当で自然な部分として体験されねばならない。もしそれがショックをもたらすならば、分析家は技法的に失敗したといえる。最後に、分析家が患者に対して自分の心の状態を描くことで分析家は解放されるかもしれないが、分析家の自己治療のためだけにそういった行動がなされることは決してあってはならない。患者の中には、彼らの対象となる体験を誰かにうまく表現されることが決してなかった人もいるわけだし、それは認めてあげなければならない。

症例 I

　20代半ばの女性，ヘレンの分析を開始したとき，私は自分が奇妙なポジションにいることに気づいた。彼女は，友人に会いに行くことなどの状況を描写し始めたかと思うと，途中で話をやめるのである。彼女はしばしば数分におよぶ長い休止をとり，そしてまるで何ごともなかったかのようにまた話を続けるのであった。最初に私は，私との分析を開始する人には誰にでもするように，他者に話すことの難しさとどんな些細なことであっても治療者に委ねることの困難さに焦点を当てた。分析状況にいるということについての彼女の不安は明白で，この転移解釈は必要であり，ある程度は正しかった。にもかかわらず，彼女の長い休止は続き，私は自分がこの状況を十分に理解してないということに気づいた。この休止は，「この人は何者であり，どう話したらいいものか？」というような転移における初期の不安によるものであるとは単純にはいえないようであった。

　私は，彼女が何年も前に，解釈を非常によく行う精神分析家の精神療法を受けていたことを知っていた。彼女が少し話したところでその分析家はその断片を拾って，分析家に対する彼女の関係性の何らかの側面について多くの解釈をすることに慣れているということを彼女は私に話した。私はそれを聞いて，彼女が休止をとるのは，私がある種の解釈をするのを待っている可能性があると考えた。それで，私が前の治療者のように介入するのを待っているのではないかと思うと彼女に伝えた。彼女はそれを認め，私はそれが問題の核心であろうとその後しばらくは思っていた。私は彼女に，混乱を招くような休止をとることなく自分自身について語ることを期待していたが，そうはうまくいかなかった。むしろ状況はまったく変化しなかったので，彼女のこの特性は私の推測よりもはるかに深層のものではないかと考えるようになった。それは単に私という人に対する状況反応的なものでもなく，前の治療者に対しての残留的な反応でもないようであった。このことに気づいてから，私は，この状況に身を置いて，彼女や彼女の対象が生きる場として作り出されるこの環境を受け入れなければならないと気づいた。次第に私は，このような転移の対象であることはどのように感じられるのかということを自問し始めた。

　時折，私は自分がイラつくのに気づいていたが，しかし同時に，この環

境を何か変化させるためにこのイラつきを活用する方法はないようにも感じていた。多くの中断や長い休止のために，彼女の思考の道筋を追うことは非常に難しく，彼女に混乱させられているという意識を私は持っていた。数カ月が経ち，この休止のあいだに私は自分が「さまよっている」こと，再び私が聴く態勢となる数秒前に彼女が話し始めるということに気づいた。私の彼女に対する認識も変化していた。私は彼女を，生きるべき人生や語るべき人生を持つ人というよりも，不明瞭で拡散したような存在として認識するようになったことに気づいていた。患者は一般に，分析家が彼らのことを理解できるように助けるものだが，彼女はそういう風には協力的とは思えなかった。むしろ，セッションの進み方がわかってしまって，私は退屈で眠気を感じるようになっていた。

　もちろん私は逆転移で起きてくる眠気に対して内的な方法で戦った。私は，転移－逆転移のイディオムの中でこれは何を意味するのかということをあれこれと考えた。そしてある考えが思い浮かんだ。それは，彼女の母親の養育についてのイディオムの性質が分析状況に転移されているのではないかということであり，私はそのような養育体系の中の乳幼児的対象であり，非常に特異で不在の母親に対する実存的な証人ではないかということである。私は，患者の精神生活の表出された素材は今や私の中にある，少なくとも私の心の中で，逆転移が治療状況を支配し始めるようになっている限りは，と思い至った。私はその素材が彼女にとって使用可能なものとなるようにしないといけないと考えた。数カ月の分析の後，彼女に私の逆転移感情の間接的な表出を受け入れる用意ができていると思えたとき，私は彼女に，私の中を何かが占めているが，それは興味深いものだと思うこと，それを彼女の内省のために，そしてできれば分析のために表したいと思っていることを伝えた。続けて私は，彼女の長い沈黙は私を奇妙な状態に置くこと，そのため私は時に彼女の軌跡を見失うのだが，それはまるで，私が体験するようにと，ある種の不在を彼女が作り出しているように思えることを伝えた。そのセッションで，少ししてから，私は，彼女が何の予告もなく姿を消し，さらに再び現れるように見えることを伝えた。

　私が自分の主観的状態について話すと，患者はすぐにホッとしていた。彼女はこの癖にずいぶん前から気づいていたが，不安によって引き起こされているわけではないので自分では理解できなかったこと，そして，いつ話を続けられるだろうかとたびたび思いながら，この癖からぬけられない

ので，ある種の絶望をよく体験していたことを話した。

　自分がおかれている状況について思い切って話すことで，私は自分の解放される感覚にも気づいた。自分が体験している心理的な苦痛から自分自身を解放するためだけに分析家は解釈をするわけではないが，同様に，その解釈が患者からの影響を取り除くことにもなっていることに無知であってよいわけではない。私の経験を患者が使用できるものとするために，私は治療の潜在空間に，患者によって作り出された主観的な素材の断片を投じたのである。そして私は，自分自身を表出することで，ヘレンの自己の一部を彼女に戻したのである。

　分析の1年目では，ヘレンは母親との関係については極度に秘密主義で，私も彼女をせきたてはしなかった。私には，彼女が母親と自分自身を守っているように感じられ，1年の間に1度か2度，私はそれが真相なのではないかと思うということを伝えたが，彼女にそれを取りかかるようには迫らなかった。しばらくして，彼女がそれを扱う準備が明らかにできたとき，彼女は母親がいかに混乱を招き現実離れした人であったか，その結果としていかに子どもである彼女のごく一部としか関わることができない人であったかということを語り，秘密に満ち，本当の自己が脅かされた子ども時代をヘレンに過ごさせたかを語った。彼女の本当の自己への母親の侵襲のやり方は，関係しないということであり，ちょうどそれは治療状況で私がヘレンの沈黙と不在を侵襲として体験したことと同様であると推測される。これは母親を憎む娘，あるいは憎むべき母親というわけではない。母親は親切で愛情に満ちた女性であったが，幾つかの理由のために子どもの生活から彼女自身を不在にし，子どもたちを非常に混乱させていたのである。

症例 II

　20代後半の男性，ポールは，これまで誰に対しても親しみを感じたことがないということから分析を求めてきており，彼のガールフレンドはそのよそよそしさに困惑していた。自分で言う通り，彼は冷淡で感情のこもらない話し方で，自分自身や生活について私に語った。しかし，それはほとんど風刺画的合理性といったもので，誠実さを試すために誰かを誘うやり方を誇張したようなものだと思われた。セッション中の彼のよそよそしい言動は，本当の彼によるものではないと私は感じていた。

第12章 逆転移の表出的な使用:自分自身から患者へ渡す覚書

しかし彼は精神分析の領域をあちこち動きまわり,精神分析の理論的な妥当性を問い,私の解釈をあざ笑うのだった。彼がしばしば述べたことは,私の言ったことは可能性がある「かもしれない」ことであり,もし真実だとしても幅広い社会学的現象のごく一部でしかないということであった。彼はしばしば私に,階級闘争の本質や不幸の弁証法的特徴としての個性の発展についてのレクチャーをした。彼が私の解釈を潜在的な知的な推測にすぎないと単純化できたときや,私の分析の暗黙の論理(階級問題,文化的な前提,フェミニストや反フェミニストの要素,残存するアメリカ人気質,中産階級的私利についてなど)を笑うときこそ,彼にとってセッションの中での楽しみの瞬間となっているかのように見えた。

しかし,私は彼に本当に侮辱されているようにも戦っているようにも感じなかった。確かに,不満に思うことはあり,意識レベルである種の偽りの関係に彼が関わりを向けることにいらつくこともあった。例えば,私が彼を冷淡で科学的な人物であると見ているということである。実際には,私は彼のことを好ましく思っていた。それゆえ彼に対するこの情緒は,彼の中の解離した愛情の証拠を示す逆転移であるということに私は気づいていた。実際,彼はセッションで自分自身を強迫的な方法で私に見せていたけれども(いわば,私に集められて解釈されるための素材を彼は排出していたのであり,そうすることで彼は解釈を破壊することに喜びを得ていた),この強迫的な言動の一部は冷やかしであり,無意識的な愛情の一部は同性愛的なリビドーを通して表現されているということに私は気づいていた。

これらの強迫的な没頭や同性愛的な情緒は分析の中で取り上げられ,治療1年目の分析の作業のかなりの部分を占めることとなった。しかし,両者とも補償的な性質のものであり,満足を得るための代替的な手段であった。それらは,より成熟した愛情への発展を許さなかった彼の早期の対象世界におけるある種の外傷体験によるものであった。

彼の転移の性質から,私は彼がより成熟した愛する能力を持っていることに気づいていた。分析家は患者の作り出す環境の中で生きるという体験をするが,ポールはしばしば私をあざ笑い,私の解釈をバラバラに引き裂き,自分は望みのないモンスターのような人間であると主張したけれども,自分の生活の詳細を私に示すためにはとても気を使った。彼が言ったことについて私が間違った理解をすると,彼は私が道を間違えてしまったと気づき,非常に気を配って,私の理解が元に戻るように助けてくれるのであっ

た。彼が私に明らかにうんざりして解釈を退けているときでさえも，これは起こった。それで私は，彼の対象としての経験を通して，部分的には私に対する配慮がなされることに「気づいた」。またこの経験が私に，これが彼の無意識的な愛情の表現であるということを実感させたのであった。

やがて，私の感覚を重要な証拠として使用する必要があると思えるときがやってきた。おそらく彼は私を嘲り笑い，この種の知識は分析において，あるいは「まじめな」認識論においても意味がないと主張するだろうということをわかってはいてもそうすることが必要であった。前もって私が彼に伝えたのは，「あなたは私に，モンスターであるかのように見てほしいと思っているが，それは受け入れられない。あなたには，モンスターの素養は少しだけあるけれども，あなたが主張するほどではない」ということである。彼はそういった意見を軽んじることに喜びを見出し，しばしば合理的で客観的な思考の美点を褒めそやした。しかし，私は彼に「そう，もちろん，あなたがロボットだということは，わかっています」と，力強くおどけた言い方でいうことで彼の言う彼自身についての説明にチャレンジするのであった。

時に彼は，暗殺未遂などの人々を非常に不安にさせるような出来事について連想した。「私はどうしても人々がこういうことでうろたえるのが理解できない」と，彼は私に言った。そして，「このことについて人に尋ねてみようと思う。そうすれば理解できるのではないか。どうして私が理解できないと思いますか？」と。彼は，困惑したような，まごついたような言い方をしたが，長年のその道のプロの実績を駆使して何の感情もないように見せた。彼がこの「質問」を私にしたとき，私はただシンプルに「ナンセンス」と答えた。彼は笑い，「ナンセンス」とはどういう意味かと尋ねた。彼は私の意図することが何かをよくわかっているはずだし，すでに私たちが気づいているように，彼の偽りの自己の部分が，実際は感情があるのにまるで何も感じていないかのように見せているのだということを私は伝えた。彼にこのように直面するときには決まって，「ナンセンス」と言ったときと同様，私は情緒的な要素を導入した。これは彼を偽りの自己の冷淡さから関係性へと導くことになった。彼は笑い，彼の振る舞いを通して見えてくる彼の自己の一部分において明らかに安堵していた。彼が軽蔑的に笑いながら，ナンセンスなことを話しているということをどうして私がわかるのかを尋ねるときはいつも，私は自分が言ったことについて

説明はせず、長いことやりとりをしないようにした。その代わりに、彼が自分自身を卑下し他者のことも見下そうとしていることを彼に対する感覚から私は知っており、「論拠」がしっかりとあるような他の知り方と同じではないが、その知っているという領域からならいくらでも話しましょうと伝えることにした。

ポールの早期の対象世界における外傷体験については分析の中でまもなく明らかとなった。彼の父親は非常によそよそしい人で、家族としての役割を担ったことのない人であった。そして、ポールの同性愛的な欲望が父親を見つけようとする（また同時に、父親を退けるための）性愛化された努力であるということがわかるのは難しいことではなかった。彼の冷淡で強迫的な偽りの自己は、父親の性格の無意識的な再構成であった。それゆえ、人として生きる上でのあるべき要素としての感情を守り、主観的状態を潜在的に重要なものとして擁護していく立場から、私は自分が逆転移の中で彼の父親とは違った親となり、また彼とは違った子どもになっているということに気づいた。ポールの父親とポール自身の冷淡さについてのこの見解は、「正しい」再構成のうちのほんの一部にすぎない。ポールが父親に対して非常に腹を立てており、その冷酷な怒りを父性の取り入れ「の中に」投影しているのも事実である。

ポールが無意識的な愛情についてもっと直接的な分析を必要としたときが、分析過程でのポイントであった。そのような愛情の対象としての私の体験を外傷的でない形で彼に伝える方法があると私は考えた。あるセッションの中で私が彼に伝えたのは、「さて、あなたは今から私が言うことを嘲笑するかもしれないけれども言います。私はあなたに愛する能力や他者を気遣う能力が秘められているということに気づいています。それは、私があなたのことを理解できるようになるために、セッションの中でのあなたの配慮を感じるからであり、また、私に対しての愛情も感じるからです。これこそがあなたが自分には欠けていると主張する感情なのだろうと思います」ということである。

彼は余り熱が入らない様子で私の見解を嘲笑したが、彼のこの反応から、彼が私にもっと続けてほしいと思っていること、そして安堵していることがわかった。私は、「あなたは古いロボットとしての自分を始動させるだろうけれども、私があなたとの間で起きていることを知ることであなたは安心し、嬉しいと思っているように思います」と伝えた。

数カ月の間，彼はすぐにロボットのような言動をしたが，私は彼に直面化し，いかに私に冷淡な父親を当てはめようとしているか，また，長年彼が占めてきた位置で私がどのように感じるかについて分析をした。彼は自分がそうしたように，私が屈服することを予想しているだろうという確信を私は持っていた。そして，彼が父親への同一化を続ける理由の一つとしてあるのに，私がその状況を持ちこたえることができるかどうかまったくもって確信が持てないということだとわかった。

症例Ⅲ

精神分析を受けにやってきたジョイスは40代半ばの魅力的な女性であったが，非常に多くの精神分析理論に精通していた。それは，彼女には精神分析家の友人がおり，また，彼女自身，精神分析理論を用いた学術研究に従事しているからであった。分析を開始して最初の数週間，彼女が語る彼女自身と私が目の前で見て体験している彼女とがほとんど重ならないということに私は困惑した。彼女が言うには，彼女は重い抑うつ状態で生活がうまくやれないということであった。そして，混乱した状況の中で生活していると強調し，自己感がないと言うのであった。実際に彼女は，自分の人生の中でこれでよいと思える瞬間はなかったのではないかとさえ思っていた。

もちろん私は，そのように述べる人々を分析してきてはいたが，たいていはセッションでの振る舞いからそういったことは示されるものである。しかしジョイスはとても晴れやかであり，活気に満ちて，思慮深かった。セッションでは，自分の情緒というものをわかっているようであり，過度の不安は体験していないようであった。彼女が抑うつと表現するものは，それ自体は抑うつではないようであった。それは，包み覆われた悲しみのようなものであり，生活する中で身についてきたものであろうと思われた。混沌とした中で生きることや自己感がないこと，本当の自己はどこにあるのかということについて彼女が話すとき，私は少し疑問を感じていた。ウィニコット流の分析というものを求める患者が私を訪れたことは一度ではないのだが，たいていそういった患者は本当の自己と偽りの自己の理論を自分に当てはめて落胆をして来るのである。

ジョイスはセッションの中で，自分は慢性的な混乱や落胆，空虚感の年

第12章 逆転移の表出的な使用：自分自身から患者へ渡す覚書

代記のようなものであると表現した。分析の初期の数週間は，私は聞くのみで，時おり彼女に明確化を求める以外はほとんどしゃべることはなかった。しかし，奇妙であり事実でないと感じる私の感覚を伝えることなく彼女の分析を続けることは，偽りの分析を維持することになるという思いから，私は程なくしてジレンマを感じるようになった。そこで私が彼女に伝えたことは，私には困惑していることがあること，そして彼女をただよりよく理解する目的で自分の心の中の何物かを理解しようとしているが，それは間違っているかもしれないということを心に抱きながらも，私には彼女が主張するようなだめ人間とは到底感じられないということである。彼女はかなり激しく知的な攻撃性をもってこのコメントを受けとめ，自分は自分が主張するように，どこから見ても愚鈍で無能なのだと言い張った。その結果，私のコメントはセッションの中で，見かけ上不合理な情緒要素となり，それはその後のセッションにも続いた。それはどこから生じたのか，このコメントにはどういういう意味があったのだろうか？

しばらく私の彼女に対する理解は変わらなかった。ジョイスは専門分野の業績について話していたが，それ自体が彼女が無能であるという見解を否定するものであったし，また，セッション中の彼女の快活さは，私から見れば本当の自己の活動が存在するという転移的な証拠であるといえた。彼女が出会った他者について，あるいはある状況においての他者について語るとき，ユーモアと精神的な鋭敏さをもって語るのだったが，そうする彼女を私は楽しんでいるということに気づいた。しかし，自分自身を対象として話題にするときにはいつでも，彼女は声を低くし，最近の失敗を挙げて自分自身を貶めるのであった。これらはすべて，自己感なく生きてきた惨めな彼女の人生という文脈で語られた。紙幅の都合から，ここでは彼女の分析の初めの数カ月の精神力動的な考察や可能な転移についての説明のすべてを列挙はしないが，わかったこととしては，彼女の幼少期の父親との関係は非常によく，父親は彼女をとても尊重していたのだが，彼女が6歳頃に父親は病気で引きこもったということである。彼女は自己の内側へと引きこもっていったが，父親に対して心理的なサポートも含めて，献身的に多くの時間を費やした。彼女は父親を失った時，父親の（そして，彼女自身の）理想的な対象としての彼女の自己との関係性も失ったということがはっきりしてきた。私はこれを解釈し，私に対して表しているいわゆる抑うつ的な自己と，軽蔑の形態をとっている自己の不在について分析

した。つまり，かつてのプリンセスにもはやなることができないのであれば，価値あるものとしては何も受け入れまいとしていると。実際，すべての対象（彼女の仕事，友人関係，彼女自身）を貶めることは，彼女がもっと評価されたいという無意識の要求を表していた。彼女はこの解釈が好きではなかったが，さまざまな方法でそれを確認した。しかしその解釈の有効性はしばしば，自分は本当にだめな人間なのだという彼女の主張を私が一貫して拒否することのせいにされるのだった。

　もちろん私は彼女の大変さを軽んじようとは思わない。彼女の無意識の誇大感は，それ自体早期の父親との関係の記憶そのものであり，人生における価値あるものを破壊することによって表現されていた。そしてそれが抑うつ的な雰囲気を生み出しており，価値下げした対象（彼女自身も含む）を手当てすることで父親との別の関係性を再創造していた。実際，「スキゾイド」の患者，あるいは「基底欠損」（彼女はバリントの仕事についての知識もあった）に苦しむ患者を私に示すことで，彼女は私に贈り物をしていた。それは，このだめな患者が自己を所有するようになったり本当の自己を実現したりするように甦らせることで，私の自己愛が高められることになるからであった。私は奇跡を起こす人であるべきであり，彼女の転移は，私を世話することを意味あるものとして無意識的に目論まれており，そうすることで父親と彼女自身を復活させてかつての黄金時代へといざなうものなのであった。

　しかし，時間が経つにつれ，私は初期の困惑とは違ったもっと困難な問題に直面することになった。彼女は無意識の誇大感についての解釈を受け入れ，分析し，それが記憶の一種であると理解した。彼女のいう抑うつとは幾つかの現象の混在したものだという認識を彼女は持ちこたえた。それらは，対象の破壊だったり，怒りの逆転した表現であり，父親の喪失に向けられた本当の悲しみのありかを示していた。しだいに私は，転移の中での私も含め，彼女が人との距離をかなりとって生活しているということに気づいた。彼女の性格についてのこの「事実」は，余り明白ではなかった。実際，彼女は全く逆のふるまいをしていたし，現実の彼女の健康さと自我の力によって事態はより複雑となっていた。しかし私は分析に不自然さを抱き続けた。彼女はとても巧妙に自分自身を遠ざけており，私は彼女が提供する素材にその根拠を見つけ出すことはできなかった。

　幸いにもある月の数セッションを彼女は休み，数セッションに遅れてやっ

第12章 逆転移の表出的な使用：自分自身から患者へ渡す覚書

てきた。この行動化が，以前には知りえなかった彼女の領域に私が手を伸ばすことを可能にし，治療のターニングポイントとなった。あるセッションに彼女は遅れて来て謝り，そして，その日は誰に会うにも遅刻し，不幸なことに私との間でも同じになったのだと言った。私は，「私たちはみな同じということですか？」と尋ねた。このコメントは，私が彼女のふとした発言に過度の強調を置いていると感じられたらしく，彼女を少しいらいらさせた。私がこのように彼女にチャレンジしたのは，彼女の健康さや自我の力，対象関係性（これらは分析の中でもともと私が確認しようと「奮闘」してきたものだった）はともかくとして，彼女がどこにいてなぜ内的に不在なのかを見つけ出すためであった。

そのセッションが進む中で，私が重要な素材だと思うものを2人が共有できる空間へと置くために，私は彼女についての自分自身の体験を用いなければならないと覚悟した。「わかると思いますが，私は自分の感じたことを相互の分析のために提示したいと思っています。それは，あなたという人を見つけるためには欠かせないことだと思うからです。あなたは部分的にしかここにいなくて，表面上は意味あるように見えるかもしれないけれど，失敗したセラピーに身を委ねてきたという感覚を私は持っています」と私は彼女に伝えた。すると彼女は，猛烈に異議を唱えた。「聞いて」と彼女は言い，「私は誰に対してもそうするのです。あなたがそれをそんな風に取り上げる理由はないはず。それは個人への当てつけです」と言った。私は，「おそらく私の言ったことであなたは罪悪感を抱いたのでしょう。でもそれは私の意図するところではないのです。今あなたは，私の苦痛であるとあなたが思うものを私から取り除こうとしていますが，実際は，私が体験したことをあなたに示すことで，少なくとも私はあなたを悩ませるものに取り組みつつあるように思います」と伝えた。彼女は「でも，私は他の誰ともそうなんです」と，何度か強調して言った。私は，「奇妙なことに，あなたがそう言うほどに私は自分のこの感じがどこから来るのかがわかってきます。あなたの体験が誰でもに向けられたものである限り，どの1人の人間にも個人的な重要性を見出さないように思われます」と，続けた。

私の最初の介入に対しての彼女の激しい異議の主張が，私のこの解釈を促したのである。彼女のその抗議はとても生き生きとしており，それを取り上げて扱っていきたいと思えるような刺激的な訴えであり，私が誤解し

たことによる真の絶望によって生じる怒りではなかった。私たちはまさに苦闘のさなかにおり，読者は彼女が恋愛性の転移神経症を隠していると知ってもそれほどは驚かないであろう。数カ月が経ち，彼女ははっきりと恋愛に陥り，そのようなニードと内的で私的な親密性をもった苦しいポジションから話をすることになった。この転移神経症の幼児的な要素をワーク・スルーするのに多くの月日がかかった後，彼女は分析が本当に自分の役に立つとは元来思っていなかったが，自分が絶望的なほど重篤であるという最初の思いを私が受け入れないことで，いつかは自分も見つけられるのかもしれないという希望を与えられてきたとことあるごとに述べるようになった。ついには彼女は，堅固だが外傷的ではないやり方で，彼女について私が愛情をもって確信したことを主張したことが，父親に対する愛情の記憶をもって私を信頼するようになるうえで，最も重要な要素であったと評価したのである。

症例Ⅳ

この限られた紙幅でジョージの分析過程を述べるのはまずもって不可能なので，彼がアイルランド人であり，躁うつ病で何回にもわたる入院経験があるということ，そして，怖がるのと同時に怖がらせる存在でもあるということを述べるに留めたい。彼は20代半ばで6フィート4インチ以上（193cm以上）の身長だったので，特に黒ずくめの服装のときに相談室でカッとなったときには恐ろしくもあった。私は，何年にもわたって彼の作り出す世界で生きる道を見出そうとし，もし私が黙らなければ殺すと彼が脅したときにも分析を続けることで対処してきた。時が経つにつれ，彼が私を殺すと言う時でも私は左右されないので，彼の中で暴力的だったものはよりリビドー的な攻撃状況へと変化していった。彼が私に黙れ，さもないと黙らせるぞと言ったある時，私は「いいかいジョージ，私を殺すことは必要ない。だって，私がとにかく本当にはここにいないということをあなたはずっと言い続けてきたのだから」と言った。私はそういったコメントを迫力と堅固さをもって，しかし敵意はなく伝えた。やがて彼は，私に攻撃的になるためには私からのこの種の反応を必要とするようになり，そのプロセスは数年に渡ったが，彼の暴力的な思考と他者に実際に会うことに対する脅威を軽減させることになった。

第12章 逆転移の表出的な使用：自分自身から患者へ渡す覚書

　私がここで取り上げる問題は，分析が3年ほど経過してから現われてきたものである。もちろん彼の誇大感や万能感，聖人のような無垢さの利用（否認）を分析する機会は多々あり，彼は分析を生き残り，それを徐々に使用できるようになっていった。しかし彼には，セッションごとに私が彼の注意をいろいろと引きつけても変わらなかったある転移の特徴があった。それは，自分自身について私に何か話す（たとえば，前日の行動を観察的に話すなど）のに対して，私がそれを取り上げて解釈したり，ただ単に明確化したりした瞬間，彼は決まっていつも最初に話していたことを変えるという傾向であった。変える度合いはさまざまで，ある時には，彼が述べたのとは少し違って私が話したりすると，彼は私の語順を言い直したが，また別の時には，形容詞を削除して自分の言いたい要点を取り除いてしまうこともあった。もっとひどいときには（私にとってだが），自分が何か述べたことをそもそも否認するということもあった。これらについての解釈を，私は彼の理解力に応じてさまざまに行ったが，彼の不安や状況を支配するニードや，私が彼の中に生きていないことについての失望について強調した。というのは，それは私との分離を意味することなので，彼が自分自身について語ることは非常に苦痛だったからである。私は他の解釈についてはコメントしないが，3年ほど経過しても彼は同じことを繰り返していたことだけ言いたい。するとある週のこと彼は微妙に違っていた。月曜日に，私が分析したあることについて彼は詳細を変えることなく受け入れることができ，彼が出した素材はより明確となり，秘密を維持する方法としての抽象的な語りが少ないことに私は気づいた。火曜日に，彼は月曜日に私が言ったことを覚えており，それどころか，それを分析的に利用しているように思われた。そして，おそらく彼が変化しつつあることが感じられて，私は自分が少し内部へと入っていることに気づいた。水曜日に，彼は月曜日の素材を完全に修正し，火曜日の私たちのセッションは拭い去られ，私たちが一緒に作業し始めたのではないかという私の感覚は根こぎにされるのだった。私はセッションに入って15分ほどして自分自身に言い聞かせていたことを思い出す。「こんなことをしていても無駄ではないか？　こいつはどうしようもない奴だ。何もできやしない。この忌々しいセッションの間中，奴にはただ喋らせておけばいい。彼に近づく方法など見つけようとしなくていいのだ」と。私は自分のこの反応がショックで悩んだ。というのは，私はしばしば彼に対して不全感を感じ怒りを覚えては

いたけれど，ここまでは思わなかったからである。逆転移において私は明らかにひどい喪失感のようなものを味わっていた。

私は，彼のしたことや彼がなぜそうしたかについての私の考えを解釈したり伝えたりするといった通常の分析の流れに沿って進めることはしないと決心した。私の見解としては，そうすると結局は，単に彼がしたことについて記述をして，まるで楽譜のようなものを作ることになり，私との二次的な解離が引き起こされてしまうと思われた。その代わりに私は何とか彼に通じてつながる方法を見つけなければならないと思った。そうしないと，彼は分析的には興味深い人物であるかもしれないが，全人生を分析に費やしながらも何も変わらない不運なタイプの人の1人になってしまうと思われた。

そこで私は，自分がいると思われているポジションについて記述することから始めた。それは，それまでのどんな解釈よりもずっと彼の注意を引く方法であったと思うし，また，私は私自身の何かを打ち破ろうと明らかにもがいていたのでそうしたのである。「ジョージ，ちょっと話すのをやめてもらえるかな。私には言いたいことがあるんだ。どうも私はあなたにはまったく絶望的な感覚を持っているが，何とかしてそれを打ち破ってあなたに近づけないだろうかと考えているんだ」と私は言った。彼はカウチでじっとしていた。「私の体験を話させてほしい。もしそれにあなたが持ちこたえられるなら，この状況をもう少し理解するのに役立つ可能性があると思うんだ」と私は続けた。ここまで私の言ったことには効果があり，ふりかえっての記述はできないが，彼に届いたのは私の声のトーンであり，彼はリラックスしたように見えた。「私の体験は，私があなたを理解したと思ったとき，また，あなたについてお互いに何かを共有していると思った正にそのときに，あなたが消えてしまったというものだよ」と伝えた。彼はカウチで大きな安堵のため息をつき，「そうです」と，とても静かに言ったので，私はセッションが終わった後までそのときに彼が何か言ったとは認識できないほどだった。私は考えをまとめて彼が使用できるような形で出せるようにしようとしばらく間をとり，「あなたは自分自身のことを何か私に伝える。私はそれをさらにあなたを理解するために整理して貯めようとする。そこへあなたはバン！　と来て，私が自分の中でまとめて貯めたものは自分に由来するものではないと言う。私が気づいた問題は，あなたが消えてしまうことによって引き起こされるこの失望感をもってど

うやって生き延びるかということだ」と言った。その後，数分の間があり，ジョージは非常に深くリラックスしているように見えた。私自身にも大きく解放されたような感じがあり，それはまるで，やっと真実を話すことができたかのようであり，何かに立ち向かっているような，しかしまたジョージを擁護しているようにも感じた。

　付け加えるが，ここまでに，彼の幼少期についてはかなりのことがわかってきていた。子どものときに彼は母親といろいろな機会に離れる経験をしており，母親は仕事に出ていない間，彼の世話を乳母ではない複数の人に頼んでいた。母親は彼を嫌いだから置いていったのではなく，抑うつ状態であり，ボランティアの仕事をすることによってのみ自己愛が満たされるからであった。一方，父親は優しいがよそよそしく，父親としての役割を嫌がる人で，ジョージは父親との関係を確立したことはなかった。ジョージはその後，ヨーロッパの全寮制の学校へ送られ，それが家族が彼にした最後のことだった。

　上記のセッションで数分の沈黙があった後，そのような逆転移の直接的な使用は分析的に有効であると判断して，私は，私の体験は乳幼児の母親との関係と同様のもののように思うということを伝えた。この消滅に由来する苦痛は，私の見解では，正に彼が人生の最初の数年の間に体験したことだと思う。お母さんを目にして内在化し始めようとすると，お母さんは見えなくなり，今度はまた新たなお母さんが立ち現れているということなのでしょう。そして，分析家はある程度は患者に依存するものであり，そういう意味では分析家のポジションは時には赤ん坊のようなもので，被分析者に「栄養を与えてもらったり」「遊んでもらったり」することで依存しているのだと私は伝えた。一方，私の絶望感や虚無感は，何もしてくれない他者にコントロールされた彼の乳幼児的自己を反映しているに違いないということも伝えた。

　分析的なコメントはいくらか知性化され説明的であるということを私はよく承知していたが，患者が私からの直接的な逆転移のコメントを受け入れていたので，私はそうであったとしても満足していた。彼には逆転移の解釈を入れておくことができるある種の枠が必要なのだと私は考えていた。

　その後のフォローアップセッションで，ジョージは，彼と生きる中で私が占めていたポジションについていつもわかっていたということが明らかになった。彼の不安と不安に対する防衛についての私の以前の解釈は，正

しかったけれども決して問題の核心に到達するものではなかった。後に彼は，私が自分を弁護する様子に失望していたのだということを語った。私がそうするときには彼は罪悪感に苦しめられることはなかった。実際には，全く逆のことが起きていたのであるが，それというのも，私が個人的に，彼の作り出す環境に抵抗しなかったことが，彼に破滅の感覚や怪物のような途方もない感覚をもたらしたからである。

症例 V

ジェーンは，治療者がしばしば「悪性のヒステリー（malignant hysteric）」と呼ぶタイプの患者である。この東欧出身の40代後半の女性は，何年にもわたって，未分化な情緒を巧みに磨いて他者にある種の服従を強いる戦略的な道具へと仕上げることに努力してきていた。たとえば，もしボーイフレンドが彼女に対して思いやりのない行動をとり，彼女がそのために当然のこととして傷ついたというようなことがあると，彼女は彼に対して優位に立ったと認識するのである。すると，彼女は痛みを誇張して偽の精神異常をきたし，彼に没個性的に尽くすことを強制するのである。それで，セッションの中で，彼女が他者にしたことについて罪悪感を抱くことがあったり，私が罪悪感について明確化したりすると，彼女はその時本当の情緒を感じていることに気づいて，その情緒にその瞬間の人格を合致させるために，声を荒げ，信じられないほど激しく感情的に自分自身を叱責するのであった。

ジェーンに対する逆転移の幾つかの特徴についてはすでに述べたが（第11章参照），初期の頃には特に，彼女に耳を傾けるというよりもただ見ることになりがちであったということがある。彼女は精神療法では私の正面に座り，私はかなりの美人であるということにも強化され，彼女の身振りや視覚的な風貌に，引きつけられているということに気づいた。この逆転移現象について考えたとき，多くのヒステリー患者と同様に，彼女は他者が彼女を内在化（つまり，彼女のことを考えたり思いやったり）するとは信じられず，そのために別の方法で他者を揺さぶる必要があるということに私はしだいに気づいていった。またしばらくすると，彼女を見るという私の楽しみは，全く立ちすくまざるを得ない彼女の情緒生活に対する防衛であるということにも気づいた。実際，面接室での彼女の怒りの場面の表

第12章 逆転移の表出的な使用：自分自身から患者へ渡す覚書

現はあまりに激しいので，私は少し距離をとり彼女の転移の激しさに巻き込まれないようにしようとしていた。彼女といると私は，麻痺するような自己状態になることに気づいたが，これは，重篤なヒステリー患者の治療のときに治療者に共通する現象である。現代のヒステリーにおいては，神経刺激を受けるのは患者の身体や自己ではなく，逆転移の中の治療者なのである。

どのセッションにおいても彼女の行動はまったく予測不可能で，気分にもむらがあったので，私は彼女がどこにいるのかという実感を持つことができなかった。一度，彼女は椅子から立ち上がり，私のいる窓の方へ駆け寄り，ふりかえって私の方を向くのと同時に甲高い声で，「このパティオの小さくて黄色いお花，なんてかわいらしいのでしょう。かわいらしくて素敵。先生がお花の世話をするのも素敵。人生ってすばらしいですよね？鳥も花も木も」と言った。そのような瞬間，彼女は信じがたいほど軽薄な女性を演じているのだが，突然叫ぶことで，周囲の人に何が起きたかと注意を向けさせることがしばしばあるのであった。

彼女は人を悩ませることに熟練していたので，前の治療者はジェーンが分析を止めてずいぶんとホッとしただろうと私は推測した。また，私のケースの医学的な面を担当してくれる熟練して経験豊かな精神科医は彼女と会ってすぐに私に電話をくれ，あまりにも振り回されるので彼女の精神科治療を引き受ける自信が全くないと教えてくれたのだった。

しばらく私は断固とした態度で解釈することとした。私は彼女が他者を支配下に置いたときにのみコミュニケーションをとることができるということを彼女がどう思っているのかということに注意を向けた。彼女が私に対してそうしようとするときには（だいたいいつもそうだったのだが），私は彼女がしていることについての私の考えを静かに彼女に伝えた。これは彼女を少し落ち着かせ，やがて私たちの作業の基盤となったのだが，私は彼女が傷つく様子に密かに気づいて，自分がいつもの治療者としての自己から引きこもり，古典的なスタンスに身を隠しているということに気づいた。私は密かに彼女を患者として引き受けてしまったことを後悔し，何とかして彼女から逃れられないかと考えていた。彼女は引っ越すかもしれないし，私に幻滅して他の治療者のところへ行くかもしれない。もしくは，運よく，彼女が本物の破綻を起こして入院治療となり私の手から離れざるを得ないということになるかもしれない。あるいは，個人開業の限界など

の理由から，残念だが治療を続けられないとかいうことを彼女に伝えなければいけないと私は思った。しかし一方で私は，これらの感情は彼女の原初的な対象の現われであるということもわかっていた。明らかに私は，幼少期に彼女を排除した彼女の母親の輪郭を描き始めていた。そして，私が地に足をふみしめ，転移を解釈し，発生的再構成をするよう貫いたことが少しずつ効果を現わすようになり，そして，私にとっては残念なことだと今だから言えるのだが，私が彼女を助けていると彼女は感じるようになった。

あるセッションで，彼女は来るなり椅子に身を投げ，少し馬鹿っぽく笑みを浮かべた。彼女は探るように前かがみに私を直視し，「えーと，ボラス先生，えーと，ボラス先生，そういう言い方はおかしくないですか（と笑う）。もう少しだけ優しく言ってくださってもいいと思いませんか（感情があふれんばかりの笑いがこのあとに続く）。つまり，もう少し優しくしてくださらないかしら。そんなにたくさんはいらないんです。ほんの少しでいいのです。ほんの少しのことで先生はとても冷たいわ」と言った。コミュニケーションをほとんど阻害する彼女の自己表現の非現実性ゆえ，彼女がどれほど発狂させる存在となっているかを伝えることは不可能だろうと思う。彼女が台本を手にとり，コメントを探しているとき，私は「なんてことだ，また始まるのか」と思った。しかし，彼女が私のことを冷たいと思うと言ったときには，私は全く違った感じがしていた。というのは，彼女の感情の伝え方はヒステリー的ではあるものの，メッセージの本質は正しいからであった。私は彼女から引いており，彼女の自己の使用を悩ましいイベントとして常に警戒していることに自分で気づいていた。

私は自分の体験を分析の中で使用可能なものとするのに適した時が来たと判断し，「あなたがそう言ってくれたことはとても嬉しいことです。それは，ある意味ではあなたは確かに正しいと思うからです。あなたの言うように私は多少冷たいし，セッションでは距離をとっているのにも自分で気づいているし，あなたもそれをよくわかっているように思います。でも，考えてみてください。どうしてそうなるのでしょうか。もちろんこれは私の見方ですが，もしあなたが人を傷つけるのをなんとかしてくれたら，私はもう少しあなたといやすくなって，私たちは，あなたを理解するという作業に取りかかれるのだろうと思うのです」と言った。驚き，またホッとしたことに，彼女は「ええ」とうなづき，そのつもりのようであった。私

第12章 逆転移の表出的な使用：自分自身から患者へ渡す覚書

は彼女が解釈を通して彼女自身の違う領域に入ったように感じた。それは，それまでに私が出会ったことのない彼女の自己の領域である。彼女があからさまに無垢な様子を作り出して，「私が人を傷つけている？　私が人を振り回している？　ふん，それについて，私がどうやってそうしているのかを何か教えてくださる？」と言ったとき，私はしばし落胆した。そして私は「おや，それについてわかっているのはこの部屋で私だけだというのでしょうか？　私が話していることをあなたはよくご存知だと思うのですが。実際，あなたは私に距離をとらせていると思いますし，それは，あなたの人生の中のこの要素こそ見出されたり解消されることを必要としているからだと思います」と答えた。彼女はこれまで聞いたことのないような成熟した声で，「ええ（しばし間），わかっています。すべてわかっています。これまで誰も私に耐えていくことができなかった。私は誰をも遠ざけているのです」と言った。この発言は真実であり，友人らはあまり役に立たなかったが，彼女を見捨てていたし，雇用主はかろうじて数週間は持ちこたえたが，同僚は配置転換を申し出ていた。ルームメイトは彼女をたたき出した。そして家族については，彼女はごくたまに訪れるだけにして自分の破壊性から遠ざけることで，家族を失わないように自分を守っていた。

　私の逆転移の直接的使用は，彼女の環境の中で対象の1人であることはどのように感じられるかを伝えるものだったが，彼女の精神療法におけるターニングポイントとなり，彼女の偽りの自己を分析することを可能とした。私は，しばしば馬鹿丁寧な表現で表されていた，彼女の信用ならない自己（unbelievable self）を確認することができた。この偽りの自己は，セッションで得た洞察を予行演習して再現するとき，なおさら人を狂わせるものとなった。「おお，先生が前回おっしゃったのはこういうことだったんですね？　ここに私がいて，ただちょっと年取っただけの私がいて，こういうことを繰り返すということですよね？　そうですよね？」と。顔をしかめるのは，逆転移感情のより良い表現方法ではないかもしれないが，私は「あなたは自分の言葉をもっと甘ったるくしたいのですね」といった解釈を与えるときにそうすることが効果的だと気づいた。ばかばかしく聞こえるかもしれないが，私はこのようなコメントを慰める気持ちをもってしたのである。それは，彼女に対して私が温かな気持ちになることを可能にするものであった。彼女はこのようなコメントを受け，明らかに違う，本物らしい確かな声で，「ああ，なるほど，過去のものと同じだというこ

とですね」と言い，私はそれには肯定して頷くのであった。

　自分自身の治療の経験と他の分析家の報告から，神経症患者やあるタイプの性格障害患者に古典的な分析を適用して，リアルであると感じたり，分析がリアルであると実感を得たりすることが可能であることに疑問の余地はない。しかし，古典的な分析の作業に取り組むことができず，実感を得ることができない患者たちもいる。実際にはそのような患者には古典的な分析を始める前に，自己のリアリティーの感覚を回復するところから始める必要がある。患者の対象として時に応じて逆転移を直接的に使用することは，本来の分析を開始するのに必須なものである。それは，現代の「古典的」な分析の代用にはならないが，私の意見としては，そのような介入なしでは，患者は分析されるかもしれないが，決して手が届かず，分析過程によって助けられるということは決してないのである。

考　察

　患者は，治療状況の中に環境を設定して，内的な世界を伝えてくる。そして，対象の使用によって分析家を操作し，特別な機能や役割を負わせるということが必ず起きてくる。自由連想された思考，すなわち，精神生活の内容を自発的に記録する思考の所在は，非常に多くの場合，精神分析家の中にある。それは，患者が葛藤を言葉で表現できないからであり，前言語的な転移の完全な言語化された表現は分析家の逆転移の中で発展していくからである。転移－逆転移の相互作用は，未思考の知の一表現なのである。患者はその対象設定について知っている。患者はそれを通して育ってきたのであり，それは彼の一部であるが，これから思考されるべきものである。転移－逆転移の語らいについての精神分析的な理解というものは，未思考の知を思考する様式なのである。

　治療者が患者に対して主観的状態を選択して伝えることは，相互の観察や分析のために有用となり得ると思う。分析家は，心の主観的状態を開示することによって，自分自身の自由連想の状態，すなわち患者のある部分によって支持されたことを知っている感情，ポジションを患者にとって使用可能なものにするのである。心の主観的状態の，あるいは，逆転移の中の自分のポジションについての究極の意識的な意味が何であるかについては，治療者は知らないかもしれないが，そのような開示が，精神分析に全

体的に関与している分析家の内部から伝えられるものであるということが被分析者にとって明確である限り，治療者はそれを患者に示すことが可能であろう。

　私は，解釈は分析家に生じた感情や感覚の叙述であるべきとも，分析家が気づいた自分自身のポジションについての直接的な開示であるべきとも思わない。そのように考えるのは，精神分析では，技法のこの領域に関しては，恐怖症的な恐れのようなものがあるからであるが，分析家はそのような介入は控えめに，そして，分析過程を促進するためだけに使用しなければならないということを私は提示したい。さらに，治療者の主観的状態の使用や逆転移体験の直接的な伝達に対しての被分析者の無意識的な反応やコメントを，治療者が分析することは必須である。例えば，「私がこう言ったのは，私があなたに飽き飽きしているからだとあなたは思っているように思います。あなたの反応はある種のお詫びのようです」と，治療者は言うかもしれない。あるいは，「何か私がうまくいっていないとあなたは思って心配しているように思います。ここでは私が患者であり，あなたからすれば，悩んでいる分析家を抱えているように思っていますが，そのような心配が起こったのは，私が考慮すべき事柄として情緒を表現したことから生じています」というかもしれない。あるいは，「あなたは楽しそうですが，もしそれが，『ああ，先生はやらかしてしまった！　ルールを破る先生の正体を見てしまった！』といったことを考えていて，おかしな勝利の感覚を得ているからでないかと思います」とか，「私が言ったことについて考えるのは非常に難しいとあなたは思っていると思います。それは，私がしたことについての私の言い方に，さしあたりあなたは興奮しているからです」と言うかもしれない。言い換えるならば，分析家は，自分の介入に対しての患者の無意識的な反応に対して徹底的に調律を合わせなければならないし，それはラングス（Langs）(1979) やケースメント（Casement）(1985) が著書で強調していることでもある。この無意識の反応やコメントが十分に分析される限りにおいて，分析家は，もしそれが必要ならば，この開示された主観的状態の意図を推敲していくことができる。

　治療者は，逆転移を直接的に使用する前程として，自分の主観的状態をその都度検討し，時間をかけて条件を整えるべきであると私は強調してきた。それは，非常に目立たないことなので，ここで私が述べたのは分析家

の「私が感じるのは」とか,「私の考えでは」とか,「私の感覚では」といった介入のみである。しかしながら,こうした介入は逆転移によって喚起されたものであり,分析家自身の主観に対する何らかの信頼を反映している。さらに,患者がいるところでの自己との関係性があるからこそ,分析家は主観的状態を言語化し,率直に熟考することができるのである。あるいは,被分析者がいるところで治療者は自分自身を正すことができるのであり,そうして,自分の心の状態を理解するために分析的な手法を用いることで,主観的要素に自分自身が慰められることを示すことになるのである。

　治療者の心の主観的状態を選択的に開示することは,感情の表出(たとえば,「あなたは私を怒らせる」)や分析されていない感情や幻想の曝露とは違うものである。私が主観的状態を患者に開示するときには,明確化や解釈を行うときよりもずっと集中して行っている。解釈一般をするよりも,「私が感じるのは」や「私が思うのは」といった叙述を発展させていく方が,より精神的な作業を要する。それはまさに,主観的状態の過程の開示というものがまだ未思考の知だからであり,未思考の知を表現するにあたって**知性**(intelligence)は非常に有用だからである。もし治療者が非常に注意深く**思考している**(thinking)としたら,患者に対して「私が思うには」と伝える瞬間には,そのような言い回しが未思考なものに対して,被分析者の即座のそしてしばしば直感的な連想を伴った言語化のための空間を与えることで,思考豊かとなる瞬間や機会となっているということを分析家は伝えるのである。皮肉なことに,「私が思うには」や,「私が感じるのは」と言うときでさえ,そういった瞬間の表現は,情緒性や神秘的な直感性よりも思考性を反映する。被分析者は,たとえ一番重要な核の部分が見つけられていなくても,精神分析家の未思考の知との関係性は**思考されたもの**だと理解する。未思考なものに対する知の関係性は治療において非常に有用である。それは,これから理解しないといけないことは**何なのか**を私がよくわかっていなくても,患者による心の状態の説明からでは私はまだ確信を得ていないということを患者に伝えることを可能にさせるのである。

　逆転移を重要視する治療者の中には,分析家はこの情報を個人的に使用するだけにして,転移解釈をすべきだという信念を持つ人もいる。これはしばしば,「それがどんな感じかを私に示すことで,あなたは私に何かを伝えているのだと思う」といった言い方で為されている。その介入はいく

らかは正しいかもしれないが、真実からは少しずれている。分析家が、自分自身の逆転移体験から学びとるのは確かであるし、患者はある程度はセッションの中で治療者に何らかの位置を押し付けることで、治療者とコミュニケーションをとっているという感覚を持つということもしばしば真実なのである。患者と治療者は長い間、転移が積み重なって作り上げているものの意味をわからないかもしれないが、主観的状態を被分析者に知らせることによって、分析家は、転移－逆転移の語らいが発展するにつれて、それを分析可能なものとするのである。

　もし私がヘレンに、たとえば「あなたの一時休止を通して、あなたは私に失われるというのはどのような感覚でどんな意味があるものかを知らせようとしているのだと思う」と伝えたとしたら、これは完全には正しくないと思う。というのは、個人の歴史を追体験すること——それはコミュニケーションの潜在的可能性を秘めたものである——の、唯一の無意識的な目的は他者に自分自身のことを伝えることであるという意味ではないからである。私は、そのような解釈の起源が私自身にあると知ったときには、患者の転移を知られたものとしようとするニードの背後から飛び出してきた主観性の発生源が被分析者にあるようには偽らない。多くの患者は、自分が分析家を転移的に使用していることを完全に無意識のままにしておきたいものであろう。たしかに私はヘレンに、彼女が不在を作り出しているように思われると伝え、私にそれを知らせようとしていると伝えたが、私の意図は、潜在空間を提供することであり、そこで被分析者は自分の性格を構成する無意識的動機について熟慮できるのである。私の見解では、投影同一化の解釈は偽りのものであった。私の解釈が彼女にとって意味あるものであったのは、転移解釈が逆転移の開示のあとに行われたからである。

　もし私がポールに、父親に冷たくされるというのはどのようなものかを、転移のイディオムを通して私に伝えようとしているという解釈を単にしたとしたら、そのような解釈の皮肉的な影響として、無感情な世界を不幸にも維持することになったであろう。というのは、私の解釈は、彼のよそよそしい父親の奇妙なこだまにしか聞こえないであろうからである。ポールは潜在的な自己を守るために、私に自分の主観的な感覚とのラポールを使用することを求めていた。私が感じたり思うことを述べることで、もちろん私は被分析者の分裂排除されたポジションを分析の中で担っていたのだが、私の考えでは、この患者に真に到達する唯一の方法は、彼が自分のも

のではないとするものについて言及していくことであったと思う。

被分析者が安直に言葉を使用するということは，患者が自分を痛みや刺激から解放するというばかりでなく，分析家の言葉が象徴的な表象として重んじられないということにもなる。より古典的な状況では，分析家は沈黙を使用する。その沈黙は，それを背景としてあらわれる発言に意味があることを示す分析の指標となり，患者も分析家も自由連想に耳を傾けるのである。スーザン・ソンタグ（Suzan Sontag）は沈黙の使用について見事に述べている。

> 沈黙のさらに別の使用。沈黙は，話がその最大限の完全性や重要性の域に到達するために，補足，補助をするものである。人は，長い沈黙によって中断されると，言葉がより重みを持つということを経験してきている。それらはたいていはっきりとしたものとなる。あるいは，人がより言葉少ないとき，人は与えられた空間の中で肉体的な存在をより完全に感じ始めるのである。沈黙は，「悪い発言」すなわち切り離された発言の土台を削り取る。それは身体から（それゆえに感情からも）切り離された発話であり，話し手の感覚的な存在性や具体的な特性によっても，また，言語を使用する個々の機会によっても，有機的に伝えられないものである。身体からとも綱を解かれると，発話は退化する。それは，偽りであり，空虚で下劣，重みがないものとなる。沈黙は，バラストのようなものを与えることで，言葉が本物でなくなっているときにモニターし，正すことによって，そうなる傾向を抑えたり，妨げたりすることができる。(1966, p.20)

しかし，分析における沈黙は，余り神経症的でなくより重篤な性格障害の患者では，初めのうちこのようには機能しない。言葉には何の重要性もないのである。患者の中には，ぶつぶつとつぶやくことはあっても，無気力な不活発さにひたっていて，まったく話さない人もいる。そのような患者との分析の仕事は，なんとか分析家が言葉に重要性を与え，そして身体性と結びつけなければならないので，難しいが，やり甲斐もある。選び出された主観的状態を伝えるために言葉を用いることによって，そして自分の心の状態を表現する最適の言葉を見つけるために時にはもがくことによって，私は言葉にその意味表象の可能性を与えようとしているのである。私の関心は，マシュード・カーンの解釈についての概念，「存在することと体験することのベクトル（vectors of being and experiencing）」(1974)に近い。それはまた，ビオンの β から α の機能と思考への発展の概念

(1977) とも関連がある。また、ラングスの転移性のコミュニケーションの類型（1979）とも関連している。

　治療者は、いわば、変形性対象としてオープンに機能しなければならない。彼は、知覚したことを示さなければならない。たとえその知覚が、潜在的な重要性がまだ不明瞭な展開のものであったとしても、感情や存在するという感覚を通して記録されるものを示さなければならない。治療者はそのような知覚的な記録を知の潜在的な源として信頼しなければならないし、その不明瞭な感覚や感情を何らかの言語表象へと変形し、相互に考察できるように被分析者に示せるようにしなければならない。この不明瞭な要素は、未思考の知である。患者はそれに気づいてはいるが、まだそれについて思考はできない。分析家はここで、母親が乳幼児に対してするのと同様の機能を果たすのである。乳幼児は話すことができないが、気分や身振り、ニードはある種の発話と同様のものであり、それは母親的な知覚（しばしば本能的に知られる）や受容性（乳幼児の発話を受け入れたいという気持ち）、何らかの表象形態への変形、そしてもし可能であれば、なんらかの解決（苦悩の終わり）を必要とするのである。

　分析家が患者たちに到達しようとするならば、自分の体験を通して共有される知の領域として、自分自身をより直接的に使用することが必要であると思う。自分自身の体験から分析家は、感情や主観的状態の価値を確立するだけでなく、最終的に知ることのために、この逆転移体験の形態を使用する方法を見つけるであろう。このように未思考の知は、転移と逆転移において患者の対象使用を通してのみ思考されうるものであるが、分析の領域において場所を与えられるのである。精神分析家の知的な主観性の確立は、そこで分析家は自己の状態を言葉に置き換えるのだが、分析の（思考の）作業の重要な部分を構成する。もしこの方法を見つけられなければ、私の見解では、治療者は患者の中に、精神分析とは存在することや、知ることや、真実の非常に重要な領域から目をそむけるものだという静かな信念を保持してしまうことになるかもしれない。

第13章　自己分析と逆転移

自己分析的要素

　私は，精神分析家として生きていく上で，何か重要なものがわれわれには欠けているように長いこと感じていた。約20年前，私が今よりももっと大きな関心を持って精神分析の文献を読んでいた頃には，フェレンツィやアブラハム，ランク，ドイッチェといった，早期の分析家グループの仕事に引きつけられた。私の見るところ，「早期の」頃から精神分析にひどく欠けていたと思われるまさにそのものを，今日描写してくれたのがラカンやウィニコット，ビオンである。それは，私が本来の自己分析と分けてとらえている，**自己分析的要素**であると思う。

　フロイトが自己分析に取り組んだとき，彼は自己の内的世界を探索するプロセスへと乗り出した。それと同時に，彼は**能力の創造**，すなわち自己からの報せを受け取る能力を調査し，発展させた。この点で彼は，西欧文明史において，心のある部分の発展に貢献した者の1人である。その部分とは，内省の能力と言うことができるだろう。そのような進行中の洞察の対象の一つは夢という心的対象であり，それは文明の曙からわれわれを夢中にさせ，われわれの存在や運命について考えるよう強いてきたものであった。

　精神分析の発見は，自己の中からの報せを受け取る能力に新たな次元をつけ加えた。フロイトが**自由連想**という現象を発見した時，これは不思議なことのように私には思えるのだが，彼は自己の内部からの報せは，自己特有のやり方でしか現れてこないということを理解した。無意識の派生物が自発的に出現するための空間の創造は，自我の生成的分割を成し遂げる（その際に，自己のある部分は経験するために知りたいという願望をあきらめるのであるが）ことによってのみ可能となることをフロイトは知っていた。

　自分の病が現在も継続しているものであることを受け入れ，自らが患者

第13章 自己分析と逆転移 **235**

となることによって，フロイトは彼自身の混乱した部分が出現する空間を創り出した。私が思うに（フリースとの文通を基盤として）フロイトは，彼がついには認めるようになった暗く苦しい気分の中に自分自身を見出したのかもしれない。それはまるで，自分自身を知るためには，まず始めに自分のあり方を体験しなければならないことを，理解していたかのようであった。彼の心の分析的側面は，いったんそれが必要となったら，ことを仕損じることはなかった。

マシュード・カーンは，体験することの確立に引き続く，解釈の機能について雄弁に述べているが，これはフロイトの自己分析についても言えることだろうと私は思う。

存在することと**体験すること**のベクトルが患者の能力の中に信頼できるものとして確立し，それが分析的状況で機能している時のみ，患者の精神内的および対人関係的な現実でのすべての葛藤領域を**知ること**を促進する解釈の，変化を引き起こす役割について話し合うことが可能となる。このようにしてのみ，解釈は洞察を促すことができるのである（1969, p.205 強調著者）。

分析家が自らを患者として受け入れることの背後には，次のような認識がある。それは，存在することや体験することが，理解されるべきものを知ることに先立つということである。

私たちの生活の中で，夢や白昼夢，ふとした不完全な思考や着想，他者についての観察，それに生活における慣用的な行動などに由来する報せは，われわれの存在することについての認識の次に来る**体験すること**という舞台に属しているのだが，存在することについての認識そのものが体験することを集め位置づける能力を確立することなのである。より活動的な手段である解釈は，存在することと体験することに引き続くものであるが，自己-分析的要素の一部に過ぎない。

私は誤解されないように述べておきたいが，自己-分析的要素という言葉を用いて私が指しているのは，内主体的な状態が完成することであり，そうした能力から導き出される知識ではない。夢や空想を通してぽつりぽつりと滴り落ちてくる無意識の派生物は取り扱うが，患者の自己-分析的要素は十分に展開させないという分析家は多い。

なぜだろう？　どうして私はこのことを知っていると信じられるのだろうか？

フロイトに起こった実際の出来事と,彼の夢についての論文や他の著作における非-暴露的な書き方がその証拠となるだろう。重要なことは,彼は自我を探検家や冒険家,征服者になぞらえたが,それらはフロイトがまさに彼自身の特質として記述した勇気と好奇心を擬人化したイメージである。彼は勇気をもって自らの報せを体験するために居るべき場所に居た。彼が体験を書くという手法は,自己分析を生み出すことによって容易になった受け取る能力に欠くべからざる一部分であった[原注9]。

実際,自分自身についての書き方や話し方に見られるフロイトの天才は,追随できない行為と言わねばならないのだろうか? われわれが自らについて話すことは露出症的行為であると言うならば,われわれは本当にフロイト的挑戦に接しているのだろうか? 私は疑わしいことだと思う。

かのウィニコット,ビオン,ラカンが,単に非凡な才能の持ち主であるということを超えて,今日これほどまでに人々に影響を与えているものは,何であろうか? 彼らの著作の多くが,読むには難解で奇妙であるにもかかわらず,われわれが好んで読むのはなぜなのだろう? 彼らが,精神分析的正しさを維持するための基本原則に抵抗して行動化しており,われわれもずるがしこく委任して彼らの行動化に参加しているから,魅力を感じるのだと言っていいのだろうか? そうではないだろう。人々が彼らの著作に魅かれるのは,彼らの中に冒険的勇気を見出しているからであろう。その勇気とは**自分のイディオムに忠実である勇気**であり,自分たちの分析的体験と生き方において,個人的に創造されたものとともにあり続ける勇気であるが,これらは彼らにおける真にフロイト的達成である。もしそれらの人物が,私の思っているように,過度に理想化されているならば,それが彼らの理想追求を量るものでないのと同様に,われわれの貧しさや失敗の目安にはならないのではないだろうか。

さて,もはや私の見解は明らかだろう。われわれは分析家としての感受性を十分に発達させることに失敗してきた。つまり,われわれ自身を生き生きとした対象として分析的領域の中に含めることに失敗してきた。われわれは自分自身にうろたえたままでいることや,フロイトが自己分析に着手した際に発展させた能力を持続させるのに必要な心の状態を用いることを楽しめなくなっている。われわれは,この達成をより広い分析的コミュ

原注9) 具体的には,フロイトの書簡集,「夢判断」「機知」「日常生活の精神病理」など参照。

ニティへと伝えるようなやり方では,自分自身について書いてこなかった。患者とともにいるわれわれが,もしも避けがたい鎖国状態を生きており,秘密保持という美名のもとに衆目から切り離されているとしても,依然として,われわれ自身を探索の対象として用いることによって,心理的な現象や人であることの謎を探求することができ,そうすることによって,自然科学と人文科学の知的コミュニティにおける尊敬と敬意を受けることができるのである。

受け取る能力

　通常の精神分析の経過では,分析家は被分析者の自由連想に対して受容的(receptive)である。分析家は患者の語りの細々としたことを傾聴し,それを熟考し,やがてそれらを解釈に練り上げる。被分析者は,分析家とともに取り組んでいる効果として,また分析家に同一化していく当然の結果として,分析家の受容的能力を取り入れ,それを自分自身を対象とする関係性の中で活かしていく。

　自己-分析的機能のための条件は,自己の中からやってくる報せを受け取る空間を維持することである。これはこれまで見過ごしてきたかもしれない心的過程に従って働いている。たとえば,われわれは心的生活について考える場合,投影と取り入れの観点から見る傾向がある。すなわち,われわれは自らの部分を対象世界へと積極的に押し「出す」。その目的がもしも自己の望ましくない部分を取り除くことにあるならば,われわれが話題としているのは,投影同一化という自分自身でもつことができないものを他者の中においておこうとするような高度に活発な無意識の活動である。何らかの外的対象を取り込むことを含むような心的過程について議論するときは,われわれは取り入れについて話題にしているのであるが,その場合欲求や願望,不安から生じた歪曲を考慮することになる。

　しかし私は,自己分析そして自己-分析的機能の一つである受容と取り組む際に,投影や投影同一化,取り入れ(そしてそこからの派生語)という概念には決して満足していない。というのはここにパラドックスがあるからである。それは,受容という心的生活の側面は,静穏さが達成されたときに活発になるというパラドックスである。内からの報せ(その形態はたとえば夢であったり,空想であったり,霊感を受けた自己観察であった

りする)の受容は、覚醒的ではなくリラックスした心の状態であることが特徴的な心的活動である喚起(evocation)を通ってやってくる。

ラテン語の evocare に由来する「喚起する(to evoke)」という言葉は、遠くへ呼びかけるとか、召喚するという意味をもつ。『オクスフォード英語辞典』によれば、初期の用法では「魔法や呪文を使って(魂などを)召喚すること」あるいは「(感覚や能力、明示などを)生じさせたり、活発にさせたりすること。さらに、(記憶を)過去から思い出させること」となっている。

この『オクスフォード英語辞典』による定義は、召喚されたものは魔術的な呪文を唱えた結果であることを示唆している。これは、心的活動を呼び起こされたものに帰そうというものであるから、心の働きは(魔法使いや悪魔といった)何らかの外的な存在によって後押しされていると見るような、中世やルネッサンス時代の求めに一致するものである。しかし初期段階の自己状態や夢、思いついた考えは、強く望んで召喚できる現象ではない。フロイトはこれを知って大いに落胆した。彼の暗い気分のいくらかは、自分についてさらに知ることが、純粋な意思によってでは無理であることに直接的に起因していた。彼は待たねばならなかったのである。

喚起的な心的過程は、心が受容的で安らいでいるときに生ずる。カーン(1977)はそのような休息を「休耕地(lying fallow)」[訳注16]と呼び、静かさの一形態としてのその達成は、自己−分析機能において本質的なものであるとしている。もし私が自分自身からの報せに耳を傾けるために思い切って身を寄せるならば、そしてもし私がその達成を強く求めることなくその心境を持ち続けることができるならば、この受容性によって夢の想起、記憶やその類が喚起されるだろう。

患者の自己分析に対する精神分析家の関与

もし精神分析家が勤勉という倫理観(古典的な分析家の中には、沈黙は解釈や被分析者の努力によって「克服」されねばならない抵抗であると信じている者がいる)を重荷として背負わされていたり、あるいはもし、精神分析家が際だって対話するのが好き(しばしば被分析者を長く込み入っ

訳注16) 考えがありながら使わずに横たわっている(lying fallow): lying fallow は本来は「休耕地」の意味。

た解釈に巻き込む）であるならば，私が思うに，被分析者は自らの自己－分析的能力を充分に発達させることはできないだろう。

そのような能力は，被分析者が一人でほうっておかれたいというニードが時にはあることを，分析家が知らなければ生じない。ウィニコット（1971）はこの機能を，分析家の「非解釈的（uninterpretive）」行為と呼び，それは被分析者の個人的で内的な心的発達に不可欠であり，次章で取り上げるように，解釈しないこと（non-interpretation）は依存への通常の退行にとって本質的なことであるとしている。受容することと喚起することは対象がやってくるための**条件**を創造することに大いに関係している。夢を見るために必要な条件が整うのを待っている潜在夢のことを考えてみてほしい（Khan, 1974）。投影は内的対象の再配置に関係し，取り入れが外的対象の取り込みに関係しているのに対し，喚起することは対象の創造に関係している，ということができる。この召喚以前には，いかなる心的対象（あるいはいかなる内的対象の組み合わせ）も，心的実現や召喚のプロセスをすすめるのに必要な形態では存在しない。

患者の内的体験の言語化に熱心すぎる分析家や，沈黙を克服するよう被分析者に熱心にすすめる分析家は，私の見解では新しい対象の創造を密かに蝕んでいるのである。そしてこの観点から次のように言うことができる。すなわち，分析家が被分析者の投影の毒を抜いてより消化しやすい取り入れを創り出す解釈によって，また，それまで存在しなかったところに自己と対象表象（イメージや考え，情緒のような）が出現する喚起によって，精神分析において対象は変化するのである。

転移の様々なポジション：対象の使用

われわれが転移について語ることは，多様だが関連のある機能のなかのどの類型をさすかを明らかにすることなしには，もはやできないと思っているのは私だけではないだろう。今日われわれが享受しているようにみえる理論的相違のいくつかは，私の見るところ，それぞれの学派が自らを，異なる転移ポジションに位置づけることから生じており，またわれわれが転移ポジションをどう知覚するかによって生じるが，これは逆転移の状態や配置を含意するからであり，さらにそれは技法と関わりあうのである。

転移ポジションを明らかにするには，分析家は被分析者が分析家とある

特定の瞬間の分析過程を，どのような特別な仕方で使用しているかについて質問すればよい。過去においては，転移についてのより伝統的な理解は，被分析者が分析家を父親や母親としていつ体験し始めたかといった分析の進展について，言及することであった。それゆえ，エディパルな転移について述べることができるのであった。もし転移関係が特に男根的な父親表象や，肛門排出的な母親表象という特徴を持っていたならば，分析家は自己のより早期の乳児期的部分が投影されたものを身にまといながら，前－性器期的転移について話し合うことができるかもしれない。そしてもちろん，患者が分析家に対してある特定の防衛機制を割り当てるやり方に焦点を当てたり，分析家が患者の心の一つの機能，たとえば超自我の機能を表象したときには，そこには防衛が転移されていたのである。

　このような転移の識別（分析家に受け渡されたように思われるものに基づく識別）は，正しいと思う。しかし私は，分析対象の使用に関して被分析者がとても異なったポジションを取るという，もっと一般的な観点から話したい。対象という言葉によって，私は分析家の人柄や感受性をもちろん含むような分析状況全体を指すだけでなく，分析の設定やセッションの時間的側面や分析のプロセスをも含んでいるのである。また，たった一つの転移ポジションの中で生きようとする特別に障害を持った被分析者も中にはいるが，たいてい被分析者はすべての転移のあり様を生き抜こうとすると断言したい。実際，いかなるセッションにおいても，異なるタイプの転移状態が現れ，そのあるものが他のものに重なったり，相反したりするのである。このことを明確にするために，次にこれら多様な転移状態の素描をしてみたい。

分析家の様々なイディオムへの転移

　精神分析家はみな異なっている。分析に用いる部屋をどのように設けるかについて，われわれは自分なりのやり方を持っている。衣服の選び方や，香水，患者に対する自己紹介の仕方，部屋の歩き方，セッションの終わらせ方，そして話し方において，われわれは異なっている。

　被分析者がわれわれの空間に入ってきた瞬間から，われわれは彼に影響を与えている。われわれが存在することはひとつの行為であり，患者はそれに応答する。われわれのまさに存在とイディオムを，彼がどのように直

接的に体験しているかを，彼はとても微妙なやり方で知らせてくるだろう。ラングス（1977）やケースメント（1985）が強調したように，患者はわれわれの解釈によって影響され，われわれと作業を共にしようとし，サールズ（1956）が強調したように，しばしばわれわれの誤りを直そうとする。このことは，被分析者のわれわれに関する「正しい」知覚と，分析対象や設定に適合しようとする努力の上に成り立っているのだろう。

語りの対象への転移

ほとんどの患者は，自らの人生の出来事について語る。彼らは自分の妻や夫，友人，近所の店員について，つまり人生の「中身」について語る。しかしそういった語りの対象には，また，患者によって自己の一部や分析対象の一部が投影されているかもしれない。ギル（Gill）（1982）がその著書で強調しているように，この転移ポジションの中での語りの対象は，自己の一部のメタファーあるいは，分析家のいくらかの部分のメタファーのいずれかであろう，と理解することが重要である。たとえば，他の人々の幸福を過度に心配していることを自覚しながら，自分自身を虐待することには驚くほど無関心な18歳の患者を例に挙げてみよう。分析を始める前の2～3カ月に，彼は重篤な精神病性機能不全を体験した。他の人々の幸福についての彼の心配は，彼の損傷した部分を悲しみ世話をする彼固有の奇妙なやり方なのであって，そのほかのやり方では接触を拒否していることを見出すのが彼にとって重要であった。患者の語りを，自己と対象を宣言することのメタファーとして理解するのは，今日われわれが転移の中で働くのに重要な部分である。

分析家への自己の部分の転移

このポジションは，投影同一化という，ロンドンのクライン派によって発展された概念の機能によって特徴づけられる。オグデン（Ogden）はこの用語についてのもっとも簡にして要を得た定義を示している。

　　投影同一化は，ある人物（投影する側）の無意識の幻想と調和するような感情状態が，他の人物（受け取る側）に引き起こされ処理されるやり方，すなわち，

ある人物が自分自身のある側面を体験させコンテインさせることで他の人物を使用するやり方に焦点をあてた概念である（1982, p.1）。

　この転移は，患者が自己の部分を分析家の中に配置することを指している。これらの部分は本質的に危険なもの（口唇的で食人的な衝動のような）として体験されるため，望まれない要素であろう。このような自己の部分を切り離して他者の中に置いておくスキゾイド的行為は，当然，主体を妄想的傾向へと偏らせるので，患者は受け取る対象の口唇的復讐を恐れるようになる。この転移ポジションの基本特徴は，猛烈な不安によって自己の要素を対象の中へと排出することである。その一方で，投影された要素は，受け取り手の中に安全を確保するために位置づけられている自己の貴重な部分なのであり，自己のよい部分が自己の悪い部分を切り抜けて生き延びるための自我の分裂なのである。

分析過程を介する生育史の転移

　この転移ポジションは上述の投影同一化機能と通じるところがあるが，そのねらいは妄想分裂タイプの原初的不安を調節するために自己の部分を他者の中でコンテインさせようとする排出ではない。この転移状態は，転移の中で異なる役割を再演する（Sandler, 1976）ことによって**原家族の中で送った人生を再構築しようとする**，被分析者の確固とした時間のかかる**無意識的努力**に関連している。この努力において，患者は彼の母親（あるいは母親の一部分）や父親，子どもの自己の一部分といったような，分析家にとってはなじみのない役割を体験するように導く。この転移は，外在化の一形態（Giovacchini, 1979）であり，患者と分析家が人生を一緒にたどるための環境（上記，および第12章参照）を患者は創り出すのである。

対象と関係することによる本当の自己の転移

　これはおそらく描写が最も難しい転移ポジションである。なぜなら患者の語りの中にはこの転移の証拠はなく，その存在が理解されるためには分析家の逆転移能力が要求されるからである。実際，上述の転移ポジション

はすべて，他の転移が発達しつつあるときでも起こりうる。すなわち，患者は分析家を対象として使用することを通して自分自身を体験し，自分固有の存在になるからである。われわれが他の転移ポジション（たとえば被分析者が自らの一部を分析家の中へと投影したり，自らの反応をわれわれのイディオムへと投影したりするような）を解釈している間に，患者はゆっくりとかつはっきりと自らの中に起こってくる攻撃性を**楽**しんだり，ただ自己状態を体験したり，現実の対象との関わりにおいてまた彼固有のパーソナルな内的現実の表現として何が正しくて正確かを見出すために，セッションの中で自己状態を試してみたりしはじめる。これが発達するのは，完璧な静穏の中かもしれないし，強烈な投影と取り入れの狂気という騒動の真っ只中かもしれない。ウィニコットとカーンは分析家をこのように使用することとその過程の重要性とをとてもよく理解していた。逆転移を通してこの転移イディオムに出会えるかどうかは，分析家がこの出現を楽しみ，その発達を喜べるかどうか次第である。

自己‐分析的要素の転移

　この転移ポジションは，ある基本的な点でこれまでのすべてのものと異なっている。患者は，現実の分析家に現実の対象として何かをしたり使用したりすることは一切ない。もし分析家が何かをされたり使用されたように感じるならば，そのような使用は患者の何らかの意図を表すものではなく，この体験の間，被分析者と一緒にいることで受けた影響の現れに他ならない。このような自己‐分析的要素の転移はつまり，患者の精神内生活に分析家が無意識的に**包み込まれている**（inclusion）ということであり，それによって分析家は重要で価値のある心理的機能を果たすことができるのである。

　患者は自己のことを分析家に語っているのではなく，自己のことを自己に対して語り，分析家を心の一部として使用していると言っていいだろう。分析家は人の心の排出すべき部分を抱えるような心的過程としてではなく，新たな内的体験が喚起されている中で患者を助け，新たな対象を形成する過程を促進するために，機能を維持したり，補助（auxiliary）（Heimann, 1960）となるための心的過程として用いられる。そうした転移ポジションは，自己‐分析転移へと発達する。分析家による集中的な解

釈の時期のあとに続くものであるが，それは患者が解釈を「消化」し，新たな思考や感情が喚起される中で，今や分析家を心の一部として使用していると言うことができる。

未思考の知の転移

私が取り上げる最後の転移ポジションは，被分析者による，私が未思考の知と名づけたものの転移である。これは，それが未だ精神的に現実化されていないために，未だ夢見られたり，想像されたりすることのない思考の形態である。無意識的自我はそれ自体が個体発生の記憶であるということを前提として考えるなら，その一部は一次的に抑圧された無意識に対応していることになる。これは，自我の素因や感情，最後には構造が母子間で相互に合意されていく母性的過程と，遺伝的素因（人生のはじまりにおける自我イディオム）が出会う体験であろう。精神的に現実化されていない知識の形態なので，夢や幻想を経由して知られることはないが，人の存在全体に行き渡り，存在することやかかわりあうことの本質を推測することを通してはっきり述べられるものである。

私はまた，未思考の知という概念の中に，子どもの生活におけるまったく理解を超えた体験をも含めている。第6章で探究したように，子どもは皆理解を超えた体験の質を蓄えているが，理解を超えた出来事は妨げになりながらも依然人生を明確にしているように見えるために，対象とかかわっている自己（self-in-relation-to-object）の形態でそれにしがみついているのだと私は思う。この過程のことを私は保存的過程として描写し，子どもと大人の目的が体験を不変のままに保つことにあることから保存的対象である内的対象としてその出来事を定義してきた。そこには，知ることを越えた事柄はついにいつの日にか知られるようになり，そうすることによって忘れたり，精神的に（気分から，たとえば，記憶へと）再分配したりできるようになるという願望がある。この要素の転移は，患者の側の特別な深い沈黙を通して，あるいは，内的体験を考えることができるように前へと押し出そうとする患者内部の奮闘を通してあらわされるだろう。分析家はそのことを，患者を知るのに根本的で新しい何かを今にも患者が持ち込もうとしているという分析家自身の感覚を通して，逆転移から知るのである。分析家はまた，この未思考の知を分析時間の明かりの中へと促そうと

懸命に努力するだろうし，未思考の知を考えようとする分析家の奮闘の立会人になることが被分析者がこの要素を転移するうえで重要なことだろう。

自己の転移と，自己とその対象の転移

　転移は，多かれ少なかれ二つの類型に区別することができるだろう。一つは分析的関係の中で現実化される，患者が徐々に発展させた投影と取り入れの活動の中に被分析者と分析家を巻き込むような転移であり，今ひとつは分析家は使用されるのだが，分析の中でのいくぶん個人的でしばしば知りえない自己体験に患者を巻き込んでいく転移である。私の考えでは，ひとつめの類型の転移ポジションは，内的対象か外的他者のいずれかの対象としての分析家に向けられている。対象としての分析家に向けられたこれらの転移は，必然的に無意識的幻想の部分を構成し，たとえ精神病的過程が含まれているとしても，無意識的幻想にあわせて組織化されている。

　二つ目の類型の転移ポジションの特徴は，分析状況と分析過程の使用である。もちろん，分析家は全体像の中での決定的な要素であるが，しかしその存在は彼が変形性対象として患者の思考や気分，コミュニケーションを**処理する**（ウィニコットの発達促進，ビオンのコンテイン）限りにおいて必要とされる。

　自己－分析的要素が転移の中に現れてくるにつれて，被分析者が投影のスクリーンとして分析家を使用し，あるいは取り入れるべき性質ゆえに分析家を取り入れたりすることが減ってくるが，しかしその代わりに分析家が現存していることは自己を知る過程を補助するものであり，それゆえ被分析者の心の内側にあるのか外側にあるのかは厳密に定義されないような要素であると，静かに考えられるようになる。その一方で，分析家は明らかに患者の外側にいるのだが，しかし，分析家も被分析者もともに分析的設定と過程の内側におり，彼らはそれゆえ，ともに同じコンテイナーの内側にいるのである。分析家は変形性対象，つまり乳幼児の自己を母親や父親が発達促進的に扱うやり方の痕跡である。他者は対象としてではなく，被分析者の個人的なニードを知覚し，促進し，記憶し，予想し，喜ばせるような過程として知られ，求められるのである。

　分析家が変形性対象として機能するのと一緒に，被分析者は内なる深みからの報せを受け取る目的で，そして喚起という心的機能を使用する目的

で，自由に自我活動を発展させることができる。それはあたかも，自我がその受け取る能力を少しばかり一次的に抑圧された無意識へと振り向け，そして固有のやり方で一次的に抑圧されたものを「呼び起こし」はじめるかのようである。こうした喚起は，自我が心の報せを集めるために心的空間を作り上げることで起こってくる。この空間なくして，個人にとって究極の使い方であるそのようなやり方で報せがやってくることはない。さらに，喚起の過程は投影と対比されるが，たとえ新しい対象や自己状態が出現するときでも，それは直ちに投影に使用できる。しかしながら，そのような存在状態にある人は，新たに到着した自己あるいは対象の体験を投影する気にはめったにならないだろう。

転移の中のこの場所で，分析家は患者の内的世界の内側にいるのだが，そこは未思考の知からの報せを手に入れようとする主体の努力の空間である。人が自己－分析的に存在するところでの分析的設定や過程への転移ポジションを理解することは，逆転移の使用や精神分析技法にとって非常に重要なことである。

逆転移能力

逆転移ポジションは，転移において患者が対象を使用するというわれわれの体験から決定される心理状態である。ラッカー（Racker）（1957）は，逆転移は患者の転移についての認識に等しいだけでなく，転移的コミュニケーションをよりはっきりさせるように促していることを示した。彼が強調しているのは，この事柄のまさに核心である。もしわれわれが逆転移とはありふれたもので常に現在の存在の仕方であると確信するならば，患者からのコミュニケーションを受け取る空間が作り出されるのだが，それは**患者がこの信念や空間を無意識的に気づく**からである。転移はわれわれを対象として使用することで伝えられるのだが，その転移の分析に用いるわれわれの内的空間を患者が認識することで，患者は関係することと，知ることの形態を使えるようになる。少なくとも，存在することと体験することについてのより非言語的あるいは「原初的」な状態が，それによって表現できるようになるだろう。

もちろんこれは，逆転移は精神分析で進行中の仕事の妨げになるという見方とはかなり異なったものであると知っておかねばならない。この古典

第13章 自己分析と逆転移

的な見地をとるならば，逆転移を解消して有意義な平等に漂う注意へと戻るためにそれに集中することになる。逆転移についてのこのような理解と，既述した理解は，二つの根本的に異なる心理現象に関連する。これは二つの逆転移理論のどちらかを選ばねばならないという問題ではない。それらが必ずしも衝突するものではないと理解しているならば，なおさらである。たとえば，逆転移は妨げになりうると信じる者は，臨床場面において患者の転移コミュニケーションへの「調律」とはまったく関係ないような個人的な精神病理の出現が認識されたときには，正しいのである。われわれの中には，われわれが患者の成熟に抵抗しており，彼らがお気に入りの子どものようになってきているから自分のもとを去るのを望まないと思う人もいるかもしれない。この場合われわれは，克服すべきものとしての逆転移について言及してもいいだろうと思う。

　この種の逆転移は確かに，精神分析状況に抵抗する障害である。しかし，私が気がかりなのはこれこそが逆転移についての唯一可能な定義であると信じ，あらゆる逆転移は克服され徹底操作されるべき障害だと見ている分析家もいるということである。このような見方をする人は，逆転移を体験することに抵抗を感じているのだろう。彼らの分析家としての自己理想ははなはだしいため，患者と仕事をしているときには心の平等な状態を維持せねばならず，分析家が患者の話を再びきちんと聞けるようになるために，この平等な注意を妨げるものは修正されなければならないと，彼らは心から信じている。私は，この理想は欠かせないし，平等に漂う注意（ビオン（1962a）の夢想の概念に近い）は心の重要な枠組ではあるが，しかしそれは，被分析者が転移の中でわれわれを対象として使用することでわれわれの分析的な心の他の領域が苦しんだり変形したりしていくことがもつ価値を排除するものではないだろうと思う。

　いつも中立性を維持しようという理想は，実は逆転移を体験することへの分析家の抵抗にほかならず，それは，より完璧に内的対象関係を描き出し，より早期乳幼児期の状態を想起する目的で被分析者が転移を使用する道を結果的に閉ざしてしまう。

　能力は受容を可能にし，受容によって伝達が可能となる。

　これに賛同せず，逆転移は常に分析的過程に有害であると述べる人は，やがて自分自身の臨床活動に関してのみ預言者であったことが分かるだろう。このようにしている限り，われわれは心の状態が変遷しつつ思考と幻

想を処理していくことに注意を向けることはなく，転移の中で作り上げられた心的素材が累積したとしてもそれをかたわらに押しやってしまうのである。しかし結局分析家は，彼自身のあり方に直面させられるのだが，このような信念をもつ分析家はたいてい，怒りや退屈，好意といった自分の情動に焦点を当てる。確かにこの認識は何がしかの価値をもちろん持つが，こうした分析家はたいてい手遅れになるまで自分の逆転移を理解しないまま放っておくのである。自分の気分を処理するのに十分な情報を彼が得ることはない。実際，逆転移がたいていいつも情動の歪曲として報告されるというまさにその事実が，感じていることの裏にある心的内容が長いこと否認され，分裂され，おそらく取り戻されることはないだろうことを示唆する。このようなやり方で逆転移を扱う分析家たちは，逆転移ポジションから自由になるために（内的）感情を解放することを目指す。事実上，分析的ポテンシャルは生かされないままになる。

私にとって，そのような状態がもたらすもっとも残念な結果は，被分析者による転移の使用を分析家が知らず知らずのうちに妨げてしまうことである。逆転移を障害とみなし，もっと患者を理解したりあるいはより客観的になるために平等な注意へと戻ることを切望する人々は，たいへん皮肉なことにたいてい正反対の結果にいたるのである。

共感としての逆転移

変わりやすいが無意識的には首尾一貫している存在状態や思考を，分析家に無理やり体験させる目的で分析家を激しく使用する転移状態は，乳幼児－小児のお喋りの形態に相当する。被分析者は，分析家に自分のことを語るだけでなく，分析家に強烈な体験をさせることで，分析家が被分析者の自己と対象について知るように導いている。彼は対象に話すだけでなく，対象が対象自身と話すように強いるのである。

何が起きているのかを分析家が全く知らないときには，彼が頼れるのはただ，主観的な材料としては彼自身の内的思考過程だけである。実際，自分の思考や感情を記録するための内なる心的空間を注意深く養い維持することによってのみ，分析家は被分析者が転移使用のために用いるさらなる臨床空間を，安心して提供することができる。それゆえ患者は，乳幼児や小さい子どもが親の内なる反応を喚起することで，共感を通じて親に親と

第13章 自己分析と逆転移

して正しく振舞う機会を提供することで活性化するというやり方を，分析家の内的生活に強制することで分析家を使用する。

分析家の逆転移における自己-分析的活動は，分析家が内なる心的空間を患者の表現のために提供するときに共感的なものとなる。それは言語で表現できるものではなく，分析家の中に見出すほかないものである。たとえば，分析を始めるために臨床面接にやってきて，人生はただ生きるだけの価値しかないと感じていると主張しながら，自殺を図りたいとは全く思っていないある人物を例にあげてみよう。彼は自分が相当ひどく自己愛的であり，他人のことに関してはあまりにも考えなしであるということを，人から言われて知っている。しかし面接が進む中で，分析家は自分が自己愛的関係の対象であるようには感じない。つまり彼は患者の周りを忍足で歩かなければならないような感じは持たないし，患者の位置に分析家自身を無理やり据えようとするはっきりしないが限定された心理的なものに遭遇しているようにも感じない。分析家は患者が分析家の面倒をとてもよくみているように感じている。たとえば，分析家が間違えた時には思いやりを持って訂正し，理解したときには褒め，転移の中で分析家をある切迫したやり方で使用するといったように，あたかも患者はついに理解の源を見出し，分析家をどのように使用するかをほとんど直感的にはっきり知っているかのようである。分析家は二つの逆転移状態を抱くに違いない。一方で，患者は，自分はわがままで利己的で厄介者であると信じていることを心のままに（誠意をもって）語るが，転移はそれが偽りであると，患者が理解していなくても証明する。分析家は，患者の自己観察について「誰がそう告げたのだろう？」と考え，この見解がしっくりこない感じが強まってくるかもしれない。他方で，分析家は，無力で理解されていない患者の自己に対して深い愛情を同時に感じるかもしれない。もし分析家が被分析者に対して可変性があり多様な内的反応をすることを気持ちよく感じているならば，彼は既に患者の自己-批判的様式を拒否しているのかもしれないし，また彼は患者を救済し面倒をみることを空想し，「さて，私はあなたが患者であることをうれしく思いますし，あなたの分析家であることを幸せに感じます」という考えを表明しているかもしれない。

私の見解では，このような反応はその時の逆転移促進を補う内的空間の共感的な要素を構成している。分析家は患者の内的対象関係を**持ちこたえる**。彼はどちらか一方の味方をする。上述した例では，分析家に起こった

強い拒否感は，患者が人生初期に抱いた当然の攻撃性が分裂して表現されたものである。おそらく「ノー」はあからさまに批判的な親に向けられたものである。もちろん，そのような分析が進んでいくと，とても逆説的であるが，被分析者は自分自身で分析家の理解は間違った理解だと感じるようになり，彼は夢想を故意に妨害することで，分析家の心的枠組や被分析者の黙想や存在について考える分析家の能力を徐々にかつしつこく狂わせることで，親の批判的で虐待的な部分を外的対象関係の**人生**へと持ち込もうとするだろう。この体験を患者とともに生きてきた証を分析家に示すよう要求してくる患者に対して，せかされて怒り狂っている自分に分析家は気づくかもしれないが，分析家が患者からの虐待に抵抗することによってしか，患者を納得させる証を手に入れることはできない。虐待に抵抗するとは，セッションの中で患者が分析家を「壊す」ことに対して，分析家が「ナンセンス」というようなことを口にすることである。これは対抗攻撃の一種であるが，その攻撃はより大きな攻撃を引き起こしたり患者の罪悪感を引き出すようなものではなく，セッション中のその瞬間に止めてほしいとか，病的な要素を感じとるのに誰か**付き添ってほしい**といったニードを感じているような患者を，安心させる攻撃である。このタイプの解釈については前章で検討しており，また多くの分析家がそのような介入について著述している。

　この形態の共感は分析家の能力を必要とするが，それは逆転移を体験することへの対策を通して，乳幼児期と小児期の対象関係のすべての要素を生き抜くのに十分なだけの内的空間を，被分析者に提供するような能力である。必然的にこのことが意味するのは，分析家は患者の世界で道を失い，いかなるときも自分の感情と心の状態がわからないという感覚に迷い込む必要があるということだが，しかしまた，彼らが潜在的な理解を記録し保管することが患者が転移を体験することを促進するのも明らかだということである。これは私の考えだが，分析家が彼自身の内的思考や感情を抑えていると患者が**感じ取った**ならば，たとえそれがうわべは被分析者が話す正確な内容をもっと敏感に聞くためであったり，患者が語ることをもっと気ままに理解するためであったとしても，被分析者の転移体験を切り詰め，分析家と患者の双方から極めて重要な情報を奪い取ることになると思う。

　患者の知る限りではいつも頼りになって優しく理解のある分析家は，その患者にとっては自分の父親であったらよかったのにと思うようなすばら

第13章 自己分析と逆転移　251

しい人物に見えるかもしれない。彼は人生の最上の体験として分析を振り返り，その効果を持続させるために良い分析家という内的存在を使用するが，私の考えでは，それでもなお完全に理解してもらったと感じることはないだろう。この分析家は，患者の小児期を**生き抜こう**とはしなかっただろう。この分析家は両親の欲求不満や親に対し怒り狂う子どもの破壊的な力を感じようとはしないだろう。

　性格的にかき乱されている人は，自分の病理的対象関係を外在化しなければならず，転移の中で彼の家族に蔓延した雰囲気を再び作り出す必要があり，分析家自身が個人的に体験する家族の雰囲気の中へ，ある限定された，しかし避けがたいやり方で分析家を押しやらなければならない。父親の内的表象が父親の本質を映しているようには，内的対象世界は外的対象の単なる反映ではない。内的対象は，本能衝動や情動，自我によって調停されたものによってもまた作り上げられる。それでもなお，転移が外在化する過程で被分析者は，彼が体験した家族の雰囲気を再現する。本章で私が論じたいのはこの点なので，私は母や父のような本当に外在する他者の根本的な表象である対象しか取り上げない。これはつまり，分析家は母親の子どもや，父親の子ども，そしてすべての親行為を，仮にそれが良いものであったとしても激怒とともに拒んでいる，怒っていて破壊的な子どもの親にならねばならないということである。良い対象をその人生で持ちながら，しかししばしばそれらを使用することができない人がいるが，それは良い対象を使用することによって逆説的であるが，彼が自分の起源から切り離されるかもしれないためであり，家族の中の自分の歴史ともつれて結びついた自己感覚から分離されることになるかもしれないためである。そのような患者は良い対象（分析家）を狂わせることによってのみ自分の分析が信じられ，**自分が居たところに分析家が居り，そこを生き延び，**彼自身の自己感覚を保って**無傷のまま現れてくるのを知る**。その自己感覚は逆転移の中で発展してきたもので，転移の中で被分析者が家族の狂気から立ち現れてくることと符合する。この意味で，転移－逆転移が起こっている間にともに狂っていくことは必要であり，そのあとに相互の癒しと相互の中核自己の確立が行われる。

自己分析と逆転移

　逆転移理論によって，現代の分析家は仕事をしている間に心の中で起こっている事柄についてより率直に話すことができるようになったが，そうすることでフロイトの自己分析の記述以来ほとんど失われていた機能が取り戻されるようになった。もはや分析家は，そのような課題は個人的に追求するだけのものではないと考えている。われわれは心の機能と自己の本質を理解するために人生を捧げているが，そのわれわれが進めている奮闘に由来する自己－分析的要素は，われわれが患者とだけでなくわれわれ自身と奮闘する中にも，今や公然と表現されうる。この重要な点で，逆転移理論の発展は，患者の転移の強烈さからではなく，われわれ自身の歴史と精神分析の文化と社会にある重苦しい要素から「自由になる行為（act of freedom）」（Symington, 1983）に相当するのである。

　逆転移体験が自己－分析的要素を受け継ぎ前進させていくことで持つ他の重要な点は，患者の対象としての体験を楽しむことが必要なことを分析家が発見し，そのような気分や思考が発展することを許容し，切迫してではなく徐々に根気よく彼の体験の意味することについて考えることにある。もちろんこれは，患者の治療において自己分析を行うということである。私が思うにそれは，進行中で継続的なものであるべきで，被分析者によって決定された特定の思考や気分に分析家が意識的に気づかないことが一定期間あると，様々な点でさらに重要になってくる。

　分析家が自分の内的体験を経由して転移を受け取っていることを，被分析者が体験を通して発見したとき，そして分析家が患者のコミュニケーションをより完全に理解するために，それがどんなに苦しいものであろうとも自分の内的生活について熟慮していることを発見したとき，その瞬間被分析者は，自分と分析家が自己－分析的機能を共有していることを認識するのである。実際，被分析者はこれを共感の行為として，そして分析家の側の適切な同一化の行為として理解するだろう。最終的に，われわれは必要とされる専門的な役割によって区別されるのであるが，われわれは互いに自己－分析的機能を共有するのである。つまりわれわれは体験に耐え主体と客体として，沈思黙考する。自分の自己－分析的努力が分析家の心理活動に平行していることがあると被分析者が気づいたとき，患者はもっとも

深く，われわれに支えられていると感じるだろうと私は思う。そして被分析者はわれわれを遠いところから解釈する存在としてや，単に親切で共感的な人物としてではなく，知るために自ら奮闘することを好み，その戦いがしばしば痛みに満ちた不愉快なものであることを見出す人物として，われわれのことを理解する。

　最後に，精神分析家としてのわれわれの最も専門的な美徳はわれわれ自身が個人分析に深く関わることだと私は考える。われわれの理論がどれほど印象的であろうとも，スーパービジョンのプロセスがどれほど重要であろうとも，研究がどれほど必要であろうとも，**患者としての**われわれの経験の統合性に匹敵するものはない。この経験，この性質，そして自己分析を通してあらわれるこの必然性こそが，われわれの感受性を鼓舞し続けるのである。もしその重要性が，私は実際そうなっていると思うが，精神分析の歴史の中である程度積みあげられてきたとしたならば，逆転移に関心が向けられるようになったことによって，限定的だが意味のある程度にわれわれがセッションの中で自分自身をもう1人の患者であると認識するという点で，ついにわれわれの感受性の空白を修正し，ジークムント・フロイトの特徴である正直さへとわれわれを近づけることになるだろう。

第14章　依存へのありふれた退行

　直前の章で，いかにして患者の転移の特性がいくつかあるタイプのうちの一つとなるのかということに私は集中し，転移の二つの基本的な類型を区別した。一つは自己とその対象（内的と外的）を含むものであり，もう一つは分析家は患者の自己分析の一部として機能するという状態である。前者の転移の類型は投影，取り入れと投影同一化を含むものであり，二つ目の類型は，（分析家と被分析者の両方の）受容の能力に由来し，新しい内的対象の創造を促進する喚起という心的プロセスを含むものである。自己分析的な転移のなかにある分析家の逆転移の課題は，患者によって自分自身が我が物にされることを許容することであり，患者が必要としない限り解釈しないことである。

　今から私が焦点を当てるのは，臨床精神分析の一局面であり，その潜在力が十分に発揮されることはめったにないが，ほぼ総ての人の分析的経験の一部をなす，依存への退行と呼ばれるものである。退行についてのわれわれの理解は，英国精神分析協会の2人の会員であるマイケル・バリント（1968）とD. W. ウィニコット（1965）の仕事に負うところが大きい。患者の中には，分析の設定とプロセスを使用して，偽りの自己を取り除き，本当の自己へと崩れ込むことに格別のニードがあることを発見したのは彼らである。後には，マーガレット・リトル（1981），マリオン・ミルナー（1969），マシュード・カーン（1974），ジョン・クラウバー（John Klauber）（1981），ハロルド・ステュワート（Harold Stewart）（1985）とアンドレ・グリーン（1986）が，治療的退行におけるわれわれの理解をさらに発展させた。

　ウィニコットは，依存への退行という概念が，一般読者層からの強力でほとんど絶えることのない誤解に直面するだろうということをわかっていた。1954年のこの主題についての彼の論文は，用心深くて，繰り返しの多いものである。彼が絶えず強調するのは，自分は，退行を前進の反対として使っているということである。つまり，被分析者の引きこもりは分析

家がそれを理解し，応じるのであればよい結果をもたらすものとなる。彼は退行を理解し応じることは，知覚，解釈，そして後に彼が「マネージメント」と呼ぶものによって導かれることを意味しているという。とりわけ彼が強調するのは，自分が意味しているのは本能的な退行や，精神病的な機能不全ではないということである。また彼が力説するのは，そのような退行に応じるためには，分析家はそのような状態にあるときの患者を取り扱うことに熟達していなければならず，被分析者のニードに応じる準備ができているべきだということである。

彼の概念について比較的典型的な誤解の幾つかが生じるのは，おそらく，1960年代にR. D. レイン（R. D. Laing）やフィラデルフィア協会[訳注17]とともに働いた人々の，賞賛には値するが，ひょっとすると時期尚早な（まさに，ウィニコットが不慣れという言葉で意味するもの）努力によるものだろう。というのは，その設定では退行が起きるのだが，いかに彼らが天賦の才能に恵まれていようと，その中で退行の多くに治療者は出会うことができないからである。当時レインと働いた治療者や分析家のうちの何人かは，この見解に同意し，ここ20年に渡って，退行した患者の取り扱いについて多くを学んでいる。不運だったのは，彼らの努力と達成が，英国精神分析協会の知的な世界から，ほぼ完全に切り離されていたことである。

このテーマがどれだけ儚いものとなりうるかは容易に理解されることだと思う。ウィニコット，バリント，カーンや他の人々が強調したのは，依存への退行の間は，「普通の」分析的な仕事は保留されるということである。多くの批判がここに集中し，あたかもウィニコットの強調したことは，分析の完全な放棄であり，この現象を示すためにそれを再演しているかのようであった。私が想像するに，この誤解はさまざまな理由から起こるものである。古典的な分析家の中には，退行に応じ，それを取り扱うという考えに反対で，そのような見解は病的な思いつきに過ぎず，潜在的に危険であると，心から信じている者たちがいた。他の分析家が異議を唱えるのは，この視点が，自分たちが恐らく満たすことのできない何かを，求めると信じているからである。さらに，依存への退行のマネージメントの成功が報告された症例提示を聞いた分析家たちの多くが反対するのは，まった

訳注17）フィラデルフィア協会：フィラデルフィア協会は，1965年にLaingらを中心に設立された治療共同体を目指した団体である。制度化された精神医学に異を唱える立場を明確にしており，ロンドンのキングズレーホール（Kingsley Hall）を中心に活動している。

く違った心のモデルと実践に基づいた分析が，成功裡に終わるという，痛みを伴う認識を強いるからである。「しかしそれは真の分析ではない」というあのよく鳴らされる評価によって，別の理論的信念をもつ臨床家を退けたいという誘惑は，しばしば抗し難いものである。

なぜこの概念が理解されなかったかについて別の理由として，バリント，ウィニコット，カーンや他の人々が，依存への退行についてのより劇的な実現を叙述する傾向があったために，より単純でよりありふれた表現を十分には取り扱わなかったことにある。依存へのありふれた退行，ここが私の焦点である。

退行の条件

依存への退行の固有な生成要素について，分析的設定において知られている二つの要因を認識することなしには，理解することはできないだろう。まず第一に，患者がこのやり方で退行し始めると，彼は分析状況とそのプロセスを退行への**誘惑**として経験する。次に，分析家は，このニードを理解し，退行の展開を受容する臨床状況の要素に調和することになる。実際，もし分析家が「このことを理解」しなければ，生成的な退行のプロセスを奪うことになり，おそらくは（最悪の場合）精神病的な機能不全を引き起こすか，あるいは，被分析者にどこか他の場所で退行的な要求を行動化することを強いるか，または患者と共謀して生成的な退行のプロセスの可能性を閉じるだろう。

分析状況がいかにして退行を引き起こすかを理解するためには，分析的経験の幾つかの特徴を思い起こせばよいだろう。カウチに横たわること，この物理的対象によって抱えられているという身体的な感覚。分析家とその人となりへの身体的な近接。われわれの自己への，見たところひたむきな分析家の注意深さによってもたらされる安心と（苦しみのなかでさえ存在する）歓喜（**連続した50分間，週に5回，必要と感じられる期間続く！**）。時間的要因によって確保される素晴らしく安全な経験。分析空間のなかで，対象との間で体験する「ベビーベッドにいるような」経験。そこでは，われわれは，「彼」や「彼女」の世界に由来する，朽ちることのないなじみの対象を時折見つめるのである。そして，単に自分が存在することを感じることを許容する，自分を意識しない夢見るような状態になることや，別

の経験のなかでそうした状態が形作られていくことを見出すこと，そして，内側からの驚きの発見を，時折分析家に自己を報告することは，われわれに本来的に許されたことなのである。それは例え問題がエディパールなものであるときでさえ，父親に彼の子どもであることについて話すときに，母親によって抱えられているというようなことなのである。

しかし，退行した患者が生じてくるにあたって最も重要な条件は，何よりもまずこの現象についての分析家の理解である。それは受容の能力があるかということである。もし分析家が（訓練や，自身の分析や，いくつかの他の手段を通じて）この現象を理解できるのであれば，その生成的な実現のための**被分析者の能力を促進する**のである。

それゆえ，依存への退行のためのひとつの条件は，分析家の心のあり方なのである。

供給としての逆転移：受容から喚起へ

ひとたび分析家が，自己（ウィニコットのいう本当の自己）の他の要素の静かな発展を許容するであろう抱える環境を探している患者の内に，乳幼児や子どもの要素を見出すや，患者は自分の心のあり方を変えるだろう。患者が語りの連続性のない意味を入念に理解し解釈しようと努める代わりに，（仮にそういったことがあったとして）転移活動の分析へと，被分析者を巻き込むことに対話を使用する代わりに，分析家は内容や転移の解釈を一時的に差し控えるであろう。その代わりに彼が認識するのは，自分が必要とされているのは，自己の経験について，知られたことや，部分的に知られたこと，そして知ってはいるが考えられたことのないことについて，患者が内的に扱うことの一部分としてであるということである。患者の内的現実を知るために解釈を通じてできることはほとんどないし，今が経験を解釈へとまとめるときではないことだけは確かである。しかし，患者が（たとえば，分析家にほとんど何もいわないことによって）残された罪悪感を捨て去るのを促すことで，あるいは，素材を自己生成的な解釈（「おそらく，あなたはそれが結局何になるのかについて，自分自身が考えることなしで**いる**ようにする必要があるのです」）へとまとめるよう強迫的に義務づけられていると感じる患者の部分をなだめることで，分析家は被分析者の助けとなりうるのである。

精神分析における，依存への退行の核心は，被分析者の役割である自分自身のことを報告したり考えたりすることのありふれた放棄である。沈黙の間，被分析者は何か他のことを経験するのである。前章で，私はこのことを，患者が，対象としての自分自身と関係するなかでの受容的能力と名づけた。これは喚起という心的プロセスを利用する能力であり，その結果自己のより深い部分からの報せ（news）が現れ始める。私が観察したものは，私自身の直接の経験と，そのような「瞬間」（1回，あるいは数回のセッション中のほんの数分のこと）から現れた患者の報告に基づいているのだが，以下の主観的な展開が起きる。

1. 重要な分析的な作業を一定期間した後や，ある分析セッションを待ち望む喜びの後，あるいはひとしきり話した後で，患者は，解釈する者としての分析家の存在に気がつかなくなる。
2. 患者はある種の「もうろう状態」にあって，カウチに横たわることや，分析的世界での響き（通り過ぎる車，時計のカチカチいう音や，声の響きといったもの）を聞くことを楽しむ。分析家が存在することが喜びであり，腹が鳴ることや，息をすることなどによって，安心させられていて，包み込まれていると感じられる。
3. カウチによって抱えられているという喜びの**身体的感覚**と，周囲の響きを聞くことの聴覚的感覚に精神を集中させてから，患者は思考のプロセスが汚れなく白紙になるような状態に陥る。思考は，周囲の音や分析室にある目に見える対象といった感覚刺激への**反応**として**生じる**。患者は自分は，部屋にある対象のひとつをみているのであるが，その対象を解釈する目的ではなく，単にその対象の「内で」自己を見失っている状態で，焦点の合わないやり方で凝視している，としばしば報告するのである。
4. 外側の世界の特性を聞き，見，感じ，触れることから，内側の世界を聞き，見，感じ，触れることとの間には捉えにくい**移行**がある。両者の間には持続的な相互作用があるといっても差し支えないだろう。ウィニコットはこれを経験の中間領域（intermediate area of experiencing）と名づけた。この移行は，それについて考えられるものではないが，本来的に快感を生じるものである。
5. 患者は，何か重要で新しい発見のただなかにいると報告する。私は

これが受容から喚起への転換点であると思う。夢が突然に思い出されたり，記憶が明らかになったりするのは，この内的状態からである。それでも，そのようなありように駆り立てる力は報告されるものではない。思い出された夢や記憶は，喚起されている自己の状態に到達したことの一部となっている。たいてい，そのような状態のとき患者が報告するのは，気が付いたら遊び部屋の衣装たんす，庭，絵本，車といったイメージを自分が長々と考えていたというものである。これらのものを「見ること」が意味をもたらすのではなく，こうしたものが本質的に気持ちのよいもので，意義深く感じられるのである。この状態を理解するという切迫したニードがあるようにはみえない。

6. この状態に到達しえない場合というのは，夢を報告することや，何か重要なことに分析家と取り組むためにそこから現れる以前に，この段階に到達してしまったということであろう。しかし時折，（思考や言葉，抽象概念と比べると）イメージの喚起は，ある種の深い情動的な状態を引き起こす。患者は想像することの結果として，自分が深く感動していることに気づくだろう。このこと自体が，受容しつつ喚起する自我の能力を**より深める**ように思われる。

7. 依存への退行状態にある人が，突然すべてのことについて「理解する」のは，想像すること，感じること（おそらくマシュード・カーンが，自分の存在することを経験することと呼んでいるもの）の段階のあとである。私は，このことを記述するのはとりわけ難しいと感じる。起こっていることは，ほぼ換喩的な活動だと私は思う。そのイメージは自己－対象の経験の一部をなし，情動は記憶を深めるのである。そのようなときに，患者は急に，母親，父親そして自分**自身についての**何かを**発見する**といえよう。それは，彼が以前には考えたことがなく，未思考の知の一部をなしていたものである。ある患者は泣いて取り乱すかもしれない。他のものは啓示を受けたかのようにふるまう。分析家は，静かなままでいて，状況を抱え，自分の好奇心に従って行動はしないことが極めて重要である。上に述べたプロセスの大半を通して，分析家へ報告する以前に，自分の個人的で内的な経験を守らねばならないと人は感じるものであり，それゆえこの発見を内密に経験するというニードがある。発見を話す

ことは，それを失うことになるのでないかという恐怖はありうる。
8. 最後に，**分析家に語ること**への激しいニードがある。私は，このことに分析家の例にその報告を理解し損なうだろうという恐怖が伴うのを，経験したことがない。分析家はその経験に初めから参加していたのであり，それを取り扱う分析家の能力に拠ることを患者は（おそらくは必然的に）確信しているかのようである。深刻な悲嘆のなかでさえ，その発見には大きな喜びがあり，患者には分析家に詳細に話すというニードがあるだろう。

言うまでもなく，進展するこれらの段階の経過中**どの**瞬間であれ，分析家が心に何が浮かんでいるかを被分析者に尋ねるならば，退行は自動停止し，プロセスは終結してしまうだろう。私が思うに，古典的な実践を行っている分析家たち（そしてここで私が懸念するのは，自分が実は思弁を弄しているに過ぎないのでないかということなのだが）は，おそらくは自分の患者が第4の段階に到達するのを許容するだろうということであり，その段階では，患者は経験の中間領域にいるのである。ただ，あらゆる質問や発言──「何が心に浮かんでいますか」や「沈黙に陥っているようですね」や「おそらく，私に知られたくないことがあるのでしょう」といったもの──は侵入であり，被分析者は，いくぶん当惑した態度で，実際あるイメージを考えていただけであると言明する結果になるだろう。

私が思い出すのは，そうした段階で子ども部屋のおもちゃ箱を想像していた患者の邪魔をしたことである。彼女はおもちゃをひとつひとつ思い出していたのだが，私がそれに割り込んだ時に，転移のなかで，なぜその瞬間に彼女は子ども部屋の「中に」いると私が考えたのかを理解することに，彼女と私とで少しばかり取り組んだ。私は，そのとき得られた認識や，程度問題ではあるが，転移解釈の正確さをおとしめているのではない。それにもかかわらず，私が後悔しているのは，彼女の経験における潜在的な達成を私がさえぎったという事実であり，それは，彼女が，イメージのなかに眠っている重要な自己のありようを，自分のやり方で経験しつつあった，と私が確信しているためである。ウィニコットはこのことを状況の凍結と名づけているが，私は保存性対象と呼んだ。ある意味で，彼女の部屋のおもちゃ箱は，被分析者は意識的には知らなかったものの，彼女の人生におけるその時点での自己のありよう（そして母親との重要な経験）を「抱え

ていた」のである。幸いなことに，彼女は約6カ月後にその地点に到達した。私が残念に思うのは，依存への退行に関する限り，この10年間で私が失敗してきた被分析者たちが誰だかはっきり分かることである。患者たちの中は，私が二度目の機会として記述したような内的経験の出現を許容するものとしての分析家を信頼することが不幸にもできないものがいて，彼らは二度と分析空間を依存への退行には使用しないのである。

沈黙の使用

依存への退行を理解するには，被分析者の沈黙の使用を識別することが重要である。もちろん，沈黙のあるものは抵抗であり，その際に分析家が患者に何故話したがらないのかについて話すよう求めるのは，極めて適切である。しかし，依存への退行のために必要な状態である沈黙は，別種のものである。沈黙は，分析的な抱える環境を経験するための媒質となる。それは，小さな子どもが眠りにつく前の10分か20分ほどの静けさのようなものである。重要な対象との関係のなかで生きる目覚めた生活から，無意識と夢うつつへの，このとりわけ特別な移行のとき，子どもは，目を開けて，自分の生活を心に描いて，ベッドで静かに横たわっている。時折は1日の出来事の何がしかを振り返ることだろうし，しばしば，何らかの対象を思いこがれることであろうが，そこには，外的対象を見つめることと，内的対象を熟考することの間の，一貫した相互作用がある。子どもは部屋の反対の机の上にあるおもちゃのロケットを見つめるかもしれない。ちょっとの間，彼は自分が宇宙飛行士であることを想像する。今やそのロケットは宇宙空間にいる（内的対象の使用）。次に彼はものそれ自体としてのロケットをみて，機首が傷ついていることに気づく（外的対象の知覚）。このことについて母親に話したいと思うようになるが（現実の対象と対話することを計画），自分がその日このことについて何かしてほしいと望むほど，母親にとっていい子でなかったのでないかとの不安を引き起こす（間主観的生活の性質について，内的なものと外的なものの相互作用について熟考する）。彼は悲しくなってくる。彼は父親に新しいロケットを買ってもらうよう頼むことを思いつき，父親は喜んでそうしてくれるだろうと想像する。彼は翌日学校で友だちとそれを交換することを思いついて，その時点で別の子どもの持っているおもちゃを想像するかもしれない。これら

すべてはたった2,3秒しかかからないかもしれないし,20分が経過する間にはこのようなもの思いがたくさん生じるだろう。

この経験では,通常,沈黙は内的世界と外的現実を「扱う」うえで必要な状態である。睡眠前のこの貴重な時間は,子どもにとって不可欠の経験であり,幼児期早期から少なくとも思春期までは続くものである。ある子どもたちがベッドにテディと一緒に入るように,それにはしばしばおもちゃが付随する。そしてある意味では,これらの「移行対象」は,「経験の中間領域」の性質の一部であり,このことは,私の考えでは,沈黙の使用をうまく説明するものである。

私は,この経験を三つの由来から,退行の特徴として重視するようになった。一つは,自己分析のときに,この心のあり方に入ることであり,今一つは寝る前に「そこに」いると私には思える,わが子の観察,そして最後に,分析における患者の観察である。

私がこれら三つの違った状況に言及するのは,われわれにとって,まさに,沈黙の使用,特に抵抗としての沈黙と,中間的な経験（intermediate experiencing）の媒質としての沈黙とを,いかにして区別しうるかという疑問に取り組むのに必要だと信じるからである。

例として私の子どもの1人を取り上げよう。たいてい寝物語の時間のあと,彼は私に,自分が眠りにつくまで,部屋でそばに残ってくれるように頼むだろう。私は同意し,そばの椅子に腰かける。彼はある個人的な不安のときを通り抜けていたのであり,私がそばにいる必要があったのだと思う。物語りのあと,彼は私に人生について何か尋ねるかもしれない。「どうして大人たちは子どもを持つの」,「生まれる前,僕はどこにいたの」,「どうしてあの子たちは,学校で嫌なやつなの」,「なんで夕飯のとき怒ったの」とか,「僕は,子どもでいるのがいいんだ。なんで「大きな子」にならなきゃいけないの」。これらの質問を再び作り出すことは難しい。ときどきそれらの質問は寝物語の後で現れるが,たいていは寝る前の10分か20分に現れる。

沈黙中彼が静かに経験しているとき,私は椅子にくつろいで腰かけ,心を自由にさまよわせる。それが私の1日の終わりである。家族は夕食を摂り終えていて,ほぼ7時30分である。私はほどほどに満足していて,息子といることを楽しんでいる。ほとんどの夜は,彼は物語のあとは何も言わずに眠りにつくし,そういうものだろう。しかし時に彼はいくつかの非

常に深遠な質問をし，私はできる限りわかりやすいやり方で答えようと努める。すると彼はまたうとうととなり，眠りにつくだろう。依存への退行の普通の例を日常の生活から見出そうと思って，自分の子どもが，生活におけるこの時間に私を使うことについて，私が思いめぐらせたのは，この章を執筆した時が初めてだった。

　患者の1人がそのような状態にあるということに気づくことができると，私はいかにして確信するのだろうか？　そして，人が内的に経験することと，実存を内的に扱うことを邪魔しないことが重要であると，私はなぜ確信しているのだろうか？　ここで1人の患者ハロルドについて手短に検討しようと思うが，彼はカウチの上でだらりとするやり方で，身体の筋肉を弛緩させたのだった。可能な限り身動きせずにだらりとするのである。対象と関わることの緊張（彼が，私を関係すべき対象と自覚しているときには避けがたかった）は「身体から消え」，違った身体の雰囲気になるのだった。これは，ただ身体をくつろがせようとするときの私の息子にもあてはまった。私の場合も，私自身の分析における依存への退行の期間はそうだった。

　私の見解では，精神分析の経過の中で依存への退行がほんとうに起きると，そして，その十分な転移の出現が精神病的不安を伴わないときにそうなるのは，数カ月，ことによると何年もの間，そのような転移状態が糸口となって，患者が退行的な経験を許容する沈黙を経験するからであり，そのとき分析家と被分析者の自我は働かなくなり，より受容的な状態となるのである。その時，分析家は，被分析者の沈黙へのニードに備え，支持をし，被分析者の側は，自身の沈黙を通じて内的体験を明らかにしようとしている。

依存への退行のありふれた道のり

　ハロルドが依存への完全な退行に到る道筋には，劇的といえるようなことは何もなかった。彼が分析に来たのは，彼が何かを必要としていると感じる妻の薦めによるものだった。それは，自分が本当に望むものを検討するのではなく，他人の望みや要求を実行するという当時の彼に典型的なことであった。実際人生における彼の選択のほとんどすべては他の人の望みに由来するようだった。

この男は，深刻な病気ではまったくなかった。彼が偽りの自己の過剰さを経験していたのは事実であり，対人関係に内在する情緒的体験は満足と呼べるものではなく，やや浅薄だったが，彼はたくさんの本を読み，コンサートや演劇，美術館を楽しみ，それらの経験によって豊かであった。彼は創造的な人間であることを望み，実際にはそうでないことを残念に思っていたが，彼の仕事は価値あるもので，彼は保険外交という自分の仕事に対しては有能だった。

　彼の分析過程で，私は，彼が過剰に負担であると感じることはなかった。転移の中では，特に最初の数カ月間，彼は正確な解釈をするという理由で私を心から讃え，あとほんのいくらかのそのような賢明なコメントで，自分の分析が終わるのでないかと控え目に述べた。彼は，6カ月はかからないだろうと心底思っていた。彼が私についての不安（それは彼が認めた）があるということ以外に，彼が重要な問題をごまかそうとして私を讃えようとしていると伝えることを私が繰り返しているうちに，彼は，この事実が本当であると気づき，分析の最初の年の終わりまでには抑うつ的になった。

　しかし，彼のセッションでのふるまいは，分析の最初の15カ月間ほとんどいつも同じであった。彼はカウチにつくやいなや，直ちに多くのことについてぺらぺらとしゃべりだすのだった。たいてい彼は前のセッションについて，ある種の学者ぶった（しかし思慮深い）論評から始めるのだった。彼は私の解釈を寸分違わぬ正確さで思い出し，私が言ったことについてさらに考え，必ず私のコメントにより多くの自身のものを加えようとするのだったが。その後で私は，彼が自分の心の中へ飛び立ち，感情――特に無力感，混乱と絶望の感情――をかわそうとしているように思うと述べるのだった。分析の初期には，仕事上のできごとを詳しく述べることと，何が起きているかを理解するためにどのように分析を使用したかに，彼は時間の多くを費やすのだった。

　彼は，私が考えたことを話す時間をくれたので，ほとんど口を差し挟めないということはなかったが，セッションはまたたく間に過ぎ去るようだった。彼には軽躁的な要素があることに，私は気づいて，たびたび解釈した。分析の最初の年に，人に認められたいという自分の不安を緩和することと，事務所における誇大的行動を統制することについて，解釈のあるものがとても有効であるということを彼は見出した。それらの行動は，仕事を脅か

第14章 依存へのありふれた退行

すほどではまったくなかったのだが，他の人々が彼から少々遠ざかるには十分なものであった。

しかし2年目には，早期の（父親以外の）家族関係における重要な分析作業をした後で，彼の父親が死んだ。この年父親の死以降，彼は決して自分の父親について考えなかった。そのことを私は最初情動の否認によるものと考えていたが，やがて私が理解したのは，父親という内的対象表象の貧困化によるものだということだった。否定という体制について考えるとすれば，これは現在における現在の否認ではなくて，彼の人生の非常に早期からの否認なのであった。

しかし，分析過程で私に対しての緊張がほぐれるにつれて，彼のセッションは緊急の報道記者のようであったり理詰めであったりといったことは少なくなって，沈黙を使うことが可能になっていった。最初，彼はこのことが私の望んでいるものだと考えて，偽りの，そして適合的な方法で沈黙を利用しようとした。彼がセッションのなかでもの思いにふける自分のやり方を見いだせるまで，かなりの時間がかかった。いったん彼がそうすると，そのような瞬間に気づくのは難しいことではなかった。通常彼は自分の身体の周りの空間を区切るかのように両手を動かして，ずいぶんと活発に身振りをした。生成的な沈黙の間も，手は両わきでパタパタ動くか，胸の上で折り重ねられるかして，彼は頭を横にして窓の外を見ようとするのだった。そこに，彼は木や空の模様を見ることができた。そのような状態から抜け出すと，彼は窓の外を見ることがいかにすばらしいかということを口にしたり，自分が聞いたある響きに私の注意を持っていこうとしたりした。また，彼はときおりどの絵が彼の好みかを私に話しながら，部屋のなかにあるものに言及し，自分が絵のどの箇所に目をとめたかについて話すのだった。私は逆転移から彼がいつそういう状態にあるかに「気づいた」ので，そういう時には，彼の語る内容に注意して耳を傾ける必要がないので，私はくつろいで，**彼のことを考える**時間をもつのだった。彼の人生すべてや，彼の身体，そして彼がどのように見えるかについて，私は考えようとしていたという以外に，このことを表現するすべを知らない。私はこのようなときを楽しんだ。

こうしたくつろいだ沈黙はたいてい短いもので，2,3分しか続かず，その後彼はそこから離れて，その日の出来事を話したり，彼の自己分析を報告したりするのだった。しかし分析の3年目に，彼はさらに話さなくなっ

た。彼は元来とても活動的な人物で，絶えずじっとせず，とても元気にあふれていたのだが，彼の発言が減少する最初の徴候の一つは，ときおりカウチで寝てしまうことに現れた。私はそのように寝てしまうことについて，決して彼には尋ねなかったが，セッションの終わる約2分前に彼を起こし，間もなくセッションの終わりが来ることを告げるのだった。はじめ彼はきまりの悪い顔をし，上半身を起こしてやや顔を赤らめながら謝罪した。私は，彼が単に疲れていて眠りに落ちたのであろうから，なぜ謝罪するのか分からないということを彼に伝えた。私は無意識的な意味を調べようとは特に思わなかった。私が望んだのはこの経験をする彼の権利を守ることであり，それを続けることを許すことだった。このふるまいは，間欠的なものだった。ときおり彼は沈黙がちになり，おおむね週に1回程度眠るのだった。

あるときから，彼のセッションの質が変化した。彼は明らかに，何かについてもの思いにふけっていた。彼はあたかも大声でひとりごとを言うかのような音を立てた。次のセッションで彼が私に話したのは，自分が父親のヨットを思い出していたということだった。それは美しい船であったが，小さいとき以来ではないにせよ，ここ何年も考えたことがなかったものであった。この発言と2，3のほかのことから明らかになったのは，彼がこの対象や他のものを鮮明に思い出していたということだった。3回目のセッションは，沈黙に費やされた。4回目のセッションでは，彼は自分が望むことをするのを自分に許したことが，ほんとうに一度もなかったということを語った。「どうして私は自分が望むことを**しない**のだろうか」と彼は口にした。週末の休みを挟んで，月曜には彼は元気にあふれており，造船所に行って，父親が所有していたヨットとほぼ同じものを注文したと私に語った。彼はとてもわくわくして，自分のことでいっぱいで，それから何カ月も，しばしば船のことと，やがては船に乗っての旅行について私は聞くはめになった。

船の所有とその実際の使用が，彼の個人的な内的発達の点で，重要だということは，私には明らかだった。私は船を買う計画にある（と私が思う）無意識的な意味は解釈せず，彼はこの対象を通じて自分の父親を再発見しようとしているという確信を自分の中にしまっておいた。

およそ1年後，一連の有用な解釈の営みが続いた後で，彼は傷つきやすく，そしていくぶん無力になった。彼は私の休暇の予定や分析の休みの予

定など，以前なら持ち出すことができなかった疑問を発した。2回のセッションを通じて，もう一度彼は自分のヨットについてもの思いにふけった。しかし今度は，1人で船にいる時間を持ったときの最近の個人的な体験を思い返した。操舵輪のところで船を操縦しているとき，彼は突然父親への愛情が尋常でなくほとばしるのを感じた。彼は，自分がしているのは，父親がかつてしたことだということに気づいた。彼は，なぜ父親は航海に見切りをつけたのだろうと考えた。彼は，自分の船と父親の船，そして父親の趣味の良さをながめるにつれて，いまや驚嘆するのだった。彼の父親は，自分が常々思っていたほど面白味のない人物ではなかったのだ。

そのような心のあり方の患者を，われわれが臨床的に理解するときに重要なのは，彼がヨットについてもの思いにふけるときやセッションの中で，患者は自分の父親と「共に生きて」いたということがわかることである。もちろん彼は，折に触れて私に話しかけていたのだが，それは彼自身の個人的で内的な，そして発展しつつある発見を進展させる目的のときだけであった。彼が自分の経験について何らかの分析的な理解を求めていると，私が感じたことはなかった。

ハロルドは，後に彼に内在する父親と男性的要素への激しくて痛烈な破壊についての分析をするにつれて，最終的にはわれわれの相互的な話し合いに役立つようになるかたちで父親との内的関係を進展させ，分析空間のなかでこのように退行的に私を使用することから抜け出したのだった。

退行はどこにあるのか，依存の一形態となるのか

私が意図的に選んだこの臨床例には，分析家が自分たちへの深刻な依存の時期を通じて，患者を実際に取り扱うという，他の人たちが報告する依存への退行における劇的な質が欠けている。私がそうしたのは，ウィニコットやリトル，カーンが提示した深い退行と分析家への全面的な依存ではなく，依存への退行における普通でありふれた例を吟味したかったためである。

良性と悪性の退行（1968）というバリントの価値ある区別を守った上で，私が確信するのは，依存への生成的な退行の特徴は，パーソナリティがその子ども時代における起源と体験まで戻れるように，被分析者が，重要な心的機能や管理上の責任を分析家に預ける点にあるということである。こ

れは，被分析者が（たとえば，セッションへの往来や，家での事件など）自分の生活上のあれこれを取り扱うために，分析家を必要とするという形態をとる**かもしれない**。しかしここでの私の強調点は，一心不乱に内的自己に没頭する状態になるために，自我機能のうちのあるもの（たとえば，統合的に考えること，抽象すること，自己を観察すること，報告すること，詳細を思い出すこと，分析家の心のあり方や解釈に注意を払うことなど）を手放せるように，分析家がその面接室，その空間，その時間と，進行するプロセスを維持するという能力に向けた被分析者の信頼が，それにはしばしば含まれているという点にある。この経験の退行的な側面を特徴づけるのは，高次の自我機能を手放すことであり，その子どもらしい側面は，子どもの自我を世話する（補う）母親への子どもの「ほどよい」依存を反映する分析家との関係に特徴づけられる。このように自我のさまざまな側面を分析家へ引き渡すことで，被分析者に，早期の記憶と経験が引き起こされる。分析家への依存は明らかであるはずだが，私が好むのは，依存への普通の退行を理解するにあたって，そのような例では，分析家は，個人の現実のマネージメントにではなく，分析プロセスを抱えること，分析的解釈で割り込まないことに携わるのだと，心に留めておくことである。

もの思いにふけるという患者のニード

　ようやく依存への退行中に生じる幾つかの心的プロセスについて考察するところに到達した。精神分析家が逆転移を通じて抱えるという形態によって，転移状態を受けとめる能力があるならば，そして，被分析者が分析家に自我機能のいくつかを委ねることができるならば，そのとき被分析者は，ある記憶や以前の自己のありよう，そして新しい対象を喚起する位置にいるということになる。

　沈黙中の被分析者の心的状態を記述しようとするなかで私が気づいたのは，彼は**もの思いにふけっている**（muse）ということが，いかに正鵠を射ているかということである。ラテン語の語源は musa，フランス語では muser であり，オックスフォード英語辞典（O. E. D）では「ぶらぶら過ごすこと。もの思いにふけり，熟考すること。決まりきったやり方をすること」と定義されており，この意味の組み合わせは，依存への退行中の患者をうまく描写するものといえよう。ある意味患者はぶらぶらと過ごして

いる。あるいはカーンが言ったように「考えがありながら使わずに横たわっている」のである。ウィニコットは「形のない状態（formless state）」(1954)について述べているが，これは，心がより活動的な状態である以前やその間の時期を叙述するものであり，それは本当のもの思いが起きるときに生じると，私は確信する。したがって，もの思いにふけることは，「綿密に考えること」，「静かに調べること」，「瞑想すること」（すべてO.E.D.）であり，あるいは，「思索にふけって」いることや「思慮深く沈黙して」いること（Webster）なのである。

　もしわれわれが依存への退行の段階について再び考えるならば，自分たちが重要な自己のありようを突き止めようとしていることに気づくだろう。それは抽象的な思考や分析のようなものとはあまり関係がなく，詩的なことや感覚的なこととより関連がある。依存への退行中における心のありようのあるものは，（自己を含む）対象の物理的特性や世界の具体性と関連があるように思われる。患者は単にカウチの感触を楽しんでいるだけかもしれないし，おなかの上に置いた両手の重みを意識するようになっているのかもしれない。カウチに抱えられている自分の身体の重みは，注意が向けられる対象となるだろう。彼はこの触覚という知覚から，より視覚的な存在の様式へと進展し，自らの視野にある対象を凝視するかもしれない。また，ある人は部屋の音に聞き入り，より聴覚的な心のありようへ移行するだろう。嗅覚的な感覚や知覚もある。これら知覚の基本的な様式は，依存への退行の進展の一部と思われる。それは，内面へ移行できるように，患者が基本的な感覚知覚に密着する必要があるかのようである。

　ある患者はカウチを知覚することから，自分の身体の内的状態を感じることへと変化するかもしれない。部屋の音を聞くことから，心をよぎる音楽の一節を聴くことへと移行するかもしれないし，誰かの声の響きを思い出すかもしれない。しかし，もっとも典型的なのは，被分析者がすんでのところで「何かを見」ようとしていたと報告するものである。もちろんこれは描写するのがとても難しいことである。しかし私は幻覚について話しているのではない。むしろそれは，直観的イメージを目にする体験のようなものであり，激しい感情や驚きの感覚，発見を伴うものである。その人にとって自分が何を発見したかは明らかではないかもしれないが，ある人のことや出来事を内面に思い描くことは，幻覚の断片というよりも，むしろ記憶の統合性を持っている。

もちろん，この局面での経験というものは，記憶を構成すると意識しておくことは大切である。審美的な瞬間と同様に，それは母親の世話を受ける子どもでいる状態の記憶である。分析家に空間，時間と分析のプロセスを抱えられながら，患者がもの思いにふけるとき，私が思うに，その大人は「自分の」子ども時代の「内側」にいるのである。それゆえ，「未思考の知」の一部を構成するもっと遅い時期の経験もまた喚起に役立てられるとはいえ，そのような状態中に早期の経験が思い起こされるようであるのは，依存への退行中に達成される心のありようが，この方法によって，以前に損傷を受けた，自己の新しいものを受容する能力を修復しうるからである。つまり，被分析者のもの思いにふける能力は，子ども時代の経過のあるときに傷ついたのかもしれず，それゆえ原抑圧[訳注18]された無意識の素材や，二次的に抑圧された無意識のものでさえ，もはや役立てられないのである。たとえば，エディプス期の災難は，ハロルドにあったように，子どもが，心から心的・肉体的活動へ逃げ込むという結果になりうる。依存への退行中に彼が発見したのは，自分の父親のパーソナリティの性質と，個人としての特性であった。患者は，かつてはこのことを知っていたのだが，それを「見失った」のである。

変形性対象についてのこの記憶は，患者と分析家の両方が共に持ちこたえるときにのみ思い出されうるのである。分析家と被分析者の間に起きていて，依存への退行を特徴づける自己のありようと心的プロセスを促進する展開について述べてみたい。

1. 分析家は，沈黙がいつも抵抗であるとは限らないということを**理解し**，徐々に自分の患者がもの思いにふけるときを気づく能力を確立する。
2. もの思いにふけるために，患者は沈黙を使用するという分析家の理解によって，精神分析臨床において，この能力を使用する患者の力量が生み出される。
3. いったんこのことが被分析者に理解されると，依存への退行の過程が許容され，進展する。

訳注18）原抑圧：フロイトは抑圧を3つの段階に分けて考えており，最初の原抑圧が抑圧されるべきものの核となる。二次的な抑圧が通常の抑圧であり，その後抑圧されたものが回帰する段階がある。

4. もの思いにふけることは、受容する能力の一部をなし、分析家の、沈黙状態にある被分析者を受容するという能力によって、分析の価値ある部分として確立される。受容の能力は、もの思いにふけるという心的機能を可能にするものであり、他の心的プロセス、すなわち喚起を促進するだろう。もの思いにふけるとは形のないものであり、想像すること、みること、聞くこと、触れることや、思い出すことといった知覚能力のただなかで、目的なくふけることである。喚起とは、未思考の知からの自発的要素が到達する受動的な状態を説明するものである。それは、抑圧されたものの回帰と何かしら関連があるといってよいだろう。ある同僚がもの思いにふけることと喚起することの違いを以下のように説明している。

 もの思いのとき、「私」は能動的に活動している。喚起のとき、「私」は受容している。もの思いにふけることは、私が自分を積極的に経験し、動きに没頭した状態である。喚起の状態では、何ものかが視界に浮かび上がる。私は、自分がその出現に必要な状態を作り出したのは知っているものの、その出現の背後に力が働いているとは感じていない。
                        （ローリー・ライアベック Laurie Ryavec, Ph.D., 1986, 私信）

5. この種の退行を促進する間主観的なプロセスは、変形性対象としての分析家の機能にかかっている。それは、患者には乳幼児の母親体験と同じように経験される。つまり、内的な知覚と外的な知覚の区別がつかないプロセスと関連のある対象としてということである[訳注19]。
6. 分離した対象となるのでなく、変形性対象として、この間主観的プロセスの一部となる分析家の能力によって、逆転移の中で「準備」の行為がなされる。これにより、被分析者は、自己の早期の状態のために、自我機能を解体することが可能になる。
7. 被分析者が、気持ちのよい、あるいは感激するようなものを見出す結果として、たとえ不安が起きたとしても、退行からの回復は自然に起きるのだが、被分析者はそのことを分析家に話すことを望むものである。そのときには、分析家に分析的に機能してほしいという

訳注19) ウィニコットの理論では、発達の早期には、母子は未分化で、子どもは自分のことと、母親のことが判別できない、ということを反映している。

ニードと，分析家を自分との討論に引き込みたいというニードがある。

結　論

　英国学派内の分析家が正しく強調してきたのは，自分たちの治療的機能の一つは，（分析家の迫害的取り入れのような）患者のコミュニケーションを受容することと，取り入れたものを解釈を通じて解毒することであり，その結果，患者は修飾された取り入れ物を再び内在化し，より侵害的でない内的対象を獲得するのである。このプロセスは幾度となく繰り返され，患者は再形成された内的対象だけでなく，分析家のコンテイナー機能も内在化する。つまり，悪い内的対象を解毒する能力を引き継ぐのである。

　私が思うに，**分析家**が，患者の自己－分析的な活動の局面，つまり，自己内部の「洞察」を自らのものとすべきであるというのも，大切なことである。その洞察とは，依存への退行と，受容，もの思いにふけること，喚起といった心的プロセスに由来するものである。そのようなプロセスが生起し，結果として生じる新しい内的対象が患者に現れるとき，分析家にとって大切なのは，この発見の重要性を認識し，患者がそれを望まない限り，自分のことばや精神分析用語に変形しようとしないことである。

　依存への退行によって，根本的に間主観的な手段を通じて，人は自己の内側からの重要な洞察を得ることが可能となる。受容，もの思いにふけること，喚起することのプロセスは，自己分析的な能力の構築と，未思考の知を考えるうえで，極めて重要な要素である。分析家が患者の自己分析を認められ，価値あるもの（認識の持続的な源泉）として理解するならば，精神分析は被分析者の進展する自己分析を持続させ，涵養するものとなるのである。

第4部　エピローグ

第15章　未思考の知：早期の考察

　新たな患者と会いはじめて，その人が私を，転移領域の対象として個人的無意識的に使用していると「感じる」ようになるのには何カ月もかかるだろう。分析のはじめの数週間に被分析者と私は，通常なぜ助けを求めてきたかについての患者の語りにとりかかり，患者は自分の生活史を「提示して見せる」。自分の人生を他者に提示するのは，被分析者にとってはとても特別な出来事だろう。その語りは，初めの頃の適切さと同じくらいに，最後の解体によって特徴づけられる。というのは，しばらくして，患者はそれ以上話すことがないことに気づくからである。

　自由連想，あるいはその否定，すなわち連想の欠如が，ある程度始まるのはこのときである。被分析者が転移対象の使用の性質を確立するのは，分析の空間と過程の中で人生を報告することから人生を発見することへ移行するこの時期である。それぞれの被分析者は私を異なるやり方で使用する。転移性の混乱を起こしているために，私の分化した批判能力を引き出そうとする患者がいる一方で，全くそうしようとしない患者もいる。共感的に同一化する「ポイント」を作り出して，一定時間のあいだ分析家がそれに本腰を入れることを可能にする被分析者もいる一方で，情緒的距離を厳格に維持して，分析家の情緒生活を貧弱にさせる患者もいる。

　被分析者によって引き出された機能によって規定される，**自分が何であるか**を転移の中で私が理解するにつれて，**私が誰であるか**を見出すこともやがて可能になるかもしれない。たとえその「誰か」が患者の母親と父親，そしてかつての子どもだった自分とが混ざり合ったものだったとしても。

　精神分析では，この転移という心理現象は，存在することと体験することの早期の段階を分析過程で再び生きることと理解される。しかし，これは厳密な意味で正しいのだろうか。分析の中で起こっていることはすべてかつて**生きられたこと**なのだろうか。私の考えでは，フロイトは精神分析を発見する中で，人の成熟した心理機能が現れて機能する際に，以前は思考されることのなかった精神生活の諸要素を個人が初めて生き抜くことが

できる状況を創造したのである。
　転移をこのように見ると，これは単なる母親や父親との関係の生きなおしや子どもの自己の再提示ではなく，ちょうど良い時間・空間そして配慮の提供のもとに「何か」が現れる，**根本的に新しい体験**であることがわかる。
　このかつて生きられなかった何かを指す概念として自然に思いつくのは，ウィニコットの本当の自己である。ただ私は，本当の自己はイドとして定義されるべきもので自我とは区別されるべきものだとは思わない点で彼に対しては少々異論がある。ウィニコットがより真実に近かったのは，本当の自己という言葉は受け継がれた素因を指し，イドは身体的衝動の精神的な表れなので，すべてのイド表象は自我組織を含んでいると述べたところだと思う。
　さらに，遺伝的に決定された人の組織化において，乳幼児の個別の性格をもっと強調し，この核が本当の自己の最も重要な部分だと考えることによって，自我という観念を本当の自己に結びつけ，自我は本当の自己の組織的な現れの**一部分**であることを理解できるようになる。
　さらに，本当の自己と自我の概念を原抑圧の考えにまでつなげることができる。原抑圧されたものは，パーソナリティの核を構成する受け継がれた素因であり，遺伝的に伝えられて，精神空間に可能性として存在している。この本当の自己がどのように現実化するかについては，母親と父親が変形性対象として機能する中での，彼らの発達促進的な論理を考慮しなければならない。
　このように，未思考の知という概念のまさに核心には，ウィニコットによる本当の自己の理論と，フロイトによる原抑圧された無意識という考えがある。実際，乳幼児は生と死の本能という根本的な表象において多様であるというメラニー・クラインの主張は，この本当の自己の固有な性質によって決定されると思う。しかし，幻想は本当の自己を構成するのではなく，表象するのである。この点で，早期の幻想が自我を構造化すると考えるクライン派とは私は立場を異にする。幻想とは，精神生活における未思考の知の最初の表象である。そこにあるのはどちらなのかというのは考え方の問題である。別の言い方をすれば，それは乳幼児の存在することのイディオムの表現であり，「内的」世界が少しずつ複雑に発達していく過程での最初の心的行為である。

その内的世界は，幻想を通じて人生の別の側面を処理していくことになる。本当の自己の表象とともにあるのは，間主観性という母性的論理の心的表象であろう。以前の章で取り上げたように，人生の初めの数カ月から数年の間に，存在することと関係することの論理を母親は乳幼児に「教える」。母親は，変形性対象として機能する中での数え切れないほどの間主観的やり取りを通してこれを行う。そしてそれぞれのやり取りが，論理の範例となっている。それは存在することと関係することに関する母親の理論を支え，乳幼児の本当の自己の発達や，対象関係を通してその人本来の特徴が展開することをさまざまな程度で促進したり，それに先んじたりするだろう。

未思考の知の核として，本当の自己に加えて，存在することと関係することについて操作的に定義された無数の規則を並べてもよい。母親は乳幼児に自分の論理を**教える**が，それは存在することと関係することについての幼児の論理にある程度含まれることになる。乳幼児はこの論理を改めたり，受け継がれた素因によって基本的には規定されている自分の存在することと対象へのニードに関する論理と母親による世話の論理との間で妥協したりする。しかし，継続的に発達するこの知の領域は思考されることはない。あるいは，より正確にいえば，幻想は，母親との複雑な交渉という乳幼児の心的体験のいくつかの局面を，当然のことながら表象し続けてはいるが，この領域は心理的には表象されていないのである。1歳の子どもの意識的な，あるいは力動的で無意識的な幻想生活がどれほど豊かであろうと，それは未思考の知の発達を構成する要因には含まれない。

受け継がれているあるいは本来備わっている論理と，われわれが思うところの間主観的論理と結合することによって，いずれも心的表象を経由してではなく操作的処理の過程を通して明らかになるものであるが，所与のもの（自分自身の核）に由来する論理と他者の論理を結びつけることができるならば，小さい子どもが局所論的に重要な心的表象（二次抑圧と前意識過程を含む）の潜在能力を持つよりも前に，人生，とりわけ自分の人生の基本的特質を子どもはすでに「知っている」ということになるのである。また，知られていることは，人間主体が心的客体を心の中に形成し，もっと後になってそれらから存在についての理論を抽出するような，別個の心的表象を経由して確立してきたものではない。実際，エディプスコンプレックスを創造する要因としての無意識的思考を含む心的表象の形成に主体は

巻き込まれるが，この点でエディプス期の心的活動は「前エディプス期」の心的生活と根本から区別される。

　原抑圧の概念は，存在することと関係することに関する乳幼児の知識への，初期の間主観的貢献については焦点を当てない。というのは，乳幼児による親の範例的な操作的論理の取り入れについては余地を作らなければならないからであり，そのために，未思考の知のような新しい用語が必要となるだろう。もしも思考という言葉が精神的な処理が正しく行われているということを意味しているのであれば，知られてはいるが未だ思考されていないものを表すための用語が必要である。**幻想は，未思考の知にいくらかの心的表象を与えるが，それは未思考の知を処理するには力量不足であり，その不都合さはときどきその限界を示すのである。**

　では未思考の知は普通どのようにして思考になるのだろうか？　その一部分が発達するのといくつかの点で同じやり方，すなわち対象関係を通して確立する。主体が他者を使用し体験することによってのみ，その体験の心的表象は，未思考の知のイディオムを伝達し表現することができる。当然それは，われわれを転移と逆転移の関係へと導く。私は，自分が何を知っているか考えるよりも先に，被分析者のことについて何かしら知っている。患者が私を（彼の内的対象と，彼が話しかけ期待を抱く他者の両方として）イディオム的に使用することによって，私は彼の間主観性の論理を教わり，少しずつこの人物の存在の本質について感じ取る。たとえば，被分析者のさまざまな投影同一化を累積的に引き受け続けるということは，患者に「関して」私は何か知っているが，そのことについて私の内的認識と熟考そしてそれらの結果としての解釈を用いた心理的な処理はまだ十分になされていないままだということを意味している。このように精神分析では，分析家と被分析者双方が未思考の知について考え始める必要があるので，時間のかかる努力である。逆転移の中で私がする仕事の多くは，被分析者の対象であるという体験をイメージし言葉にしようと奮闘することである。

　つまり分析は幾分か個体発生を繰り返すのである。原初において，言葉はあるが，しかしまた言葉にはならないものである。乳幼児と母親の対話はより操作的なもので，知を表現する形式にはあまりならない。そして分析家は，乳幼児が子どもになっていくように，未思考の知が思考の知へと進むよう奮闘する。

　この手順において投影同一化が果たす役目については，とりわけ，もし

乳幼児や子どもが両親の望まない部分や大事に思う部分を持ち運ぶと想定するならば，小さく見積もるわけにはいかない。乳幼児や子どもはこれについて，どのように考えるのだろう？ もし母親や父親が，悲嘆の要素を子どもに投影同一化して，大きな心理的出来事としての悲しみの兆候をすべて切り離していたり，子どもが家族の喪失感の担い手となるよう仕向けたりしているならば，子どもはどうやってそれを知るだろう？ 分析的に知るのだろうか？ もちろん違う。幻想の媒介的かつ創意に豊んだ潜在力によって知るのだろうか？ 彼がそのようにしたければすればよいが，それでは知の中身は処理されないだろう。では，自分が何を知っているかを彼はどうやって知るのだろう？ 自分の存在や人生そのものの本質の一部のように見える投影同一化を身にまとうことで，彼は知るだろう。他者からの投影同一化をコンテインすることは，人生を決定づけるようである。先の例でいえば，悲嘆が自分の本質のように感じられるのである。それは思考されない，思考することはできない。それは生きられるのである。

　受け取り手が投影同一化をコンテインすることによって知ることに並んで，抽出的取り入れによって子どもが知ることを加えなければならない。この知ることの本質はこの二つの状況では同一でないだろう。一方は，母親や父親のパーソナリティから分裂排除された断片をコンテインしている子どもが，家族関係の劇場においてあるパーソナリティ要素を維持しなければならないというある種の圧力下におかれている状況であるのに対し，もう一方は，心の一部を親に盗まれたために精神を裸にされてしまっている子どもが，そのことを原初の喪失に基づいた気分や既に加えられてしまった圧倒的な損傷を受けた感覚を通してのみ知りうるからである。そもそも抽出的取り入れは言葉にならない暴力的なやり方で行われるため，たとえ大人の犠牲者であっても彼らの苦悩の原因を同定するのはきわめて困難なことであり，小さい子どもにとってこの心的行為を考えたり話すことは不可能である。

　未思考の知の別の要素は，身体を介した知識である。被分析者と仕事をしていると，われわれは身体で患者を体験する。もっとも顕著な感覚としては，われわれを身体的に安らげ受け入れられているように感じさせる被分析者もいる一方で，耐えるだけでそれにほとんど注意を向けることができないような複雑な身体的緊張を突然引き起こす被分析者もいる。これは精神分析に特異なことではなく，全ての人間関係で同様に，われわれは人

第15章　未思考の知：早期の考察　279

に対する感覚を身体的に記録するのである。彼らの影響をわれわれは心身で「運び」，これが身体的知識を構成するが，これもまた思考されないのである。このタイプの知識について精神分析が多くのことを学べるのは，踊り手が未思考の知を身体的知識を通じて表現しているモダンダンスからだろうと，私は確信している。そして音楽表現は未思考の知と本来の思考の中間に位置づけられるかもしれない。

　われわれには，自分が知っていると思うことと，知っているが決して考えることができないこととの間で，根本的な分裂がある。転移と逆転移の過程で，精神分析家は未思考の知を思考へと移すよう促せるかも知れないし，患者は自分の存在についてそれまで考えられなかったことを考えるようになるかもしれない。しかし，分析家はみな，未思考の知を思考へと移すことに失敗するときがある。重要なのはその際，ほとんどの知識が不可解にも役立たないこととのつながりを作ることである。

　本当の自己の起源について，そして母親と乳幼児が奇妙な言葉遣いで行う無数の会話について，思考の中で表現されるすべての表現に生成的な関心を向けることによって，所有しているが考えることのできない知識にわれわれは直面できるようになる。自分自身の未思考の知への限定された関係をゆくゆくは発展させることによって，存在それ自体についての奇妙な事実，特に，受け継がれた素因のイディオムを経由して先人から世代を超えて伝えられた遺産のような，自分の存在のミステリーに取り組むことはできないのだろうか？　未思考の知を考える中で，われわれは自らの本当の自己の中核についてだけではなく，先祖のもたらしたさまざまな要素についてもまた熟考するのである。

参考文献

Balint, M. (1951) 'On love and hate', in *Primary Love and Psychoanalytic Technique*. London:Tavistock, pp. 121–35.
—(1968) *The Basic Fault*. London:Tavistock.
Bion, W.R. (1958) 'On hallucination', in Bion (1967), pp. 65–85.
—(1961) *Transformations*. London:Heinemann.
—(1962) 'Learning from experience', in *The Seven Servants*. New York:Aronson, pp. 1–111.
—(1962a) 'A theory of thinking', in Bion (1967), pp. 110–19.
—(1967) *Second Thoughts*. New York:Aronson.
—(1977) *The Seven Servants*. New York:Aronson.
Bollas, C. (1974) 'Character: the language of self', *Int. J. Psychoanal. Psychother*. 3:397–418.
—(1978) 'The aesthetic moment and the search for transformation', *The Annual of Psychoanal*. 6.
—(1979) 'The transformational object', *Int. J. Psycho-Anal*. 60:97–107.
—(1982) 'On the relation to the self as an object', *Int. J. Psycho-Anal*. 63:347–59.
—(1983) 'Expressive uses of the countertransference', *Contemp. Psychoanal*. 19:1–34.
Casement, P. (1985) *On Learning from the Patient*. London:Tavistock.
Coltart, N. (1983) ' "Slouching towards Bethlehem" . . . or thinking the unthinkable in psychoanalysis', in Kohon (1986), pp. 185–99.
Donnet, J-L. and Green, A. (1973) *'L'Enfant DE CA'*. Paris:Les Editions de Minuit.
Ehrenberg, D.B. 'Psychoanalytic engagement, II', *Contemp. Psychoanal*. 20:560–83.
Erikson, E.H. (1968) *Identity*. London:Faber & Faber.

Fairbairn, W.R.D. (1940) 'Schizoid factors in the personality', in *Psychoanalytic Studies of the Personality*. London: Routledge & Kegan Paul, 1952, pp. 3–27.

Feiner, A.H. (1979) 'Countertransference and the anxiety of influence', in L. Epstein and A.H. Feiner, eds *Countertransference*. New York:Aronson, pp. 105–28.

Fletcher, A. (1964) *Allegory*. Ithaca:Cornell University.

Freud, S. (1900) 'The interpretation of dreams', in James Strachey, ed. *The Standard Edition of the Complete Psychological Works of Sigmund Freud*, 24 vols. Hogarth, 1953–73., vol. 5.

—(1905) 'Three essays on the theory of sexuality'. *S.E.* 7:125–243.

—(1908) 'Hysterical phantasies and their relation to bisexuality'. *S.E.* 9:157–66.

—(1912) 'Recommendations to physicians practising psychoanalysis'. *S.E.* 12:111–20.

—(1915) 'Instincts and their vicissitudes'. *S.E.* 14, pp. 111–40.

—(1915) 'The introductory lectures on psycho-analysis'. *S.E.* vol. 15.

—(1920) 'Beyond the pleasure principle'. *S.E.* 18, pp. 3–64.

—(1933) 'New introductory lectures on psycho-analysis'. *S.E.* vol. 22.

Gear, M., Hill, M. and Liendo, E. (1981) *Working through Narcissism*. New York:Jason Aronson.

Gill, M. (1982) *Analysis of Transference*, vol. 1, New York:International Universities Press, Inc.

Giovacchini, P.L. ed. (1972) 'The blank self', in *Tactics and Techniques in Psychoanalytic Therapy*. London:Hogarth.

—(1979) 'Countertransference with primitive mental states', in L. Epstein and A.H. Feiner, eds *Countertransference*. New York:Aronson.

Green, A. (1981) 'Projection', in Green (1986), pp. 84–103.

—(1986) *On Private Madness*. London:Hogarth.

Greenson, R. (1954) 'On moods and introjects', in *Explorations in Psychoanalysis*. New York:International Universities Press, 1978, pp. 61–74.

Grinberg, L. et al. (1975) *Introduction to the Work of Bion*. London:Maresfield Library.

Hedges, L. (1983) *Listening Perspectives in Psychotherapy*. New York:Aronson.

Heimann, P. (1956) 'Dynamics of transference interpretations', *Int. J. Psycho-Anal.* 37:303–10.

—(1960) 'Countertransference', *Br. J. Med. Psychol.* 33:9–15.

Jacobson, E. (1965) *The Self and the Object World*. London:Hogarth.

James, M. (1960) 'Premature ego development', *Int. J. Psycho-Anal.* 41:288–94.

Khan, M.M.R. (1964) 'Intimacy, complicity and mutuality in perversions', in *Alienation in Perversions*. London: Hogarth, 1979, pp. 18–30.

—(1966) 'The role of phobic and counterphobic mechanisms and separation anxiety in schizoid character formation', in Khan (1974), pp. 69–81.

—(1969) 'Vicissitudes of being, knowing and experiencing in the therapeutic situation', in Khan (1974), pp. 203–18.

—(1974) *The Privacy of the Self*. London:Hogarth.

—(1975) 'Grudge and the hysteric', in Khan (1983), pp. 51–8.

—(1976) 'From dreaming experience to psychic reality', *Nouvelle Revue de Psychan.* 12.

—(1976a) 'Beyond the dreaming experience', in Khan (1983), pp. 42–50.

—(1977) 'On lying fallow', in Khan (1983).

—(1979) *Alienation in Perversions*. London:Hogarth.

—(1983) *Hidden Selves between Theory and Practice in Psychoanalysis*. London:Hogarth.

Klauber, J. (1981) *Difficulties in the Analytic Encounter*. New York:Aronson.

Kohon, G. (1986) *The British School of Psychoanalysis: The Independent Tradition*. London:Free Association Books.

Kohut, H. (1971) *The Analysis of the Self*. New York:International Universities Press.

—(1977) *The Restoration of the Self*. New York:International Universities Press.

Krieger, M. (1976) *Theory of Criticism*. Baltimore:Johns Hopkins University Press.

Langs, R. (1977) *The Therapeutic Interaction: A Synthesis*. New York:Aronson.

—(1979) 'The interactional dimension of countertransference', in L. Epstein and A.H. Feiner, eds *Countertransference*. New York:Aronson.

Lewin, B. (1946) 'Sleep, the mouth, and the dream screen', *Psychoanal. Q.* 15:419–34.

Lichtenstein, H. (1961) 'Identity and sexuality: a study of their interrelationship in man', *J. Amer. Psychoanal. Assn.* 9:179–260.

Little, M. (1981) *Transference Neurosis and Transference Psychosis*. New York:Aronson.

McDougall, J. (1980) *Plea for a Measure of Abnormality*. New York:International Universities Press.

Melville, H. (1951) *Moby Dick*. New York:Norton, 1967.

Milner, M. (1952) 'The role of illusion in symbol formation', in M. Klein, P. Heimann and R. Money-Kyrle, eds (1977) *New Directions in Psychoanalysis*. London:Maresfield Reprints.

—(1969) *The Hands of the Living God*. London:Hogarth.

Modell, A. (1969) *Object Love and Reality*. London:Hogarth.

Ogden, T. (1982) *Projective Identification and Psychotherapeutic Technique*. New York:Aronson.

Pao, P.N. (1965) 'The role of hatred in the ego', *Psychoanal. Q.* 34:257–64.

Piaget, J. (1951) *Play, Dreams, and Imitation in Childhood*. New York:Norton.

Pontalis, J-B. (1974) 'Dream as object', *Int. Rev. Psycho-Anal.* 1:125–33.

—(1981) *Frontiers in Psychoanalysis*. New York:International Universities Press.

Racker, H. (1957) 'The meanings and uses of countertransference', in *Transference and Countertransference*. (1968), London:Hogarth, pp. 127–73.

Ricoeur, P. (1970) *Freud and Philosophy*. New Haven:Yale Universities Press.

Sandler, J. (1976) 'Countertransference and role responsiveness', *Int. J. Psycho-Anal.* 3:43–7.

Schafer, R. (1968) *Aspects of Internalization*. New York: International Universities Press.

Searles, H. (1956) 'The psychodynamics of vengefulness', in *Collected Papers on Schizophrenia and Related Subjects*. New York:International Universities Press, pp. 177–91.

Smith, S. (1977) 'The golden fantasy: a regressive reaction to separation anxiety', *Int. J. Psycho-Anal.* 58:311–24.

Sontag, S. (1966) 'The aesthetics of silence', in *Styles of Radical Will*. New York:Dell Publishing.

Stewart, H. (1985) 'Changes of inner space', *Int. J. Psycho-Anal.* 68:255–64.

Stoller, R.J. (1973) *Splitting*. New York:International Universities Press.

—(1976) *Perversion*. London:Harvester.

Stolorow, R.D. (1972) 'On the phenomenology of anger and hate', *Am. J. Psychoanal.* 32:218–20.

Symington, N. (1983) 'The analyst's act of freedom as agent of therapeutic change', *Int. Rev. Psycho-Anal.* 10:283–91.

Tauber, E. (1954) 'Exploring the therapeutic use of countertransference data', *Psychiatry* 17:331–36.

Winnicott, D.W. (1936) 'Appetite and emotional disorder', in *Through Paediatrics to Psychoanalysis*. London:Hogarth, 1975, pp. 33–51.

—(1952) 'Anxiety associated with insecurity', in *Through Paediatrics to Psychoanalysis*. London:Hogarth, 1975, pp. 97–100.

—(1954) 'Metapsychological and clinical aspects of regression within the psycho-analytical set-up', in Winnicott (1975), pp. 278–94.

—(1956) 'The antisocial tendency', in *Collected Papers*. London:Hogarth, 1958.

—(1960) 'The theory of the parent-infant relationship', in Winnicott (1965).

—(1960a) 'Ego distortion in terms of true and false self', in Winnicott (1965), pp. 140–52.

—(1963) 'Psychiatric disorder in terms of infantile maturational processes', in Winnicott (1965), pp. 230–41.
—(1963a) 'The capacity for concern', in Winnicott (1965).
—(1963b) 'Communicating and not communicating leading to a study of certain opposites', in Winnicott (1965), pp. 179–92.
—(1965) *The Maturational Processes and the Facilitating Environment*. London:Hogarth.
—(1968) 'The use of an object', in *Playing and Reality*. London:Tavistock, 1971.
—(1971) 'Playing: A theoretical statement', in *Playing and Reality*. London:Tavistock, 1971.
—(1974) *Playing and Reality*. London:Pelican.
—(1975) *Through Paediatrics to Psychoanalysis*. London: Hogarth.

解　題

　本書は，1987 年に刊行された Christopher Bollas の最初の著書，The Shadow of the Object: Psychoanalysis of the Unthought Known (Columbia University Press/New York) の全訳である。彼の著書の邦訳としては 2 冊目となる。

　本書は，現在，英国中間学派（独立学派）の代表的論客として著名な Bollas の様々な理論の核心を知る上で重要な著作であるが，そのオリジナルな着想は本書の様々なところで表れており，発売当初より大変世評が高かったことで知られている。本書の題名である「対象の影 The Shadow of the Object」は，フロイトの著作『悲哀とメランコリー』のたいへん有名な一節から採られている。その一節は本書の冒頭に引用されているが，自我と自己の関係や，対象が喚起するものなどについて述べたものであり，Bollas がその後一貫して関心を抱いているテーマを端的に示したものと言えると思う。

　1 冊目の翻訳である『精神分析という経験：事物のミステリー』でも紹介したが，改めてここで Bollas の略歴を述べたい。Bollas はカリフォルニア生まれで，父親はフランス人，母親は地元の出身とのことである。若い頃はスポーツ万能で，周囲からは運動選手になるものと思われていたとのことであるが，学問の道を歩むことになり，ヴァージニア大学で政治学を学び，その後バークレーで歴史学の修士号を取得している。その当時は，反戦運動などの政治的活動に熱心に参加したと語っており，その姿勢は患者の秘密保持に関する議論（その一端は，David Sundelson との共著 The New Informants で展開されている）へとつながっている。また，彼は若い頃から精神分析に馴染みのある風土で育ったとのことであるが，分析家としてのトレーニングを受けようと思ったのは，バークレーの学生相談センターで週 1 回の精神療法を精神分析家から受けたことがきっかけになった。1967 年より 2 年間，自閉症，小児精神病の施設で働いたことも，精神分析に関心を抱かせたとのことである。その後，Bollas はバッファロー

大学に進学し，そこで文学でPhD（博士論文のテーマはメルヴィル）を取る傍ら，精神分析の訓練を開始し，スミス・カレッジで1年間訓練を受けた後，1973年にロンドンに移った。Bollas は，様々な論文を読んでみて，自分にもっとも訴えかけてきた中間学派を選択してトレーニングを受け，1977年に分析家の資格を取得している。また，その当時，ローゼンフェルド，ローファー，コルタート，ビオンなど様々な学派の分析家から影響を受けたと語っている。

その後の Bollas は，世界を股にかけて活躍しているが，その活躍には精神分析家としてだけではなく，英文学の教授としての活動も含まれる。1970年代の半ばからは，フランスの分析家との交流が増え，1980年代の半ばには3年間アメリカに戻っているが，その際にはオースティン・リッグス・センターなどでの臨床の仕事ばかりでなく，マサチューセッツ大学の文学部で教鞭をとって，メルヴィル，シェークスピアとビオンについて講義したとのことである。また，1978年から98年までローマ大学の招聘教授なども務め，スウェーデン，シカゴなどでも継続してセミナーを開催している。2006年よりは米国ノース・ダコタに本拠地を移し，臨床の傍ら，執筆活動，画業に励んでいる（最近の著書の表紙には，Bollas 自身の絵が用いられている）とのことである。

Bollas はきわめて多産で，現在刊行中の著書だけでも14冊を数え，そのうち3冊は小説，1冊は戯曲集である。近年は啓蒙的な内容のものも増えているが，精神分析に関する著書は，本書も含めて，いずれもエッセイ集の体裁を取っている。本書の「はじめに」でも述べているように，そうしたエッセイは日々の生活と臨床の中から思い浮かんだこと（これは白昼夢につながると著者は述べている）を書きとめ，そこから浮かんだ連想を発展させたものであり，ある種の自由連想に基づく（後年，彼はこれを自由思考 free thinking と呼んでいる）と言っても良いものだろうが，こうした思考方法は，無意識の創造性にアクセスする最良の方法だと Bollas は述べている。また，彼の小説はいずれも比較的短いものだが，分析家が主人公になって，人生の深遠さをコミカルに語るものである。Bollas は，通常のエッセイの形式にしたところで，そこで表現できることは限られたものでしかないので，小説はある意味で通常のエッセイより分析的体験を的確に表現することが出来ると主張している。戯曲集もまた，人生の一局面を，特にその不条理を描こうとしたものである。Bollas の目論見が成

功しているかどうかは，実際に読んでみて判断していただくのが良いと思うが，これらの創作は，精神分析に関心のある読者には，好評だったようである。

さて，本書の内容については，ここで解説することは屋上屋を架すものであると思われるので，Bollas の理論の要点にのみごく簡単に触れておきたい。一つは変形性対象 transformational object の理論である。母親を，環境としての母親と対象としての母親に分けたのはウィニコットだが，Bollas は，母親は対象としてただ単にそこにいるのではなく，過程（プロセス）として子どもと関わり，子どもの本来のもの（これを Bollas はイディオム idiom と呼んでいる）を変形し，表現すると考えて，そのように変形を行う過程としての母親を，変形性対象と呼んでいる。こうした変形は常に創造的な行為であり，それ故創造の喜びを伴うものである，と彼は述べている。性格 character はそうしたイディオムが変形された結果生まれるものであるが，本書の中で言及されている規範病やヒステリーといった様々な精神病理もまた，変形されたものとして理解するならば創造的な側面があることは否定できない，と著者は考えている。関わりあうものがお互いに相手を変形することで，それぞれが創造的な経験をするというこの考え方には，文芸批評における読者理論などが影響を及ぼしていると私は思うが，この変形の理論が今度は，芸術家にも様々な影響を与えているとのことである (Scalia, J. (ed.): The Vitality of Objects. Continuum, 2002 参照)。ところで，性格を含め，全ての創造されたものは，内容と形態 form とに分けることができる。もちろん，内容は形態がなくては表現されないので，両者は溶け合って実際には区別することはできないのだが，変形を理解するうえではそれらを区別することが重要であると Bollas は主張しており，そのようなことが顕著にあらわれる一つの場が夢であると述べている。そして，これはフロイトが何故か避けていた点であるが，夢は創造的なものであり，夢の形態は創造性を理解するうえで大変重要なものであるという考えを，Bollas は本書でも展開している。

今一つは，未思考の知 unthought known の理論である。Bollas は，無意識を，抑圧された無意識と，抑圧されない無意識（後日，彼はこれを受容的な無意識 receptive unconscious と呼んでいる）に区別しているが，抑圧されない無意識は，未思考の知，すなわち未だ考えられたことはないが知っているものであると主張する。Bollas の考えでは，元来フロイト

は，この二種類の無意識が存在することを理解していたが，フロイト以降の精神分析は，抑圧された無意識を意識化することを重要な治療目標としたため，抑圧されない無意識は注目されなくなった。しかし，人は自分が何を知っているか，あるいは知らないかをどうやって知るのだろうか，と考えた場合，抑圧された無意識とは別に，未思考の知があることを前提として考えなければならない，というのが Bollas の考えである。これは無意識についての革新的な理解を拓いた，と言って良いだろうが，われわれはそもそも一体何を知っているのだろうか，というフロイトの問いかけに結びつくものである。そしてまた，われわれは現実の対象に満ち溢れた世界に生きているのであり，そうした対象がわれわれを喚起していく（喚起性対象 evocative object）ということも Bollas は主張している。

ところで，変形性対象がプロセスであるということは，治療関係において典型的に示されるように，関係性 relational の問題としても理解できるということである。被分析者の自由連想と，分析家の平等に漂う注意は相応しているものであり，相互的なものである。本書で述べられている逆転移の活用の理論は，関係性の問題を扱ったものとして読んでいくことができる。

このように，本書は Bollas のオリジナルな思考の宝庫と言えるが，最初の著書であるが故に，一貫性が欠ける点が多少ないわけではないように思われるし，原書が刊行されたのは 1987 年であるという点から，現在では当たり前のこととして受け取られていることも含まれている（特に逆転移の活用に関して，Bollas が述べていることには今日，常識的となっていることが含まれている）。そういう意味で，本書には少しクラッシックな点もあるが，Bollas のオリジナルな思考が湧き上がる様を見ることができる。

尚，著者自らが私の翻訳は難しいと言っていたが，本書の翻訳は実際，かなり難航し，時間を要してしまった。また，全体としての統一感が乏しい訳になってしまったのではないかと思う。そういった点は全て監訳者の責任であるが，一言だけ言い訳するならば，私は原書自体を緊密に結び付けられた統一体とは受け取らなかった。むしろ伝えたいことが文体から溢れ出て来ている，そういう文章であると思った。原書の裏表紙の推薦文には，Bollas の文章はたいへん美しいと書いてあり，実際，英語で読むと美しい文章だと思うが，翻訳では，当然のことながらその美しさは微塵も

伝わらない。ただ，原書は文章が単に美しいだけでなく，様々な連想を喚起する文章であり，連想を喚起することこそが創造的で美しいということであるならば，その点に関して何か片鱗でも伝えられれば，と願うしだいである。訳稿の整理にあたっては，星野愛氏，藤本浩之氏に大変お世話になった。また，編集作業に当たっては，岩崎学術出版社の唐沢礼子氏に大変お世話になった。記して感謝の意を表明したい。

2009年初秋の候に

館　直彦

人名索引

アブラハム Abraham, K.　　234
ウィニコット Winnicott, D.W.　　2, 7-9, 14, 15, 19, 30, 35, 36, 43, 44, 52, 118, 119, 135, 136, 138, 152, 156, 202, 204, 205, 234, 235, 239, 245, 254-260, 267, 268, 275
エリクソン Erikson, E. H.　　133
オグデン Ogden, T.　　241
カーン Khan, Masud　　2, 43, 44, 65, 73, 103-135, 188, 232, 235, 254-256, 259, 267, 269
ギア Gear, M.　　93
ギル Gill, M.　　241
クライン Klein, Melanie　　1, 275
クラウバー Klauber, John　　254
クリーガー Krieger, M.　　33-36
グリーン Green, A.　　135, 136, 153, 254
グリーンソン Greenson, R. R.　　102
グリンバーグ Grinberg, Leon　　141
グレーアム Grahame, Kenneth　　40
ケースメント Casement, P.　　229, 241
コフート Kohut, H.　　43, 91, 129
サールズ Searles, H. F.　　119
ジェイコブソン Jacobson, Edith　　14
シェイファー Schafer, R.　　43
ジェイムズ James, M.　　125
シミントン Symington, N.　　252
ジョヴァチーニ Giovacchini　　135, 201, 242
ステュワート Stewart Harold　　137, 254
ストラー Stoller, R. J.　　133, 134, 136
ストロロウ Stolorow, R. D.　　120
ソンタグ Sontag, Suzan　　232
ドイッチェ Deutsch, H.　　234
ドネット Donner, J L.　　135, 136
ハイマン Heimann, Paula　　1, 2, 200, 218, 243

バリント Balint, Michael　　2, 19, 119, 255, 256, 267
パオ Pao. P.　　119
ヒル Hill, M.　　93
ビオン Bion, W. R.　　2, 117, 128, 141, 142, 232-234, 236, 245, 247
ビック Bick, Ester　　183
ピアジェ Piaget, J.　　35
ファイナー Feiner, A.H.　　203
ファルレ Falret, J.　　178
フェアバーン Fairbairn, W. R. D.　　119
フェレンツィ Ferenczi, S.　　234
フレッチャー Fletcher, A.　　69
フロイト Freud, S.　　8, 28, 44, 65-71, 82, 117, 144, 188, 200, 201, 234, 236, 238, 252, 253, 274, 275
ベイトソン Bateson,　　36
ヘッジズ Hedges, L.　　135
ポンタリス Pontalis　　65, 144
マクドゥガル McDougall, Joyce　　136
ミルナー Milner, Marion　　2, 43, 200, 254
モデル Modell, A.　　43, 91
ライアベック Ryavec, Laurie　　271
ラカン Lacan, JME.　　65, 68, 236
ラセーグ Lasegue　　78
ラッカー Racker　　246
ランク Rank, O.　　234
ラングス Langs, R.　　229, 233, 241
リエンド Liendo, E.　　93
リクール Ricoeur, P.　　70
リトル Little, Margaret　　2, 254, 267
リヒテンシュタイン Lichtenstein, Heinz　　37
レイン Laing, R. D.　　255

事項索引

あ行

愛　117-120, 123, 125, 128, 129, 132, 139
愛しつつ憎むこと　i, 1, 5, 117, 118, 120, 123, 124, 127, 128, 129, 133, 134
アイデンティティ　202
遊び　145, 159, 205
遊ぶこと　3, 14, 152, 204
アルコール依存　147
α（要素）　141, 233
生き残ること　119
移行　258
移行体験　16
移行対象　16, 57, 118, 262
異性愛　87, 88
依存への退行　239, 254-259, 261, 263, 267, 268, 269, 270, 272
一次過程　166
一次対象　188, 195
一次的対象愛　119
一体化　168
偽りの自己　8, 52, 53, 60, 63, 125, 126, 127, 138, 144, 152, 155, 164, 183-185, 214-216, 227, 254, 264
イディオ・サヴァン　166
イディオム　4, 8, 14, 23, 25, 37, 38, 43, 47, 48, 73, 74, 81, 89, 94, 103, 124, 131, 146, 187, 201, 202, 204, 205, 211, 226, 231, 236, 240, 243, 244, 275, 277, 279
イド　8, 275
イド欲求　19, 21
陰性幻覚　146, 183
陰性治療反応　57
陰性の能力　68
隠喩　16
嘘　170-174, 176-180, 182-185
うつ病　19
運命　23, 116, 124, 147, 151, 197, 201
運命の手　32-42
エディプス空間　90
エディプスコンプレックス　87, 89, 276
　陰性──　84
　陽性──　84
エナクトメント　2, 113, 188→再演

か行

外在化　54, 55, 119, 125, 193, 201, 242, 251
解釈しないこと　239
外傷　113, 179, 184, 204, 207, 220,
　──的な瞬間　185
　──的な割れ目　38
　二人組──　178
外傷体験　213, 215
外的対象　237, 261
外的対象関係　50
解離　38, 60, 75, 76, 78, 103, 112, 152, 172, 213, 222
抱えられている　257, 258, 269, 270
抱える環境　24, 43, 49, 50, 55, 257, 261
抱える空間　51
抱えること　26, 36, 60, 115, 203
鏡転移　91
隔離　22, 82, 130
形のない状態　269
語らい　14, 22, 63, 68, 72, 78, 80, 92, 191
　他者の──　79
過程　15, 53, 61, 203, 204
かのような　172
感覚　41, 100, 108, 115, 124, 129, 130, 140, 185, 188-192, 194, 196, 197
　現実──　135
　破滅の──　184
感覚性　207
喚起　172, 200, 230, 238, 239, 243, 245, 249, 257, 258, 259, 270-272
環境　7, 8, 9, 15-18, 24, 29, 30, 34, 38, 40, 41, 43, 46, 48, 55, 56, 60, 66, 72, 73, 77, 102, 103, 105-110, 124, 129, 145, 151, 177, 180, 192, 199, 201-203, 227, 228
　──としての母親　15, 26
　早期の養育──　110
　発達促進的な──　14, 16, 36
養育　103, 188

環境身体的な世話　15
関係すること　276, 277
関係性　15, 17
　自己との——　230
　病的な——　164
間主観的　2, 14, 49, 50, 140, 143, 155, 158, 159, 162, 163, 167, 168, 190, 199, 204, 261, 271, 272, 276, 277
感情　25, 26, 42, 54-56, 59, 152, 195
換喩　259
既視感　127
儀式　27, 145
既思考の知　73
奇怪な対象　117
気質　127
機能の逆転　154
基底欠損　19, 24, 29, 218
規範的　136, 138-148, 151-155, 164
　——パーソナリティ　137
　——パーソナリティ障害　154
規範病　iii, 5, 136, 137, 142, 146, 148
気分　iii, 5, 17, 25, 37, 38, 100, 101, 103-110, 112-116, 129, 193, 233, 238, 245, 248, 252, 278
　悪質な——　101
　生成的——　101, 102
逆説的　121
客体化　44
　自己——　45
逆転移　i, 1, 2, 4, 5, 9, 23, 28, 58-62, 71, 96, 108, 168, 180-183, 187, 188, 190, 192, 195-197, 199-203, 205-209, 211, 213, 215, 222-231, 233, 239, 242, 244, 247-250, 252-254, 257, 265, 268, 271, 277, 279
　——精神病　181
　——ポジション　248
休耕地　238
教育分析　203
境界例　18, 25, 63, 164, 187
共感　174, 248, 250, 252, 253
狂気　77, 143, 177, 181, 184, 185, 198, 203, 243, 251
強迫的　20, 24, 27, 74, 84, 147, 148, 167, 187, 213, 257

恐怖症　173
局所論モデル　8
虚言（行為）　176, 177, 183
虚言者　170-173, 177-180, 182-185
空間
　内的な——　21, 57
　分析の——　10, 57
偶発的な出来事　110
具象化　136
具体的事象　137
具体的対象　135-138, 147, 148, 152, 155
経験の中間領域　258, 260, 262
形象　66
形態　17, 32, 35, 36, 52, 65, 89, 101, 128, 133, 134, 197, 206
原家族　242
現実化　119, 172
現実界　22
現実検討　176
原初的依存　119
原初的不安　242
幻想　5, 9, 17, 73, 76, 79, 176, 177, 180, 182, 184, 200, 201, 248, 275-278
　——の原基　183
　無意識の——　6, 41
言語　3, 9, 16, 32, 39, 68, 80, 154, 192, 193
　——の規則　38
　——の構造　37
　個人——　62
　自我——　61
　私的な——　22
言語表象（化）　203, 206
原抑圧　270, 275, 277
攻撃性　118, 129, 250
　精神−運動——　111
構造論モデル　8
行動化　27, 89, 93, 95, 106, 108, 112, 118, 126, 131, 133, 143, 218, 236
個人分析　253
固着（点）　182, 90, 112, 14
言葉　3
コンテイナー　54, 55, 56, 76, 110, 143, 146, 245

コンテイナー機能　272
コンテイン　128, 242, 245
コンテインすること　278

さ行

罪悪感　3, 49, 140, 157, 162, 163, 165, 185, 219, 224
再演　28, 199, 242→エナクトメント
再-現　43, 196
サイコパス　164, 170-173, 176, 177, 185
再上演　26, 30, 179, 187
再投影　127
錯覚　2, 10, 32, 41, 48, 84, 89, 95, 118, 172
　全能感の——　16
三角関係化　188
詩　66
自我　ii, 1, 3, 4, 7-9, 14, 16-18, 23, 29, 31, 35, 53, 57, 60-63, 65, 70, 72, 73, 75, 79, 81, 115, 117, 140, 234, 235, 244, 246, 251, 263, 275
　——活動　44
　——記憶　65, 73, 79
　——欠損　19, 21, 43
　——構造　8, 38, 52, 53, 73, 74, 77, 78
　——の過程　9, 53
　——の語法　61
　——の修復　24
　——の態度　73
　——の統合　30
　——の能力　35, 259
　——の分裂　129
　補助的な——　53
　無意識的な——　8, 9
自我機能　155, 192, 203, 268, 271
自我状態　30
　早期の——　41
自我組織　275
自我体験　19, 31
自我発達
　早熟な——　125
自我変形　29
自我崩壊　16
自我様式　77

自己　4, 7, 9, 10, 14, 16-19, 30, 33, 35-40, 43, 46, 47, 49, 50, 51, 59-62, 64, 65, 68, 75, 76, 78, 81, 82, 88, 91-94, 102, 111, 120, 126, 133, 135, 140-144, 146, 151, 152, 154, 156, 163-166, 176, 177, 183, 198, 205, 208, 218, 226, 233, 234, 237, 241, 242, 243, 246, 249, 252, 254, 256-260, 268, 269, 270, 272
　——イメージ　92, 93
　——システム　103
　——受容　52
　——知覚　52
　——との関係性　217
　——の使用　226
　——の断片化　56
　——の統合　127
　——の分析　26
　迎合的な——　126
　身体——　88
　潜在的な——　231
　信用ならない——　227
　中核——　251
　通常の——　103
　盗まれた——　158
　破壊的——　56
　不運な——　198
　未生の——　144
　無意識的——　74
　夢見る——　77
自己愛　24, 25, 30, 43, 55, 56, 63, 82, 88, 89, 91, 93, 95, 124, 131, 161, 187, 192, 218, 223, 249
　——的憤怒　92
自己愛性格（者）　23, 91-95
思考　iii, 6, 9, 10, 17, 25, 26, 34, 36, 44, 54, 55, 56, 61, 65, 66, 68, 71-75, 80, 110, 111, 140, 173, 191, 193, 195, 200, 204, 205, 207, 211, 214, 228, 230, 233-245, 247, 248, 250, 252, 258, 277, 278, 279
　無意識的——　276
自己感　202, 216, 217
自己感覚　109, 111, 123, 251
自己管理　45
自己観察　209

自己状態　　5, 6, 10, 17, 102, 104, 111, 114, 119, 128, 238, 243
自己体験　　15, 19, 100-102, 113, 116, 245
自己対象　　91, 112, 127, 130
自己-対象
　否定的――　128, 129, 130, 133
自己対象化　　44
自己-他者関係　　100
自己-他者体験　　177
自己発見　　202
自己備給　　84
自己表象　　21, 63
自己分析　　197, 198, 234-237, 253, 262, 265, 272
　フロイトの――　252
自己-分析的　　249
自己-分析的機能　　237, 238
自己-分析的能力　　239
自己-分析的要素　　234, 235, 243, 245, 252
自己変形　　31
自己未統合　　54
自己理解　　184
自殺　　249
思春期　　125, 132, 133
システム　　126, 130
失錯行為　　70, 73, 79
シニフィエ　　137
死の作業　　144
死の状態　　130
死の本能　　117, 129
死の欲動　　144
自発的な身振り　　208
自閉症　　3, 76
自閉状態　　101
自閉的な構造　　116
嗜癖　　139
自由解離　　27
自由になる行為　　252
自由連想　　1, 21, 27, 68, 79, 110, 197, 200, 201, 204, 209, 228, 232, 234, 237, 274
主観性　　64, 146, 207, 233
　創造的な――　141
　――の障害　　135
主観的状態　　229, 231-233

主観的体験　　147
主観的要素　　137, 140
主体　　2-5, 7-9, 15, 17, 18, 30, 33, 35, 41, 42, 46, 49, 53, 61, 65, 66, 68, 71, 72, 74, 76, 78, 79, 80, 118, 120, 134, 175, 242, 252
　夢見る――　79
主体-対象規範　　52
守秘性　　181, 183
受容　　239, 257, 259, 272
　――する能力　　270, 271
受容性　　203, 233, 237, 238
　共感的な――　196
宿命　　23　46
昇華　　89
症状　　79
衝動性　　157
象徴　　141
象徴化　　111, 136, 144, 146
象徴機能　　137
象徴等価物　　16, 31, 39
情緒過程　　165
人格化　　88, 171
神経症　　69, 143
侵襲　　212
心身症　　148
身体　　9
身体化　　58, 195
身体言語　　191
身体的感覚　　258
心的過程　　80
心的外傷　　194, 196
心的空間　　249
心的現実　　171, 172, 179
心的構造　　164, 165
心的作業　　139, 140
心的内容　　165
心的表象　　191
審美性（的）　　iii, 4, 14, 37, 38, 42, 65, 66, 68-70, 72-79, 81, 104, 120, 140
　存在することの――　37
　母親の――　35-37
　夢の――　72, 74
　パーソナルな――　37

――な空間　31
　　――な瞬間　17-19, 31, 33, 34, 39-41, 270
　　――機能　65
　　――体験　18, 30, 34-36, 39, 42
　　――対象　18, 33, 35
スキゾイド　19, 43, 51, 63, 119, 135, 155, 218, 242
スキゾイド性格　23, 38, 152
スキゾイド的　24, 25, 30, 63
性愛　83, 84, 93, 95, 97
性愛化　27, 56, 82, 90, 215
性格　35, 43, 60, 61, 74, 100, 116, 124, 127
性格障害　232
性的対象　82
生活の質　139
生成的分割　203, 234
精神　9
精神病　146, 183
　二人組――　178
精神病不安　263
精神分析の『英国学派』　1
精神分析的状況　247
性の本能　117
摂取　61
摂食障害　148
世話　22, 25, 26, 34, 37, 38, 40, 53, 55
　　――のシステム　4
　母親の――　36
潜在空間　200, 204, 206, 212, 231
潜在内容　80
羨望　142
前-性器期的　240
前意識　8, 28
前言語的　28, 41
前対象世界　129
全体自己　103
躁的　187
組織化するパーソナリティ　135
創造性　59, 83, 113, 148, 161, 254
創造的要素　136
想像界　22
想像力　137

存在している状態　248
存在すること　235, 259, 276, 277

た行

体外化　153, 154
退行　2, 24-28, 31, 58, 59, 71, 103, 115, 128, 203, 255, 256, 257, 260, 262, 267, 268, 270, 271
　依存への――　31
　良性と悪性の――　267
対象　iii, 2-5, 14-18, 21, 26, 29-31, 33, 34, 41, 44, 46, 48, 51, 53, 54, 57, 58, 61, 65, 72, 79, 89, 92, 102, 103, 110, 111, 117-120, 124, 127, 129, 130, 136, 138, 141, 144, 146, 152-154, 172, 177, 180, 182, 187, 195, 197, 203-206, 209, 214, 217, 218, 226, 227, 240, 243, 246, 248, 249, 251, 254, 261, 263, 268, 269
　　――とかかわっている自己　244
　　――と関係すること　242
　　――としての自己　iii, 4, 43-50, 53, 56, 57, 59-62, 73, 258
　　――の使用　187, 202, 228, 233, 243
　　――の精神　32
　　――の影　ii, 3, 13
　　――の使用　261
　　――の魂　34
　外的――　9
　原初の――　177-180, 185
　全体――　30
対象愛　87
対象関係　1-4, 6, 8, 15, 18, 19, 27, 28, 43, 44, 47, 49, 50, 56, 61, 65, 66, 68, 72, 81, 93, 101, 120, 128, 130, 132-134, 247, 249-251, 276, 277
　退行的な――　24
　内的――　46
　ほどよい――　46
対象関係性　203, 219
対象関係論　117, 199
対象世界　5, 120, 135, 138, 172, 187, 213, 215, 237, 251
対象表象　65, 117, 179, 201, 239
対人関係　2,

体内化　154
第二の皮膚　183
他者　66, 68, 69, 71, 72, 76, 77, 79, 81
脱錯覚　19, 30
脱主体化　5
脱性愛化　82, 83
脱抑圧　93
『たのしい川辺』　40, 41
ダブルバインド　36
知覚　32
知性　230
知性化　60, 208, 223
中間的な経験　262
中立性　1, 200, 201
　分析的——　24
抽出的取り入れ　5, 157-160, 162-165, 167, 168, 278
調律　229, 247
超自我　44, 45, 79, 140, 165, 240
直面化　23
直喩　171, 172
治療的退行　254
治療同盟　1
沈黙　232, 239, 244, 263, 265, 266, 270, 271
沈黙の使用　261, 262
包み込まれている　243
抵抗　22, 25, 26, 27, 59, 68, 72, 107, 113, 114, 236, 238, 247, 250, 261, 262, 270
提喩　68
転移　1-7, 9, 22, 23, 26, 28, 43, 47, 59-61, 63, 71, 73, 100, 106, 164, 168, 171, 178, 192, 200-203, 206, 209-211, 213, 217, 221, 224, 231, 233, 239, 240, 242, 243, 245-250, 252, 254, 257, 260, 263, 268, 274, 275, 277, 279
　——の性愛化　27
転移-逆転移　64, 228
　——の語らい　228, 231
　——の交流　197
転移解釈　110, 210, 226, 230, 231, 260
転移神経症　220
転移対象　9, 115
転移ポジション　239, 241, 242, 244-246

転換　195-198
同一化　43, 89, 96, 216, 237
　間違った——　97
同一視　24, 25
同一性　15
投影　6, 7, 61, 127, 128, 153, 164, 167, 201, 237, 242, 243, 245, 246, 254
投影同一化　2, 6, 143, 154, 158, 160, 163, 164, 167, 168, 177, 185, 201, 231, 237, 241, 242, 254, 277, 278
　——の容れ物　4, 6
統覚　135
統覚作用　32
統合　15
統合失調症　3, 148
倒錯　133, 134
同性愛　74, 82, 85, 87, 88, 96, 148, 213, 215
特性　3, 4
独立学派　5
トラウマ　112
取り入れ　61, 153, 237, 243, 245, 254
　生成的な——　127
トリセクシュアリティ　82, 84, 88, 91
トリセクシュアル　4, 82, 83, 84, 86-97

な行

内在化　37, 38, 52, 61, 77, 154, 193, 224, 272
内主観的関係　45, 46
内主観的空間　44-46
内的空間　201, 250
内的現実　144, 185
内的対象　6, 114, 130, 154, 272
内的対象表象　265
ナルシスト　91, 93　→自己愛性格
憎しみ　5, 117-120, 123, 124, 126-134, 142, 143
二次過程　68
　——思考　166
二次抑圧　276

は行

パーソナリティ　6, 7, 8, 135, 140, 160,

193, 267, 270, 278
　――の主観的要素　136
パーソナリティ障害　139, 144, 176
排出　242
破壊的行動　124
迫害的取り入れ　272
白昼夢　18, 49, 106, 235
白紙の自己　135
白紙の精神病　135
発生的前創造性　93
発達停止　116
母親-環境　16
パラドックス　237
パラノイア　167, 184
万能感　183, 184
　相補的な――　185
万能的な要求　114
反被分析者　136
悲哀感　163
悲哀の過程　109
非解釈的行為　239
引きこもり　101, 127, 254
ヒステリー　iii, 24, 27, 63, 110, 188, 190-194, 196-198, 225, 226
　悪性の――　224
ヒステリー性　195
否定的同一化　133
非対象　129
否認　26-28, 38, 60, 106, 115, 116, 123, 146, 170, 221, 248
非人間的環境　51
被分析者　1-3, 5-7, 68, 100, 112-114, 163, 164, 187, 188, 199, 204, 207, 223, 232, 237, 238, 239, 241-245, 248-252, 257, 258, 260, 263, 268-272, 274, 277, 278
表象世界　180
平等に漂う注意　129, 200, 247
二人組幻覚　178
2人である　52
物質的対象　141
（精神）分析家　iii, iv, 1-7, 9, 23-28, 31, 43, 61-64, 68, 69, 79, 81, 110, 112, 115, 128, 153, 154, 157, 163, 164, 167, 168, 180, 181, 187, 188, 193, 195, 196, 198-211, 228-230, 232-239, 242-245, 247-257, 259-261, 267, 268, 270-272, 277
　――の自己治療　209
プレエディパル　202
フロイト的達成　236
分析過程　25-28, 103, 206, 215, 228, 229, 245, 264
分析空間　24, 26, 27, 28, 31, 62, 203, 256, 261, 267
分析セッション　258
分析（的）状況　27, 62, 208, 210, 211, 235, 245, 256
分析的（な）設定　28, 256
分裂　ii, 38, 54-57, 63, 155, 242, 248, 250
分裂排除　50, 74, 75, 105, 106, 127, 160, 163, 164, 205, 231, 278
β　233
β機能　142, 154
β思考　142
β要素　142
閉所恐怖　58
変形　i, 4, 5, 14-17, 21, 22, 24, 26, 28, 29, 31, 42, 65, 72, 73, 80, 83, 88, 110-112, 141, 168, 179, 185, 192, 208, 233, 247
変形の過程　15, 16
　ほどよい――　38
変形性機能　53
変形性対象　iii, 4, 10, 15-19, 23-31, 35-39, 41, 42, 53, 60, 114-116, 146, 155, 192, 208, 233, 245, 270, 271, 274, 276
変形性対象関係　28, 31
変形性対象機能　145
補助自我　14
保存性対象　110-113, 115, 116, 244, 260
保存（的な）過程　iii, 100
防衛　27, 55, 60, 64, 119, 120, 123, 146, 147, 148, 224, 240
ボーダーライン　43　→境界例
ほどよい依存　268
ほどよい母親　7, 36
本当の自己　8, 38, 39, 52, 53, 56, 59, 60, 79, 112, 113, 115, 183-185, 188, 207, 212, 216-218, 242, 254, 257, 275, 276, 279

本能　　44, 45, 51, 52, 79, 80

ま行

未思考の知　　4, 9, 18, 47, 53, 61, 63, 71, 73, 74, 102, 111, 112, 184, 209, 228, 230, 233, 245, 246, 259, 270-272, 275-279
ミステリー　　279
未統合　　15, 55
ミラーリング　　131, 132, 152
ミラーリング機能（ミラー機能）　　143, 201
無意識　　1, 2, 4, 8, 23, 43, 45, 47, 48, 50, 53, 55, 57, 65, 68, 71, 72, 80, 116, 142, 166, 168, 178, 179, 200, 205, 208, 218, 261, 266, 270, 275
　　──的形態　　118
　　──的幻想　　245
　　一次的に抑圧された──　　9
無慈悲　　16, 118
夢想　　247
明確化　　221
メタファー　　100, 171, 172, 241
もの思いにふける　　268-272
ものそのもの　　136, 141
モービー・ディック　　29, 39, 69

や行

夢　　4, 20, 21, 48, 49, 53, 61, 65, 66, 68-70, 73, 75-81, 97, 101, 102, 106, 146, 234-238, 259
　　──の語らい　　65
　　──の仕事　　103
　　──の様式　　80
　　顕在──　　70
　　夢のスクリーン　　200
夢の筋書　　4, 48, 49
夢空間　　49, 69, 73
夢作業　　66, 67, 70
夢思考　　20, 66, 69, 70, 72, 74, 142
　　潜在的──　　80
夢生活　　48
夢体験　　49, 53, 65, 66, 68, 72-76, 79, 80
夢内容　　48
夢見（る）　　53, 81, 256
夢見る人　　49, 66, 67, 69, 70, 72, 73, 81
養育　　7, 42, 128
　　母性的な──　　7, 23, 127
抑圧　　8, 38, 66, 68, 71, 90, 94, 119, 196, 246, 270
　　──されたものの回帰　　196, 197
　　──された無意識　　244, 246
抑うつ　　19, 20, 54-56, 59, 60, 113, 127, 187, 216, 218
　　──状態　　188, 193, 223

ら行

離人感　　50
離乳　　95
リビドー　　82
　　──的愛着　　88
両性愛　　82, 84, 96
臨床空間　　69, 248
連結　　2, 3

監訳者略歴
館　直彦（たち　なおひこ）
1953年　東京に生まれる
1981年　大阪大学医学部卒業
1995年　東京慈恵会医科大学講師
現　職　天理大学大学院臨床人間学研究科教授，個人開業
著訳書　『境界例』（共編著），ボラス著『精神分析という経験』，エイブラム著『ウィニコット用語辞典』（監訳）など多数

訳者略歴（五十音順）
岡　達治（おか　たつじ）
1960年　広島市に生まれる
1989年　大阪大学医学部卒業
2006～07年　奈良大学社会学部教授
現　職　医療法人岡クリニック院長
担当章　第5章

後藤素規（ごとう　もとき）
1946年　大阪に生まれる
1978年　神戸大学医学部卒業
現　在　大阪精神分析研究会
担当章　第2章

斉藤紀子（さいとう　のりこ）
1961年　京都市生まれ
2001年　京都女子大学大学院文学研究科教育学専攻博士前期課程修了
2001年　京都女子大学大学院「こころの相談室」勤務
現　職　岡カウンセリングオフィス　カウンセラー
担当章　第6章，第7章

宿谷仁美（しゅくや　ひとみ）
1971年　東京都に生まれる
1997年　国際基督教大学大学院教育学研究科博士前期課程修了
現　職　関西福祉科学大学　心理・教育相談センター勤務
担当章　第12章

藤本浩之（ふじもと　ひろゆき）
1993年　千葉大学医学部卒業
　　　　東京慈恵会医科大学精神医学講座　助手などを経て
現　職　四谷麹町メンタルクリニック院長
担当章　第4章，第10章

補永栄子（ほなが　えいこ）
1974 年　大阪に生まれる
2000 年　奈良県立医科大学卒業
2004 年より現職　大阪市立総合医療センター児童青年精神科
担当章　第 8 章，第 9 章

増尾徳行（ますお　のりゆき）
1968 年　神奈川に生まれる
1993 年　京都大学法学部卒業
2003 年　関西大学大学院社会学研究科修了
2003 年　財団法人復光会垂水病院勤務
現　職　神戸松蔭こころのケア・センター
担当章　第 11 章，第 14 章

村井雅美（むらい　まさみ）
1993 年　米国ニューハンプシャー大学大学院心理学部博士課程中退
1996 年～2009 年　奈良県立奈良病院こども心療科・新生児集中治療室
2007 年～2009 年　岡クリニック
担当章　第 3 章

茂木　洋（もてぎ　よう）
1963 年　東京に生まれる
1993 年　京都大学大学院博士後期課程学修認定　教育学　臨床教育学専攻
1993 年　大阪府中央児童相談所勤務
現　職　四天王寺大学准教授，京都大学非常勤講師
担当章　第 13 章，第 15 章

横井公一（よこい　こういち）
1982 年　金沢大学医学部卒業
1993～96 年　アルバート・アインシュタイン医科大学トランスカルチュラル・サイカイ
　　　　　アトリー・フェローおよびウィリアム・アランソン・ホワイト研究所に留学
現　職　関西福祉科学大学大学院社会福祉学研究科教授
担当章　第 1 章

対象の影
ISBN978-4-7533-0911-5

監訳者
館　直彦

第1刷　2009年10月29日

印刷　新協印刷㈱／製本　㈱河上製本
発行所　㈱岩崎学術出版社　〒112-0005　東京都文京区水道1-9-2
発行者　村上　学
電話　03-5805-6623　FAX　03-3816-5123
2009Ⓒ　岩崎学術出版社
乱丁・落丁本はおとりかえいたします。検印省略

精神分析事典

●編集委員会
代表 小此木啓吾
幹事 北山　修

委員　牛島定信／狩野力八郎／衣笠隆幸／藤山直樹／松木邦裕／妙木浩之

☆編集顧問　土居健郎／西園昌久／小倉清／岩崎徹也
☆編集協力　相田信男／大野裕／岡野憲一郎／小川豊昭／笠井仁／川谷大治／
　　　　　　斎藤久美子／鑪幹八郎／舘哲朗／馬場謙一／馬場禮子／福井敏／
　　　　　　丸田俊彦／満岡義敬

●精神分析事典の特色

　百年余の歴史をもつ精神分析学の古典と現代にわたる重要な知見を，学派，文化，言語に偏ることなく，臨床を中心にわが国の独創的概念や国際的貢献も厳しく精選，1,147項目に収録。

　精神分析だけでなく，その応用領域に至るまで，わが国の第一人者たちによる最新の成果や知見を駆使しての執筆。

　参考文献は著作者順に整理され文献総覧として活用でき，和文・欧文・人名の詳細な索引はあらゆる分野からの使用に役立つよう工夫された。

●刊行の意図と背景

・国際的にみて，いずれも特定の立場と学派に基づいている。それだけに，それぞれ独自の視点が明らかでそれなりの深い含蓄を持っているが，精神分析全体を展望するものとは言い難い。わが国の精神分析の輸入文化的な特質をも生かすことによって，世界で最も幅広いしかも総合的な見地からの精神分析事典を編集したい。

・わが国の精神分析研究もすでに戦後50年の積み重ねを経て，精神分析のそれぞれの分野の主題や各概念について膨大な知識の蓄積が行なわれ，成熟を遂げて現在にいたっている。その成果を集大成する時代を迎えている。

・またフロイトの諸概念の訳語をめぐる新たな研究の国際的動向や，わが国の日本語臨床，翻訳問題の研究が，本事典の編集作業を促進した。（編集委員会）

・B5判横組　712頁